Skript zur Vorlesung "Unternehmensbewertung und Steuern"

Univ.–Prof. Dr. Dr. Andreas Löffler

letzte Aktualisierung vom 17. Februar 2025

Weitere Informationen zur Veranstaltung finden Sie in Blackboard.

Bibliografische Information der Deutschen Nationalbibliothek: Die Deutsche Nationalbibliothek verzeichnet diese Publikation in der Deutschen Nationalbibliografie; detaillierte bibliografische Daten sind im Internet über dnb.dnb.de abrufbar.

© 2025 Andreas Löffler

Verlag: BoD · Books on Demand GmbH, In de Tarpen 42, 22848 Norderstedt, bod@bod.de

Druck: Libri Plureos GmbH, Friedensallee 273, 22763 Hamburg

ISBN: 978-3-7583-6748-9

INHALTSVERZEICHNIS

DEFINITIONEN, ANNAHMEN, SÄTZE

Die Liste enthält eine Übersicht über die im Skript zu findenden Definitionen, Annahmen und Sätze.

1 Elemente des Handels– und Steuerrechts (Stand 2023)

1.1 Cashflow und Jahresabschluss

> **Lernziel:** Sie lernen die wichtigsten Cashflow-Begriffe kennen.

Im Folgenden ist sehr häufig von Cashflows die Rede. Dabei handelt es sich um Zahlungsüberschüsse eines Unternehmens. Wir wollen uns in diesem Abschnitt zuerst der Frage widmen, wie diese Cashflows aus Jahresabschlüssen (insbesondere aus Steuerbilanzen) ermittelt werden.

Cashflows könnten beispielsweise bestimmt werden, indem die Auszahlungen des Unternehmens von den Einzahlungen an das Unternehmen abgezogen werden. Da ausschließlich auf der Zahlungsebene gerechnet wird, nennen wir diese Rechenmethode auch *direkte Ermittlung* des Cashflows. Sie ist aufgrund ihrer schwierigen Handhabbarkeit in der Praxis nicht anzutreffen: Die Jahresabschlüsse enthalten so gut wie keine Informationen über Ein– und Auszahlungen, sondern nur über Erträge und Aufwendungen.

Üblicherweise wird der Cashflow *indirekt*, also anhand von Größen aus dem Rechnungswesen ermittelt. Dabei werden die Erträge und Aufwendungen um die nicht zahlungswirksamen Vorgänge bereinigt.[1]

Bei deutschen Unternehmen sind insbesondere die Abschreibungen und die Veränderungen der Rückstellungen wichtig. In der einfachsten Ermittlung von Cashflows werden daher Abschreibungen und Veränderungen der Rückstellungen zum Jahresüberschuss addiert. Unternehmensberater gehen einen Schritt weiter und beziehen die Veränderung der sogenannten Betriebsmittel mit ein.[2] Die Betriebsmittel entsprechen dabei der Differenz aus Umlaufvermögen (beispielsweise Vorräte, Lagerbestände) und kurzfristigem, jedoch nicht zinstragendem Fremdkapital (neben Rückstellungen also Verbindlichkeiten aus Lieferungen und Leistungen, nicht aber Verbindlichkeiten gegenüber Kreditinstituten oder Anleihen). Dem Begriff der Betriebsmittel liegt die Vorstellung zu Grunde, dass es sich um liquide Mittel handelt, die dem Unternehmen "etwas länger als kurzfristig" zur Verfügung stehen; würde man das Umlaufvermögen sofort verkaufen können und seine kurzfristigen Schulden tilgen, dann könnte der verbleibende Teil für die Investitionen verwendet werden.[3] Nach

---

1. Dies ist auch die Sicht der Wirtschaftsprüfer: "Eine ordnungsgemäße Unternehmensbewertung setzt … bei der Bewertung … voraus, dass aufeinander abgestimmte Plan–Bilanzen, Plan–Gewinn– und Verlustrechnungen sowie Finanzplanungen aufgestellt werden…" ("Institut der Wirtschaftsprüfer", IDW S 1, Stand: 28. Juni 2000, aus *Die Wirtschaftsprüfung* 53: S. 825-842, Absch. 4.4.1.1.).
2. Die Betriebsmittel heißen bei Unternehmensberatern moderner "working capital".
3. Das zinstragende Fremdkapital darf in den Betriebsmitteln keine Berücksichtigung finden, weil es sich hier um Effekte der Außenfinanzierung handelt, der Cashflow ist aber ein Maß für die Innenfinanzierungskraft des Unternehmens – Kredite und Anleihen haben da nichts zu suchen.

Bereinigung der nicht zahlungswirksamen Vorgänge erkennen wir das Ergebnis in
Abbildung 1.

Abbildung 1: Einfachste Ermittlung des Cashflow

$$
\begin{array}{ll}
& \text{Jahresüberschuss} \\
+ & \text{Abschreibungen} \\
- & \text{Veränderung der Betriebsmittel} \\
\hline
= & \text{Cashflow}
\end{array}
$$

Varianten dieser Cashflow–Rechnung entstehen, wenn wir

1. andere *Ausgangsgrößen* verwenden, beispielsweise das ordentliche Betriebsergebnis anstelle des Jahresüberschusses oder den Jahresüberschuss vor Abzug
von Steuern,

2. *andere Korrekturposten* ansetzen, beispielsweise nicht die Veränderung der Betriebsmittel, sondern nur die Veränderungen bei den Pensionsrückstellungen.

3. *weitere Korrekturposten* berücksichtigen, beispielsweise die Bestandsveränderun-
gen bei fertigen und unfertigen Erzeugnissen.

Beim Cashflow sind, abgesehen von den Steuerzahlungen des Unternehmens, drei
Verwendungsrichtungen gegeben:

- Ausschüttungen

- Investitionen

- Schuldentilgung

In der Literatur wird ab und an von einer Rangfolge ausgegangen, der zufolge ein
Unternehmen zuerst investiert, dann Schulden tilgt und zuletzt ausschüttet. Deshalb
werden vom Cashflow schrittweise die einzelnen Elemente abgezogen; die Zwischen-
schritte erhalten weitere Bezeichnungen. So heißt etwa der Zahlungsmittelabfluss für
Investitionen "Investitions–Cashflow" und der Abfluss liquider Mittel, der mit der
Schuldentilgung und der Ausschüttung verbunden ist, "Finanzierungs–Cashflow".

Will man die Steuerzahlungen hervorheben, so wird gern zwischen Netto-Cashflow
(nach Steuern) und Brutto-Cashflow (vor Steuern) unterschieden. Beachten Sie, dass
bei der einfachsten Ermittlung nach Abbildung 1 bereits die Steuern in Abzug ge-
bracht wurden. Wer also den Brutto-Cashflow mit der vereinfachten Methode bestimmen will, muss bereits die beim Jahresüberschuss abgezogenen Steuern wieder
hinzurechnen.

In den amerikanischen Methoden der Unternehmensbewertung wird der *Free Cashflow* verwendet. Der Grundgedanke des Free Cashflows beruht auf der Idee, dass ein

Investor auch Investitionsprojekte der Zukunft durchführen wird, wenn sie einen positiven Kapitalwert realisieren. Diese Forderung folgt aus dem Konzept der ökonomischen Rationalität eines Investors:[4]

> "Free Cash flow is cash flow in excess of that required to fund all projects that have net present value when discounted at the relevant cost of capital."[5]

Kürzt man den Cashflow um die durchgeführten Investitionen, so wird das Ergebnis auch als Free Cashflow bezeichnet. Besonders wichtig wird der Unterschied zwischen Cashflow und Free Cashflow in Planungsrechnungen der Zukunft. Für vergangene Jahre wird sich schwer bestimmen lassen, welche der Investitionen eine Erhaltungs- und welche eine Erweiterungsinvestition war. In Planungsrechnungen dagegen lassen sich verschiedene Szenarien formulieren, die von einem starken Wachstum des Unternehmens (durch zusätzliche Erweiterungsinvestitionen) oder von einer gleichbleibenden Größe (ausschließlich Erhaltungsinvestitionen) ausgehen. Ob mit dem Cashflow oder dem Free Cashflow gerechnet wird, hängt auch von der Einschätzung der Marktlage ab: Wird das Unternehmen ohne Wachstum am Markt überleben können, oder muss es wachsen?[6]

Abbildung 2: Ermittlung des Free Cashflows

Brutto-Cashflow
— EE-Steuern
= Netto-Cashflow
— Erhaltungsinvestitionen
— Erweiterungsinvestitionen
= Free Cashflow

Dagegen sind die Wirtschaftsprüfer in Deutschland der Ansicht, noch nicht begonnene Investitionen mit positivem Kapitalwert seien eine Entscheidung des zukünftigen Eigentümers und sollen daher *nicht* in der Bewertung berücksichtigt werden:[7]

---

4. Diese Ansicht wird in der Bewertungsliteratur insbesondere seit dem Erscheinen des Buches Copeland, T.; Koller, T. and Murrin, J. (1990), *Valuation: Measuring and Managing the Value of Companies*, third edn, John Wiley & Sons, New York, vertreten. Rappaport, A. (1986), *Creating Shareholder Value*, New York, London, dagegen ging noch vom betrieblichen Cashflow aus. Bei Copeland, T.; Koller, T. and Murrin, J. (1990) findet sich kein expliziter Hinweis auf den Abzug der Investitionen mit positivem Barwert. Es ist aber das "gross investment" vom Cashflow abzuziehen: "Gross investment is the sum of a company's expenditures for new capital..." (S. 115).
5. Jensen, M. (1986), "Agency costs of free cash flow, corporate finance, and takeovers", *American Economic Review* 76: S 357-398.
6. Pharmaunternehmen sind dafür bekannt, dass sie sehr hohe Umsatzrenditen erwirtschaften (Zahlen der Größenordnung von 25% sind in Deutschland keine Seltenheit). Dennoch müssen sie einen Großteil dieser Gewinne (20% und mehr vom Umsatz) in die Entwicklung neuer Medikamente stecken, weil sie sonst innerhalb von wenigen Jahren nicht mehr konkurrenzfähig wären. Wer hier nicht mit dem Free Cashflow rechnet, macht einen gravierenden Fehler.
7. Streng genommen trifft dies nur auf den ersten Bewertungsschritt, den objektivierten Wert, zu. In

"Die Bewertung eines Unternehmens basiert auf der am Bewertungsstichtag vorhandenen Ertragskraft. Grundsätzlich beruht die vorhandene Ertragskraft auf den zum Bewertungsstichtag vorhandenen Erfolgsfaktoren. Mögliche, aber noch nicht eingeleitete Maßnahmen (z.B. Erweiterungsinvestitionen/Desinvestitionen) sowie die daraus vermutlich resultierenden finanziellen Überschüsse sind danach bei der Ermittlung objektivierter Unternehmenswerte unbeachtlich." [8]

Die Hypothese der Substanzerhaltung besagt, dass Wirtschaftsprüfer Erhaltungsinvestitionen (typischerweise in Höhe der Abschreibungen auf die bisherigen Erhaltungsinvestitionen) in Abzug bringen. Die Erweiterungsinvestitionen dagegen werden nicht berücksichtigt. Das Unternehmen soll nicht weiter wachsen und in dem zu bewertenden Zustand ("wie es liegt und steht") verbleiben.

Wir wollen auf eine letzte Besonderheit im Zusammenhang mit Kapitalgesellschaften in Deutschland aufmerksam machen. Die gesetzlichen Vorschriften erzwingen eine sogenannte Ausschüttungssperre.[9] Das Unternehmen darf nur Ausschüttungen (etwa) in der Höhe des Jahresüberschusses vornehmen. Diese Regelung soll dafür sorgen, dass die Anteilseigner des Unternehmens sich nicht grenzenlos bereichern und dem Unternehmen sämtliche Liquidität entziehen können. Wenn solche Ausschüttungssperren existieren, dann haben wir eine weitere Restriktion bei der Berechnung von Cashflows. Ausschüttungssperren erzwingen, dass die ausgezahlten Überschüsse nicht größer sind als der Jahresüberschuss. Es wird nicht immer auszuschließen sein, dass die ermittelten Cashflows größer als der Jahresüberschuss sind. Dann aber dürfen wir nur den geringeren Wert in der Unternehmensbewertung verwenden.

1.2 STEUERN IN DEUTSCHLAND

> **Lernziel:** Wir lernen die wichtigsten Elemente des deutschen Steuerrechts kennen.

Das deutsche Steuerrecht ist kompliziert. Es beinhaltet ca. fünfzig verschiedene Steuern und wurde nicht anhand wissenschaftlicher Kriterien konzipiert. Es ist vielmehr durch eine Vielzahl politischer Auseinandersetzungen gewachsen.

Es gibt viele Wege um Steuern zu klassifizieren. Eine Möglichkeit besteht darin, sie anhand ihres Zugriffspunkts auf den wirtschaftlichen Kreislauf zu unterscheiden. Im wirtschaftlichen Kreislauf unterscheiden wir die Stromgröße *Einkommen* und die Bestandsgröße *Vermögen*. Einkommensentstehung mehrt das Vermögen, Einkommens-

---

der Funktion als Berater des Käufers/Verkäufers spielen subjektive Elemente eine Rolle und daher können dann Entscheidungen des Käufers/Verkäufers berücksichtigt werden.

8. "Institut der Wirtschaftsprüfer", IDW S 1 (Stand: 28. Juni 2000), *Die Wirtschaftsprüfung* 53, S. 825-842, Abschn. 4.4.1.1.
9. Zu finden im § 58 AktG. Auch GmbHs unterliegen der Ausschüttungssperre, die Rechtsgrundlage ist der § 30 GmbHG

verwendung mindert es. Dies veranlasst uns zu folgender Einteilung der Steuerarten wie in Abbildung 3 beschrieben.[10]

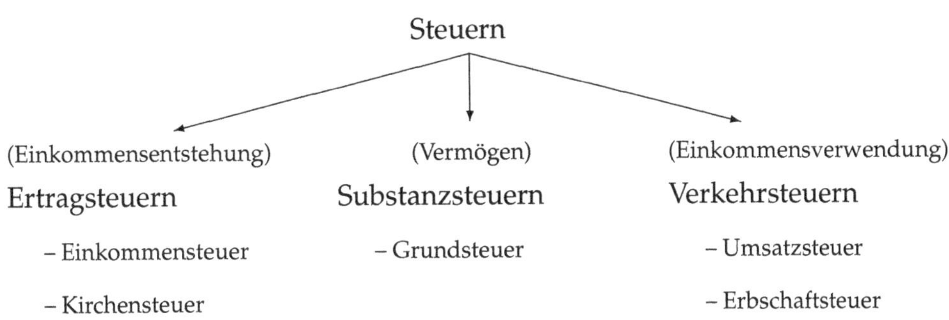

Abbildung 3: Drei Klassen von Steuern

Jede Steuer beruht auf einer Rechtsgrundlage, so zum Beispiel die Einkommensteuer auf dem Einkommensteuergesetz, die Kraftfahrzeugsteuer auf dem Kraftfahrzeugsteuergesetz usw. Jedes Steuergesetz enthält Bestimmungen über

– das Steuersubjekt: wer schuldet die Steuer?

– das Steuerobjekt: welche Voraussetzung muss erfüllt sein, damit die Steuerschuld entsteht ?

– die Steuerschuld: wie viel Steuern müssen gezahlt werden?

BEISPIEL: Das Hundesteuergesetz enthält die folgenden Bestimmungen:

Steuersubjekt: Hundehalter,

Steuerobjekt: Halten eines Hundes,

Steuerschuld besteht aus dem Produkt von Bemessungsgrundlage (Anzahl der Hunde) und Tarif (z.B. in Berlin pro Jahr € 120 für den ersten Hund[11]).

Halten Sie die Begriffe Tarif und Steuersatz auseinander. Ein Steuersatz wird verwendet, um die Steuerschuld bei gegebener Bemessungsgrundlage zu ermitteln:

$$\text{Steuerschuld} = \text{Bemessungsgrundlage} \cdot \underbrace{\text{Steuersatz (Bemessungsgrdlg.)}}_{\text{Tarif}}$$

---

10. Die im deutschen Recht verankerten Steuern (Einkommensteuern, Körperschaftsteuer) werden ohne Fugen-s geschrieben (wenngleich grammatikalisch auch eine Form mit Fugen-s erlaubt wäre). Es heißt also Körperschaftsteuer, nicht Körperschaftssteuer.
11. Für Kampfhunde muss man in einigen Städten bis zu € 600 berappen…

Ein Tarif stellt die Gesamtheit aller möglichen Steuersätze dar. Der Tarif beschreibt, ob und wie dieser Steuersatz von der Bemessungsgrundlage selbst abhängt. Ist der Tarif beispielsweise unabhängig von der Bemessungsgrundlage, so nennen wir ihn proportional. Für den Fall nichtproportionaler Steuertarife benötigen wir die folgenden drei Definitionen verschiedener Steuersätze:

Definition 1.1. *Der* Durchschnittssteuersatz *gibt an, wie hoch die gesamte Bemessungsgrundlage (BMG) im Durchschnitt belastet wird*

$$Durchschnittssteuersatz = \frac{gesamte\ Steuerschuld}{gesamte\ BMG}$$

Der Differenzsteuersatz *gibt an, wie hoch eine zusätzliche Bemessungsgrundlage im Durchschnitt belastet wird*

$$Differenzsteuersatz = \frac{zusätzliche\ Steuerschuld}{zusätzliche\ BMG}$$

Der Grenzsteuersatz *gibt an, wie hoch jeder zusätzliche Euro belastet wird*

$$Grenzsteuersatz = \lim_{zusätzl.\ BMG \to 0} Differenzsteuersatz$$

Steuergesetze enthalten noch weitere Regelungen (wann muss die Steuer gezahlt werden, sind Vorauszahlungen notwendig usw.). Diese Regelungen sind jedoch für die finanzwirtschaftliche Betrachtung von untergeordneter Bedeutung; wir werden sie nicht weiter betrachten.[12]

Wir konzentrieren uns auf die Ertragsteuern. Die anderen Steuerarten sind entweder schon in den Aufwendungen berücksichtigt (z.B. die Kraftfahrzeugsteuer) oder stellen nur durchlaufende Posten dar (dies kann bei der Umsatzsteuer der Fall sein). In den folgenden Abschnitten werden die einzelnen Ertragsteuergesetze sowie deren finanzwirtschaftlichen Auswirkungen beschrieben. Wir gehen auch auf die Grundsteuer ein.

Die folgenden Abschnitte widmen sich jeweils einer Steuerart. Die Eigenschaften dieser Steuer werden durch entsprechende Gesetze beschrieben. Gesetze müssen sich einer Sprache bedienen, die im Zweifel vor Gericht Bestand haben muss, und deshalb werden nicht selten Begriffe verwandt, deren juristische Definition von der Alltagssprache abweicht. So gibt es beispielsweise im Einkommensteuergesetz eine "Summe der Einkünfte", die aber nicht mit der mathematischen Summe der genannten Einkünfte übereinstimmt. Es ließe sich eine Vielzahl weiterer Beispiele anführen.

Da wir uns gerade nicht mit der präzisen Umsetzung der Gesetzestexte befassen müssen, sondern uns eine Anwendung im finanzwirtschaftlichen Umfeld (mit gravie-

---

12. Viele dieser Details finden Sie in dem Lehrbuch von Scheffler, W. (2020), *Besteuerung von Unternehmen Band I: Ertrag-, Substanz- und Verkehrsteuern*, 14th edn, C.F.Müller, UTB-Verlag.

renden Ungenauigkeiten wie zukünftig unsichere Steuersätze etc.) interessiert, werden wir zwar die juristisch präzisen Begriffe verwenden, aber die Zusammenhänge manchmal etwas salopp darstellen. Wenn Sie sich für das Fach *Betriebswirtschaftliche Steuerlehre* interessieren, so sollten Sie keinesfalls den Fehler begehen und die nachfolgenden Ausführungen als einen Ersatz für den Besuch der Vorlesungen ansehen. Von daher werden wir auch, anders als in diesen Veranstaltungen üblich, weitgehend auf direkte Gesetzesverweise verzichten.

1.3 Die Einkommensteuer (ESt)

Die ersten Personensteuern waren die kirchlichen Personalzehnten des Mittelalters sowie die territorialen Kopfsteuern. Die erste Einkommensteuer moderner Art wurde 1811 in Ostpreußen erhoben; sie ging zurück auf eine Kriegsabgabe auf Anraten des Ministers Freiherr vom Stein. Auch die anderen deutschen Bundesstaaten führten daraufhin schrittweise eine Einkommensteuer ein. Die Weimarer Republik (Erzbergersche Reform) vereinheitlichte diese Landeseinkommensteuern zu einer Reichseinkommensteuer. Auch in den letzten Jahren fanden mehrere Einkommensteuerreformen statt. Die Besteuerung von Unternehmen wurde durch das am 1. Januar 2008 in Kraft getretenen Unternehmenssteuerreformgesetz teilweise neugeregelt, wofür u.a. auch das Einkommensteuergesetz geändert wurde.

Die Einkommensteuer begegnet uns in drei Erhebungsformen: als Lohnsteuer, veranlagte Einkommensteuer und Kapitalertragsteuer.[13] Die Lohnsteuer ist eine Vorauszahlung der Einkommensteuer; wir stellen sie nicht genauer dar. Wir behandeln im Folgenden die veranlagte Einkommensteuer sowie die Kapitalertragsteuer.

Vernachlässigen wir viele steuerrechtliche Details, so können wir die Einkommensteuer so charakterisieren:

Steuersubjekt: Steuerpflichtig sind natürliche Personen in Deutschland.[14]

Steuerobjekt: Gegenstand der Einkommensteuer ist das Einkommen natürlicher Personen, welches sich aus sieben Einkunftsarten (dies steht in § 2 Abs. 1 EStG) zusammensetzt. Diese sieben Einkunftsarten sind

(1) Einkünfte aus Land- und Forstwirtschaft
(2) Einkünfte aus Gewerbebetrieb
(3) Einkünfte aus selbständiger Arbeit $\Big\}$ Gewinneinkunftsarten

---

13. Die Kapitalertragsteuer gilt grundsätzlich für Einkünfte aus Kapitalvermögen ab Januar 2009 sowie für erzielte Veräußerungsgewinne beim Verkauf von ab 2009 erworbenen Kapitalanlagen. Sie wird manchmal auch Abgeltungssteuer genannt, weil oft nach dem Abzug der Kapitalertragsteuer man davon spricht, dass die Steuerschuld mit dem Abzug "abgegolten" ist. Der Wikipediaartikel zu "Abgeltungsteuer" (Stand 2023) ist hierzu recht gut geschrieben.
14. Im Fall von zusammen veranlagten Ehegatten umfasst "der Steuerpflichtige" beide Eheleute.

(4) Einkünfte aus nichtselbständiger Arbeit

(5) Einkünfte aus Kapitalvermögen

(6) Einkünfte aus Vermietung und Verpachtung

(7) Sonstige Einkünfte im Sinne des § 22[15]

Überschusseinkunftsarten

In § 3 EStG sind eine Vielzahl von Einnahmen aufgeführt, die steuerfrei sind und damit nicht der Einkommensteuer unterliegen.[16] Einige davon erhöhen – obwohl sie nicht in die Bemessungsgrundlage eingehen – jedoch den Tarif der Einkommensteuer, also den anzuwendenden Steuersatz. Man spricht vom Progressionsvorbehalt.[17]

Sie sehen, dass es im Einkommensteuerrecht zwei Arten der Einkunftsermittlung gibt. Wir unterscheiden zwischen der Gewinn– und der Überschusseinkunft. Diese Zweiteilung wird uns im Laufe der Vorlesung weiter beschäftigen; sie ist auf den ersten Blick unsystematisch und kann in der Tat zu Verwerfungen führen. Bei den Gewinneinkunftsarten ist die Einkunft der Gewinn und hinsichtlich der Gewinnermittlung ist noch einmal zwischen zwei Methoden zu unterscheiden:

Betriebsvermögensvergleich Hier gilt Einkunft = Vermögen$^{\text{Ende Wirtschaftsjahr}}$ – Vermögen$^{\text{Beginn Wirtschaftsjahr}}$ (zuzüglich eventueller Entnahmen bzw. abzüglich evtl. Einlagen). Für den Betriebsvermögensvergleich werden Steuerbilanzen benötigt.

Überschussrechnung Hier gilt Einkunft = Einnahmen – Ausgaben.

Bei den Überschusseinkunftsarten ermittelt man die Einkunft aus der Differenz von Einnahmen und Werbungskosten. Dabei sind Werbungskosten Aufwendungen, die bei der Erwerbung, Sicherung und Erhaltung der Einnahmen anfallen. Es gibt im Gesetz eine starke Analogie bei der Behandlung von Werbungskosten und der von Betriebsausgaben, allerdings stimmen diese nicht generell in allen Fällen überein.

In der Vergangenheit existierte für die Einkommensteuer *eine* Bemessungsgrundlage, auf die dann *ein* Tarif anzuwenden war. 2008 ist der Gesetzgeber zu einem sogenannten "Schedulenverfahren" (man spricht auch von einer dualen Einkommensteuer) übergegangen. Die Einkunftsarten werden in zwei Teile gespalten und einer unterschiedlichen Besteuerung unterworfen. Wir unterscheiden demnach formal zwei verschiedene Bemessungsgrundlagen.

---

15. Dies sind keinesfalls alle "anderen im Gesetz nicht genannten" Einkünfte, vielmehr werden in den §§ 22, 23 EStG konkrete Einkunftsarten aufgezählt. Hierzu gehören z.B. Gewinne aus Veräußerung von Wirtschaftsgütern im Privatvermögen (etwa Immobilien innerhalb einer Haltefrist von 10 Jahren).
16. Dazu gehören z.B. akademische Preisgelder, Trinkgelder usw.
17. Dazu gehören z.B. Arbeitslosengeld und ausländische Einkünfte, die einem Doppelbesteuerungsabkommen unterliegen.

Bemessungsgrundlage der Kapitalertragsteuer Einkünfte aus Kapitalvermögen (zu denen auch der Wertunterschied aus Kauf und Verkauf von Kapitalanlagen wie z.B. Aktien zählt) bilden die Bemessungsgrundlage der Kapitalertragsteuer.[18]

Bemessungsgrundlage der tariflichen Einkommensteuer (dies entspricht den "restlichen Einkünften") Das *zu versteuernde Einkommen* (zvE) bildet die Bemessungsgrundlage tariflichen Einkünfte. Um das zu versteuernde Einkommen zu berechnen, werden zunächst die Einkünfte (bis auf die aus Kapitalvermögen) summiert. Von diesem Betrag werden etliche Positionen abgezogen[19] und einige Positionen hinzu addiert.

Wir halten fest, dass die Kirchensteuer eine Sonderausgabe darstellt und daher das zu versteuernde Einkommen mindert.

Auf die zwei verschiedenen Bemessungsgrundlagen werden natürlich auch unterschiedliche Tarife angewendet.

Tarif der Kapitalertragsteuer Er beträgt 25%[20]

Tarif der Einkommensteuer In Deutschland gilt ein progressiver Einkommensteuertarif; wer wenig verdient, zahlt auch anteilig wenig Einkommensteuer. Großverdiener dagegen haben viel Einkommensteuer zu zahlen.[21]

Der Spitzensteuersatz beträgt derzeit 45%. Die Abbildung 4 (S. 10) zeigt die Grenz– und Durchschnittssteuersätze in Abhängigkeit vom zu versteuernden Einkommen für den ESt–Tarif 2024. Die Steuersätze sind Jahr für Jahr identisch, nur die Tarifgrenzen verschieben sich jedes Jahr ein wenig.

18. Hier gibt es eine Fülle von Ausnahmeregelungen wie Lebensversicherungen, Erträge aus stillen Beteiligungen etc. Im Anwendungsbereich der Kapitalertragsteuer wird zudem eine Bruttobesteuerung vorgenommen, d.h. Werbungskosten mindern die Bemessungsgrundlage der Kapitalertragsteuer nicht. Auch dürfen Zinseinkünfte nicht mit Kursverlusten verrechnet werden. Hält man zudem Wertpapiere im Betriebsvermögen, so kommt das komplizierte Teileinkünfteverfahren zur Anwendung.
19. Z. B. Sonderausgaben (Sozialbeiträge, die der Steuerpflichtige selbst trägt, Spenden, Kirchensteuer, . . .), außergewöhnliche Belastungen (Aufwendungen für den Unterhalt, Scheidungskosten, selbstgetragene Krankenkosten, . . .), Kinderfreibetrag.
20. Keine Regelung ohne Ausnahme: Man kann als Steuerpflichtiger beim Finanzamt beantragen, dass die Einkünfte aus Kapitalvermögen zum zu versteuernden Einkommen hinzuaddiert werden. Sie werden dann (mit bestimmten Einschränkungen) in die Veranlagung zur Einkommensteuer mit einbezogen. Das lohnt sich, wenn der persönliche Grenzsteuersatz unter 25% liegt (Günstigerprüfung). Details in § 32d Abs. 1 S. 1 EStG.
21. Man spricht hier vom Leistungsfähigkeitsprinzip. Was dies bedeutet, hat vor einiger Zeit Maiterth, R. (2003), "Die Gewerbesteuer als ungerechtfertigte "Großbetriebssteuer"? – Eine empirische Analyse", *Schmollers Jahrbuch*, 123: S. 545-562, für den Fall der Gewerbesteuer gezeigt: Es stellt sich heraus, dass die reichsten zehn Prozent der Unternehmer im Jahre 1998 fast 90% der Gewerbesteuerschuld trugen! Auf ganze 220 Unternehmen entfiel fast ein Drittel der Gewerbesteuereinnahmen. Im Fall der Einkommensteuer liegen die Verhältnisse ähnlich, dort tragen die reichsten 1.3% der Steuerpflichtigen ein Viertel der Steuerlast. Diese Zahlen haben sich bis heute nicht wesentlich geändert.

EHEGATTENSPLITTING   Bei verheirateten Steuerpflichtigen ist zu beachten, dass sie die Wahl zwischen getrennter Veranlagung und Zusammenveranlagung haben. Bei der getrennten Veranlagung versteuert jeder Ehepartner jeweils das durch ihn erwirtschaftete Einkommen. Die Zusammenveranlagung kann vereinfacht so beschrieben werden, dass das gemeinsam erwirtschaftete Einkommen beider Ehepartner jeweils zur Hälfte von Ehemann und Ehefrau versteuert wird. Dieses Verfahren wird auch als *Ehegattensplitting* bezeichnet. Es lohnt sich insbesondere bei großen Unterschieden in den Einkünften der Ehepartner. Der Besserverdienende spart mehr Steuern als der Schlechterverdienende mehr zahlt. Das folgende Beispiel illustriert das Ehegattensplitting.

Angenommen, der Ehemann bezieht keine Einkünfte und die Ehefrau hat ein zu versteuerndes Einkommen in Höhe von € 50.000. Da es uns hier nicht auf die konkreten Zahlen, sondern das Prinzip ankommt, verwenden wir der Einfachheit halber einen Tarif aus der Vergangenheit (2013). Das Ehepaar kann dann wie folgt veranlagt werden:

	getrennte Veranlagung		Ehegattensplitting	
	zvE	ESt–Schuld	zvE	ESt–Schuld
Ehefrau	50.000	12.823	25.000	4.082
Ehemann	0	0	25.000	4.082
Summe		**12.823**		**8.164**

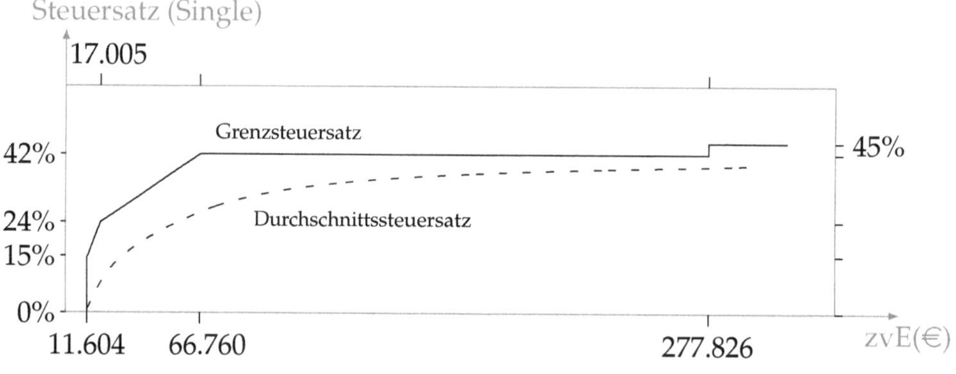

Abbildung 4: Durchschnitts– und Grenzsteuersätze des Einkommensteuertarifs 2024

DUALITÄT DER EINKUNFTSERMITTLUNG   Wir kommen an dieser Stelle noch einmal auf die Dualität bei der Einkunftsermittlung zurück. Betrachten wir eine Kapitalgesellschaft, die einem Arbeitnehmer eine Rentenzusage gewährt (man spricht von einer "Direktzusage"). Aus gesetzlichen Gründen (§ 6a EStG) muss diese Zusage schriftlich gegeben werden. Beachten Sie, dass dieses Versprechen im Moment der Abgabe keine Zahlungen auslöst, denn dem Arbeitnehmer wird vom Arbeitgeber nur ein Recht gewährt (er enthält, etwas überspitzt ausgedrückt, im Grunde nicht mehr als ein Blatt Papier).

Was löst dieses Recht für die Einkommensteuerschulden sowohl des Unternehmers wie auch des Arbeitnehmers aus? Das Unternehmen ermittelt seinen Gewinn durch einen Betriebsvermögensvergleich. Hier ist wesentlich, dass das Unternehmen nach Gewährung der Rentenzusage eine Pensionsrückstellung bilden darf, die seinen steuerpflichtigen Gewinn mindert. Durch das Versprechen der Pensionszusage hat der Unternehmer eine geringere Steuerbelastung.

Fairerweise würden wir erwarten, dass bei einer Steuerentlastung des Unternehmens nun der Arbeitnehmer um eben diesen Betrag mehr belastet wird, damit die Gesamtsumme der an den Staat zu zahlenden Steuern gleich bleibt. Da aber beim Arbeitnehmer kein Betriebsvermögensvergleich, sondern eine Überschusseinkunftsrechnung vorgenommen wird, muss der Arbeitnehmer erst dann mehr Steuern zahlen, wenn er die Rente ausgezahlt bekommt. Wegen des Dualismus der Einkunftsermittlung kommt es zu einer zeitlichen Verlagerung der Steuerzahlung vom Zeitpunkt der Direktzusage zum Zeitpunkt des Renteneintritts. Diese Zeitdauer kann bis zu 30 Jahren betragen und wir werden in den Übungsaufgaben sehen, dass diese zeitliche Verschiebung zu unerwünschten Nebenerscheinungen führt.

Der Dualismus der Einkunftsermittlung hat auch zur Folge, dass identische Tätigkeiten unterschiedlich besteuert werden können. Denken Sie an den Fall einer Hebamme, die ihre Tätigkeit sowohl als Arbeitnehmerin ("nichtselbständige Tätigkeit" und damit Überschusseinkunftsart) wie auch im Rahmen einer GmbH ("gewerbliche Tätigkeit" und damit Gewinneinkunftsart) oder als Freiberuflerin ("selbständige Tätigkeit" und Gewinneinkunftsart) ausführen kann. Ein und dieselbe Tätigkeit führt so möglicherweise zu unterschiedlichen Bemessungsgrundlagen und trotz einheitlichem Steuersatz zu einer unterschiedlichen Steuerbelastung. Eine Gleichbehandlung aller Einkünfte ist so im deutschen Steuerrecht nicht mehr gegeben.

1.4 Der Solidaritätszuschlag (SolZ)

Der Solidaritätszuschlag stellt eine Ergänzungsabgabe dar, die seit 1995 zeitlich unbegrenzt zur Einkommensteuer und Körperschaftsteuer erhoben wird. Im Jahr 2008 betrug die Abgabe 5,5% der festzusetzenden Einkommensteuer sowie der Körperschaftsteuer. Die Berechnung des Solidaritätszuschlages zur Körperschaftsteuer ist allerdings im Detail kompliziert, wir gehen nicht darauf ein.

Seit 2021 wird der Solidaritätszuschlag nur noch für hohe Einkommen erhoben; zudem bestehen ernsthafte Zweifel an seiner Verfassungsmäßigkeit. Auf der anderen Seite kann es sehr gut sein, dass wegen der Corona-Krise erneut eine Art Zuschlag erhoben wird. Wir werden dennoch im Sommersemester 2023 so tun, als wäre der Solidaritätszuschlag nach wie vor in Kraft.

1.5 Die Kirchensteuer (KiSt)

Die Kirchensteuer gilt als eine der ältesten Abgaben überhaupt, sie wurde durch ein Gesetz Karls des Großen 779 im ganzen Reich eingeführt. Die Kirchensteuer beruht heute als einzige Steuerart in Deutschland auf Artikeln des Grundgesetzes, die ohne Änderung aus der Weimarer Verfassung übernommen wurden.[22] Die Weimarer Verfassung schränkte dabei den Kreis der Religionsgemeinschaften nicht auf die christliche Kirche ein.

Steuersubjekt: Steuerpflichtig sind die Angehörigen von steuererhebenden Religionsgemeinschaften.

Steuerobjekt: Eine natürliche Person wird kirchensteuerpflichtig, wenn sie Einkommensteuer entrichtet.

Bemessungsgrundlage: Die Kirchensteuer bemisst sich nach der festzusetzenden Einkommensteuer desselben Veranlagungszeitraumes. Dabei ist aber zu beachten, dass bei der Ermittlung des zu versteuernden Einkommens die Kirchensteuer als Sonderausgabe abgezogen werden darf[23] und damit sowohl die Bemessungsgrundlage der Einkommensteuer als auch ihre eigene Bemessungsgrundlage mindert.

Tarif: Der Kirchensteuersatz ist uneinheitlich. Er schwankt je nach Bundesland zwischen 8 % und 10 %.

Integrierter Steuersatz Wir hatten gesehen, dass die Kirchensteuer als Sonderausgabe die Bemessungsgrundlage der Einkommensteuer und damit auch die eigene Bemessungsgrundlage mindert. Wir wollen unter der vereinfachenden Annahme proportionaler ESt– und KiSt–Tarife diese Besonderheit in einer Gleichung erfassen. Dazu sollen der Einkommen– und der Kirchensteuersatz sowie der Solidarzuschlag zu einem integrierten Steuersatz zusammengefasst werden. Es werden folgende Symbole eingeführt

$$
\begin{array}{llll}
S_{ESt} & : \text{Einkommensteuerschuld} & \text{zvE} & : \text{zvE vor } S_{KiSt} \\
S_{KiSt} & : \text{Kirchensteuerschuld} & \tau_{ESt},\, \tau_{KiSt},\, \tau_{SolZ} & : \text{Steuersätze} \\
S_{SolZ} & : \text{Solidarzuschlag} & & :
\end{array}
$$

22. Es bestehen aber eine Reihe von Unterschieden zwischen Kirchensteuern und anderen Ertragsteuern. Die Kirchensteuern werden aufgrund von Gesetzen der Landessynoden und nicht des Bundestages erhoben (Kirchensteuererhebungsgesetz), zudem ist dort üblicherweise festgelegt, dass eine Steuerhinterziehung keine Straftat darstellt und daher nicht verfolgt wird.
23. Präziser muss gesagt werden, dass nach dem ESt–Gesetz die im Veranlagungszeitraum gezahlte Kirchensteuer als Sonderausgabe abzugsfähig ist. Bei Nachzahlungen oder Erstattungen aus früheren Jahren fallen gezahlte Kirchensteuer und Kirchensteuer des Veranlagungszeitraumes auseinander.

Aus den Gleichungen

$$S_{ESt} = \tau_{ESt} \cdot (zvE - S_{KiSt})$$
$$S_{KiSt} = \tau_{KiSt} \cdot S_{ESt}$$
$$S_{SolZ} = \tau_{SolZ} \cdot S_{ESt}$$

folgt dann

$$S_{ESt} + S_{SolZ} + S_{KiSt} = \frac{\tau_{ESt} \cdot (1 + \tau_{KiSt} + \tau_{SolZ})}{1 + \tau_{ESt} \cdot \tau_{KiSt}} \, zvE.$$

1.6 Die Körperschaftsteuer (KSt)

Ein separates Körperschaftsteuerrecht zur Besteuerung von juristischen Personen wurde mit den Erzbergerschen Reformen der Weimarer Republik (1920) begründet. Die Besteuerung einer Kapitalgesellschaft erfolgt dabei nach dem Trennungsprinzip. Das bedeutet, dass die Gesellschaft und ihre Anteilseigener getrennt voneinander besteuert werden. Die wichtigste Zäsur bildete das 1977 eingeführte Anrechnungsverfahren, mit dem das deutsche Körperschaftsteuerrecht als eines der modernsten der Welt bezeichnet werden konnte.[24] Seit 2009 hat sich die Rechtslage wieder einmal geändert.

Die Körperschaftsteuer kennt, wie die Einkommensteuer auch, mehrere Erhebungsformen. So gibt es die Kapitalertragsteuer auch bei Körperschaften, d.h. ausgeschüttete Dividenden müssen zuerst an der Quelle besteuert werden (anderenfalls würde Körperschaften ja Dividenden steuerfrei ins Ausland "verschieben" können, das will man vermeiden). Wir gehen auf die Fragen, wie man hier eine Doppelbesteuerung zum Beispiel bei verschachtelten Unternehmensstrukturen vermeidet, gleich genauer ein.

Steuersubjekt: Körperschaftsteuerpflichtig sind Kapitalgesellschaften (AG, GmbH), Genossenschaften und Vereine (juristische Personen) mit Geschäftsleitung oder Sitz im Inland.[25]

Steuerobjekt: Steuerobjekt sind die erzielten Einkünfte einer juristischen Person. Dabei handelt es sich um die Einkünfte im Sinne des EStG, die aber alle als Einkünfte aus Gewerbebetrieb behandelt werden.

Bemessungsgrundlage: Die Körperschaftsteuer bemisst sich nach dem *zu versteuernden Einkommen.* Dieses Einkommen ist nach den Vorschriften des EStG zu ermitteln und nach den Vorschriften des KStG zu modifizieren.[26]

---

24. Das Anrechnungsverfahren wurde 2001 abgeschafft. Dessen Regelungen haben sich als nicht mit dem EU–Recht vereinbar erwiesen (siehe dazu IStR 19/2004, S. 680–686).
25. Kapitalgesellschaften sind Gesellschaften, in denen die Geschäftsführung in der Regel nicht vom Eigentümer wahrgenommen wird. Bei Personengesellschaften dagegen sind Geschäftsführer und Eigentümer identisch.
26. Hier fehlen natürlich sinnvollerweise auch Positionen wie Altersfreibetrag usw.

Tarif: Der Körperschaftsteuertarif beträgt derzeit 15%.

ZINSSCHRANKE   Eine der wichtigsten Sonderregelungen ist die sogenannte "Zinsschranke" für Kapitalgesellschaften sowie allgemeiner für Betriebe, die zu einem Konzern gehören. Danach dürfen Zinsaufwendungen[27] nur geltend gemacht werden, wenn sie weniger als 30% des EBITDA (der de facto dem Brutto-Cashflow entspricht) betragen. Von dieser überaus komplizierten Regelung gibt es eine Vielzahl von Ausnahmen.[28]

THESAURIERUNGSBEGÜNSTIGUNG   Wenn man es nicht mit einem Unternehmen, sondern einer ganzen Holding zu tun hat, wird es besonders kompliziert, weil wieder Sonderregelungen greifen. Der Gesetzgeber möchte Mehrfachbesteuerungen vermeiden, muss aber unterscheiden, wer die Dividende des Unternehmens empfängt. Wenn wir den Fall ignorieren, bei dem das Unternehmen sich im Privatvermögen befindet (dort wird Dividende der Kapitalertragsteuer unterworfen), dann können wir zwei Fälle identifizieren:

Unternehmen ist im Betriebsvermögen einer Kapitalgesellschaft Der Empfänger versteuert nur 5% der erhaltenen Dividenden.[29]

Unternehmen ist im Betriebsvermögen einer Personengesellschaft Hier wird das Teileinkünfteverfahren angewandt, bei dem 60% der Dividende der Körperschaftsteuer zu unterwerfen sind.

Dabei ist aber zu beachten, dass für die Dividende bei Einbehaltung die sogenannte "Thesaurierungsbegünstigung" in Anspruch genommen werden kann.[30] Demnach werden nicht entnommene Gewinne besser gestellt als ausgeschüttete Gewinne. Allerdings muss es dann bei einer späteren Entnahme zu einer Nachversteuerung kommen, weil sonst das System sehr einfach umgangen werden kann. Leider führen die damit verbundenen Probleme zu einer beispiellosen Komplexität. Wir gehen daher nicht darauf ein.

---

27. Die Einschränkungen beziehen sich auf den negativen Zinssaldo, d.h. die Differenz zwischen Zinsaufwendungen und Zinserträgen.
28. Die Zinsschranke wird beispielsweise nicht angewandt bei Zinsaufwendungen unter 3 Million €, bei bestimmten Eigenkapitalquoten usw.
29. Dieser einfache Satz verdeckt, wie komplex diese Regel in Wirklichkeit ist. Wir haben oben angemerkt, dass jede Dividende an der Quelle besteuert werden muss, damit man Gewinne nicht steuerfrei ins Ausland verlagert. Wird diese Dividende an ein in Deutschland ansässiges Unternehmen ausgezahlt, muss also eine Anrechnung erfolgen, sonst besteuert man doppelt. Genau bei dieser Anrechnung muss man nun dafür Sorge tragen, dass insgesamt nur 5% versteuert werden – das geschieht über eine so genannte "Betriebsausgabenfiktion". Details im § 8b KöStG.
30. Ziel des Gesetzgebers war es, die Eigenkapitalbasis der Unternehmen zu stärken. Wenn Sie hier mehr wissen wollen, schauen Sie bei Homburg, S.; Houben, H. und R. Maiterth, "Optimale Eigenfinanzierung der Personenunternehmen nach der Unternehmensteuerreform 2008/2009", zfbf 2008, S. 29-47, nach.

Neben der Mehrfachbesteuerung gibt es im deutschen Recht die Möglichkeit, eine sogenannte Organschaft zu bilden (man spricht auch von einer Gruppenbesteuerung). Wenn beispielsweise ein Tochterunternehmen durch eine Muttergesellschaft vollständig kontrolliert wird und so ein Fall liegt bei einem Gewinnabführungsvertrag vor, dann werden Gewinne wie auch Verluste der Mutter vollständig zugerechnet und nur dort versteuert, die Tochter bleibt faktisch steuerfrei.

RECHTSFORMVERGLEICH   Das deutsche Steuerrecht ist nicht rechtsformneutral. Es ist in der Tat wichtig, ob eine Gesellschaft als Kapitalgesellschaft oder als Personengesellschaft geführt wird. Wir wollen anhand eines einfachen Modells (ohne Kirchensteuer und ohne Solidarzuschlag) beide Rechtsformen miteinander vergleichen. Eine Gesellschaft hat ein Betriebsergebnis von BE und wir fragen, wie viel Geld nach Steuern die Anteilseigner in Abhängigkeit von der Rechtsform der ausschüttenden Gesellschaft erhalten werden. Dazu betrachten wir eine vollständig eigenfinanzierte Personen- sowie eine vollständig eigenfinanzierte Kapitalgesellschaft. Wir werden zeigen, dass die Frage, welche Rechtsform vorteilhafter ist, von einem kritischen Einkommensteuersatz abhängen wird, den wir hier mit τ^*_{ESt} bezeichnen. Die Rechnung für die Kapitalgesellschaft ergibt unter Vernachlässigung diverser Freibeträge und unter der Annahme, dass die Ausschüttung beim Anteilseigner Einkünfte aus Kapitalvermögen darstellt, so dass die Kapitalertragsteuer zur Anwendung kommt:

Betriebsergebnis	BE
$-$ Körperschaftsteuer 15%	$\frac{3}{20}BE$
$=$ Ausschüttung	$\frac{17}{20}BE$
$-$ Kapitalertragsteuer auf Ausschüttung $25\% \cdot \frac{17}{20}BE$	
$=$ für Konsum verfügbar	$0.6375 \cdot BE$

Bei einer Personengesellschaft dagegen fällt keine Körperschaftsteuer an, dafür muss der Eigentümer das gesamte Betriebsergebnis der Einkommensteuer unterwerfen (die Kapitalertragsteuer wird letztendlich nicht angewandt, da Einkünfte aus Gewerbebetrieb). Hier erhält er $(1 - \tau^*_{ESt}) \cdot BE$. Wann ist das Betriebsergebnis nach Steuern einer Personengesellschaft kleiner als das Betriebsergebnis nach Steuern in einer Kapitalgesellschaft? Eine einfache mathematische Umformung ergibt folgende äquivalente Formulierung, die sich nur noch auf den Einkommensteuersatz bezieht:

$$\underbrace{(1 - \tau^*_{ESt})BE}_{\text{Personengesellschaft}} < \underbrace{0.6375 \cdot BE}_{\text{Kapitalgesellschaft}} \quad \Longleftrightarrow \quad \tau^*_{ESt} > 36.25\%. \tag{1}$$

Die Frage, welche Rechtsform für den Anteilseigner sinnvoll ist, hängt von seinem Durchschnittssteuersatz τ^*_{ESt} ab. Das Betriebsergebnis BE scheint keine Rolle zu spielen. Steigt der Durchschnittssteuersatz über 36.25%, dann wird eine Kapitalgesellschaft vorteilhafter – was angesichts des progressiven Steuersatzes bereits bei moderaten Einkünften wahrscheinlich ist.

1.7 Die Gewerbesteuer (GewSt)

Mit dem Aufblühen von Handel und Gewerbe in den mittelalterlichen Städten wurden in Deutschland die ersten Gewerbeabgaben eingeführt. Erst im 19. Jahrhundert wurden einzelne Steuergesetze geschaffen, die weitgehend durch die Einzelstaaten gestaltet wurden. Die Realsteuerreform 1936 regelte die Einführung der Gewerbesteuer für das gesamte Reichsgebiet. Bis 1999 wurde die Gewerbesteuer als Gewerbeertrag– und Gewerbekapitalsteuer erhoben; die Gewerbekapitalsteuer wurde 1999 abgeschafft. Es ist bis heute vereinzelt üblich, die Gewerbesteuer auch als Gewerbeertragsteuer zu bezeichnen.

Steuersubjekt: Schuldner der Gewerbesteuer ist der Gewerbebetrieb.[31]

Steuerobjekt: Gegenstand der Besteuerung ist jeder Gewerbebetrieb, soweit er im Inland betrieben wird. Dabei sind drei Möglichkeiten zu unterscheiden:

1. *Gewerbebetrieb kraft gewerblicher Tätigkeit.* Eine solche Tätigkeit ist gegeben, wenn folgende vier Voraussetzungen gleichzeitig vorliegen:[32]

    - Nachhaltigkeit[33],

    - Selbständigkeit[34],

    - Gewinnerzielungsabsicht,

    - Teilnahme am allgemeinen wirtschaftlichen Verkehr.[35]

    Zudem muss der Umfang einer privaten Vermögensverwaltung überschritten sein.

2. *Gewerbebetrieb kraft Rechtsform.* Kapitalgesellschaften sind *immer* Gewerbebetriebe. Personengesellschaften sind es dann, wenn die Gesellschafter ohne Einschränkungen am Gewinn, am Vermögen und am Risiko beteiligt

---

31. Das kann eine Kapitalgesellschaft, aber auch eine Personengesellschaft oder ein Einzelunternehmer sein.
32. Dies steht interessanterweise nicht im Gewerbesteuergesetz, sondern im Einkommensteuergesetz (§ 15 Abs. 2). Auch hier gibt es wieder Sonderregeln: Land– und Forstwirte sowie Freiberufler sind ausgenommen.
33. Die Tätigkeit ist nachhaltig, wenn sie dauerhaft ist.
34. Eine Tätigkeit ist selbständig, wenn Arbeitszeit und Arbeitsort frei wählbar sind.
35. Man muss, für Dritte erkennbar, Waren oder Dienstleistungen gegen Entgelt anbieten.

sind (Mitunternehmerschaften) und eine gewerbliche Tätigkeit ausgeübt wird.[36]

> 3. *Gewerbebetrieb gewerblicher Art der öffentlichen Hand.* Als Gewerbebetriebe gelten auch sonstige juristische Personen des Privatrechts und nichtrechtsfähige Vereine, soweit sie einen wirtschaftlichen Geschäftsbetrieb unterhalten (z.B. Fußballverein betreibt Kantine). Hier ist keine Gewinnerzielungsabsicht notwendig.

Bemessungsgrundlage: Die Gewerbesteuer bemisst sich nach dem Gewerbeertrag. Ausgangsgröße ist der nach den Vorschriften des Einkommen– und Körperschaftsteuergesetzes ermittelte *Gewinn aus Gewerbebetrieb* (entspricht den Einkünften aus Gewerbebetrieb); dieser Gewinn ist nach den Vorschriften des Gewerbesteuergesetzes durch Hinzurechnungen und Kürzungen zu modifizieren.

Beispielsweise sind feste Anteile der gezahlten Mieten, Pachten und Lizenzzahlungen hinzuzurechnen. Ebenso sind 25 % der Schuldzinsen dem Gewinn hinzuzurechnen[37]. Wir werden gleich sehen, dass durch diese Hinzurechnung ein gewerbesteuerlicher Anreiz zur Fremdfinanzierung, etwa durch Gesellschafterdarlehen, besteht.

Tarif: Der Tarif ist das Produkt aus der Steuermesszahl und dem Hebesatz. Die Steuermesszahl beträgt 3.5%. Der Hebesatz[38] wird von der Gemeinde festgelegt, in der der Gewerbebetrieb betrieben wird.

RECHTSFORMVERGLEICH MIT ANRECHNUNG GEWST AUF EST Wir hatten vorhin einen Rechtsformvergleich zwischen einer Kapital– und einer Personengesellschaft angestellt und erkannt, dass es bei höheren Einkommensteuersätzen sinnvoll sein kann, ein Unternehmen als Kapitalgesellschaft zu führen. Unternehmer, die diese Rechtsform nicht wählen, sollen vom Gesetzgeber dennoch gefördert werden und

---

36. Dazu ein Beispiel. Eine KG ist eine Personengesellschaft, in der Mitunternehmerschaft vorliegt – mithin ist sie ein Gewerbebetrieb (die Eigentümer erzielen im Übrigen Einkünfte aus gewerblicher Tätigkeit). In einer GmbH dagegen besteht eine Haftungsbeschränkung, jedoch ist sie eine Kapitalgesellschaft – und damit auch ein Gewerbebetrieb (die Miteigentümer erzielen im Übrigen Einkünfte aus Kapitalvermögen).
37. Auch hier sind die Regelungen der Zinsschranke zu beachten.
38. Üblich sind Hebesätze von etwa 200 bis 450%. Es existierten in der Vergangenheit Gemeinden in Deutschland, deren Hebesatz 0% betrug – jetzt ist ein Minimalhebesatz festgelegt. Berlin hat zur Zeit (Stand 2023) einen Hebesatz von 410%. Traditionell hohe Hebesätze besitzen Frankfurt am Main (derzeit 460%) und München (derzeit 490%).

    Den höchsten Hebesatz in Deutschland von 900% besitzt die Gemeinde Dierfeld in Rheinland-Pfalz, in der ganze 12 Einwohner leben. Es gibt in Dierfeld nur ein Unternehmen, das Gewerbesteuer zahlt: Es handelt sich um einen Gartenbaubetrieb, dessen Besitzer Gerhard von Greve-Dierfeld zugleich ehrenamtlicher Bürgermeister ist. Der Hebesatz wurde so gewählt, dass es mit den Steuereinnahmen möglich wird, dem Bürgermeister eine kleine Aufwandsentschädigung von ca. 1T€ pro Jahr zu zahlen.

erhalten daher die Möglichkeit, die gezahlte Gewerbesteuer bei der Einkommensteuer "anzurechnen". Dabei wird die Einkommensteuerschuld um einen Vielfaches des Gewerbesteuermessbetrages gemindert.[39] Die Gewerbesteuer gilt dabei nicht als Betriebsausgabe.

Um zu verstehen, wie unsere Modellierung angepasst werden muss, gehen wir zurück zur Ungleichung (1), bei der wir einen Vergleich einer Personen– mit einer Kapitalgesellschaft vornahmen. Zuerst stellen wir fest, dass die Gewerbesteuer zunächst bei beiden Rechtsformen in identischer Höhe anfällt. Bei einer Personengesellschaft ist wie skizziert eine standardisierte Gewerbesteuerzahlung auf die Einkommensteuer anrechenbar; der Eigentümer kann das 4–fache des Gewerbesteuermessbetrages (dieser Gewerbesteuermessbetrag ist das Produkt aus 3.5% und dem Gewerbeertrag, in unserem Modell also 3.5% · BE) von der Einkommensteuerschuld abziehen:[40]

$$\underbrace{\underbrace{(1 - \text{Hebesatz} \cdot 3{,}5\% - \tau^*_{ESt})BE}_{\text{ESt, GewSt: hier identische BMG.}} + \underbrace{4 \cdot 3.5\% \cdot BE}_{\text{"Anrechnung GewSt auf ESt"}}}_{\text{Personengesellschaft}} <$$

$$< \underbrace{(1 - 25\%)(\frac{17}{20} - \text{Hebesatz} \cdot 3{,}5\%)BE}_{\text{Kapitalgesellschaft, siehe (1)}}. \quad (2)$$

Aufgelöst und vereinfacht ergibt sich

$$\tau^*_{ESt} > 50{,}25\% - \text{Hebesatz} \cdot 0{,}875\%.$$

Der Steuersatz von 50,25% liegt über dem Spitzensteuersatz. Selbst bei einem Hebesatz von 400% lohnt es sich für den Unternehmer nicht, sein Unternehmen in der Form einer Kapitalgesellschaft zu führen. Vielmehr ist immer eine Personengesellschaft vorteilhafter. Dass unsere Rechnung die wirklichen Verhältnisse sehr einfach widerspiegelt, haben wir bereits deutlich gemacht.

FINANZIERUNGSNEUTRALITÄT Das Kapital einer Unternehmung gliedert sich in Eigen– und Fremdkapital. Wir wollen jetzt untersuchen, welche Folgen die Reform des Gewerbesteuergesetzes 1983 sowie die Kapitalertragsteuer auf die Kapitalstruktur haben und fragen, ob das Steuersystem neutral gegenüber der Finanzierung durch

---

39. Allerdings ist die Anrechnung der Gewerbesteuer auf die Einkommensteuer durch einen individuell zu berechnenden Ermäßigungshöchstbetrag begrenzt.

40. Wir nehmen in unserem Modell an, dass die standardisierte Gewerbesteuer voll auf die Einkommensteuer angerechnet werden kann, da wir nur ein Ein-Perioden-Modell betrachten. Weiterhin gehen wir von einem vollständig durch Eigenkapital finanzierten Unternehmen aus und vernachlässigen somit den Einfluss von Fremdkapitalzinsen, die als Einkommen aus Kapitalvermögen der Kapitalertragsteuer unterliegen würden. Diese Modellerweiterung ist Teil einer Übungsaufgabe.

Fremd- und Eigenkapital ist. Man spricht hier von "Finanzierungsneutralität". Zu diesem Zweck betrachten wir eine Kapitalgesellschaft, die in der Zukunft ($t = 1$) einen sicheren Bruttoertrag vor Steuern in Höhe von BE erwirtschaftet. Die Kapitalgesellschaft sei heute ($t = 0$) zu einem Anteil l fremdfinanziert, für diese Zahl gilt $l \in [0,1)$. Es wird nach der steuerlich optimalen Fremdfinanzierungsquote l gefragt.[41] Der Unternehmer ist also Eigen– und Fremdkapitalgeber in einer Person. Er fragt sich also beispielsweise, ob er eine Investition durch gezeichnetes Kapital bzw. Stammkapital oder durch Gesellschafterdarlehen finanziert.

Das Unternehmen hat heute einen Wert in Höhe von V_0. Betrachten wir zuerst einen Unternehmer als Fremdkapitalgeber, die einen Zins zum Zinssatz r_f erhält. Die Zinszahlung beträgt $r_f l V_0$. Dieser Zins unterliegt beim Unternehmer der Kapitalertragsteuer und er erhält damit eine

$$\text{Nachsteuerzahlung aus Fremdkapital} = \frac{3}{4} r_f l V_0.$$

Wie rechnet ein Unternehmer, wenn er (inländischer) Eigenkapitalgeber der Unternehmung ist? Die Unternehmung realisiert einen Bruttoertrag vor Steuern und Zinsen von BE. Wir wollen die Gewerbesteuerschuld (der Steuersatz sei τ_{GewSt}) ermitteln und vernachlässigen die Zinsschranke. Weil 25 % der Zinsaufwendungen nicht gewerbesteuerlich geltend gemacht werden können, zahlt das Unternehmen demnach Gewerbesteuer in Höhe von

$$\tau_{GewSt}\left(BE - \frac{3}{4} r_f l V_0\right)$$

Der verbleibende Betrag nach Gewerbesteuer und Zins wird ausgeschüttet. Er unterliegt der Körperschaftsteuer von 15% (wobei die gezahlte Gewerbesteuer wie erläutert nicht als Betriebsausgabe abzugsfähig ist) und der Kapitalertragsteuer von 25%. Insgesamt realisiert er als Eigenkapitalgeber damit eine Nachsteuerzahlung von

$$\sum \text{Nachsteuerz. aus Eigenkapital} = (1 - \text{Kapitalertragsteuersatz}) \cdot (BE - r_f l V_0 - KSt - GewS$$

$$= \frac{3}{4} \cdot \left(\frac{17}{20} \cdot (BE - r_f l V_0) - \tau_{GewSt}\left(BE - \frac{3}{4} r_f l V_0\right)\right)$$

$$= \left(\frac{51}{80} - \frac{3}{4} \cdot \tau_{GewSt}\right) BE - \left(\frac{51}{80} - \frac{9}{16}\tau_{GewSt}\right) r_f l V_0$$

Wie lautet die steueroptimale Fremdkapitalquote? Der Unternehmer war Fremd– und Eigenkapitalgeber; er erhält die Summe beider Nachsteuerzahlungen

$$\sum \text{Nachsteuerzahlung} = \left(\frac{51}{80} - \frac{3}{4} \cdot \tau_{GewSt}\right) BE + \left(\frac{9}{80} + \frac{9}{16} \cdot \tau_{GewSt}\right) r_f l V_0$$

---

41. Wir ignorieren in diesem Abschnitt alle Details, die mit einem Kreditausfallrisiko zusammenhängen. Fremdkapital ist, wie auch Eigenkapital, sicher.

Dies ist eine lineare Gleichung in der gesuchten Größe l. Eine lineare Gleichung kann man sich in einem Diagramm als Gerade verdeutlichen. Da der Anstieg der Gerade positiv ist, wird eine möglichst hohe Fremdfinanzierung die Nachsteuerzahlung maximieren. Das Steuersystem ist nicht finanzierungsneutral.

1.8 DIE GRUNDSTEUER (GRST)

Im Gegensatz zu den bisher behandelten Steuerarten ist die Grundsteuer eine Substanzsteuer. Historisch waren die Substanzsteuern die ersten Steuerarten. Schon aus der Antike rührt die Besteuerung von Grund und Boden. Die Römer brachten sie über die Alpen und auf deutschem Boden wurde sie zunächst durch die kirchliche und grundherrliche Grundzehnten und Grundzinsen eingeführt. Die Grundsteuer knüpfte an den scheinbar greifbarsten Teil des Vermögensbesitzes, das Grundeigentum, an und erlangte daher im Zeitalter der Agrarwirtschaft eine beherrschende Stellung in den Steuersystemen des Mittelalters. In der wissenschaftlichen Literatur werden Substanzsteuern wegen ihrer schwerwiegenden Nachteile heute einhellig abgelehnt, sie haben in den letzten Jahren in Deutschland stark an Bedeutung verloren.

Steuersubjekt Steuersubjekt ist der Eigentümer des Grundstücks.

Steuerobjekt Gegenstand der Besteuerung ist der inländische Grundbesitz, welcher sich aus land– und forstwirtschaftlichen, gewerblichen und privaten Grundstücken zusammensetzt. Grundstücke, die öffentlichen und gemeinnützigen Zwecken dienen, sind steuerbefreit.

Bemessungsgrundlage Die Steuer bemisst sich (ab 2025) nach dem Grundsteuerwert des Grundstücks. Dieser wird nach den Vorschriften des Bewertungsgesetzes ermittelt und in einem dreistufige Verwaltungsverfahren ermittelt.

Tarif Auf die Bemessungsgrundlage wird die Steuermesszahl[42] angewendet. Dies ergibt den Steuermessbetrag für die Grundsteuer. Multipliziert man diesen mit dem von der Gemeinde festgesetzten Hebesatz[43], so ergibt sich die Grundsteuerschuld.

---

42. Die Steuermesszahl liegt zwischen 0,31 und 0,55 % je nach Nutzung (Land- und Forstwirtschaft, unbebaute Grundstücke etc.).
43. Dieser Hebesatz ist nicht notwendig identisch mit dem gewerbesteuerlichen Hebesatz, das wäre sonst auch zu einfach... Der Bundesdurchschnitt betrug etwa 250% für land– und forstwirtschaftliche Betriebe sowie etwa 400% für andere Grundstücke.

Die Erbschaftsteuer[44] ist in den letzten Jahren Gegenstand einer intensiven politischen Debatte gewesen. Wenngleich das Aufkommen aus dieser Steuer relativ gering ist (und die Erbhebungskosten vermutlich ein Drittel des Steueraufkommens betragen), so besteht die Öffentlichkeit auf dieser Steuer.[45]

Steuersubjekt Steuersubjekt ist die Erbin.

Steuerobjekt Gegenstand der Besteuerung ist das vererbte Vermögen.

Bemessungsgrundlage Das neue Erbschaftsteuerrecht verlangt eine Bewertung der in Rede stehenden Vermögensgegenstände zum sogenannten "gemeinen Wert". Bei Finanzanlagen ist eine Bestimmung des gemeinen oder auch nominellen Wertes meist unproblematisch, es handelt sich um den Preis der Wirtschaftsgüter. Bei Unternehmensvermögen sind die Vorschriften zur Bewertung und insbesondere zur Freistellung dagegen äußerst komplex. Auf sie soll im Folgenden genauer eingegangen werden.

Die Bewertung des Betriebsvermögens soll zu Marktwerten erfolgen. Für börsennotierte Gesellschaften ist dabei der Stichtagskurs anzusetzen. Kapitalgesellschaften, die weder an einer deutschen Börse zum Handel zugelassen sind und für die auch kein Wert aus Verkäufen abgeleitet werden kann (die Verkäufe müssen zu diesem Zweck weniger als ein Jahr zurückliegen), ist der Wert "unter Berücksichtigung der Ertragsaussichten oder einer anderen anerkannten, auch im gewöhnlichen Geschäftsverkehr für nichtsteuerliche Zwecke üblichen Methode" zu schätzen.[46]

Im Erbschaftsteuergesetz werden nun bestimmte Vermögensgegenstände begünstigt; insbesondere betrifft dies inländisches Betriebsvermögen sowie An-

---

44. Wir sprechen im Folgenden immer vereinfachend von einer Erbschaftsteuer, wenngleich Schenkungen ebenso der Besteuerung unterliegen.
45. Dass diese Steuer durchaus fatale Auswirkungen auf die Investitionstätigkeit von Familienunternehmen ausüben kann, wurde kürzlich anhand eines natürlichen Experimentes von Margarita Tsoutsoura gezeigt, The Effect of Succession Taxes on Family Firm Investment: Evidence from a Natural Experiment, *Journal of Finance*, April 2015 (70:2).
46. Hierbei erlaubt der Gesetzgeber nach §§ 199-203 BewG die Anwendung des sogenannten vereinfachten Ertragswertverfahrens, falls dies nicht zu offensichtlich unzutreffenden Ergebnissen führt. Im Rahmen dieses Verfahrens ist der zukünftig nachhaltig erzielbare Jahresertrag mit dem Kapitalisierungsfaktor (§ 203 BewG) zu multiplizieren. Der nachhaltig erzielbare Jahresertrag ergibt sich dabei als modifizierter Gewinn des § 4 Abs. 1 Satz 1 EStG (§ 201 BewG). Der Kapitalisierungszins berechnet sich als Summe der Rendite öffentlicher Anleihen (Basiszins) und einem Risikozuschlag von 4,5 Prozentpunkten (§ 202 BewG). Diese Bewertungsvorschrift gilt sinngemäß auch für die Bewertung von Nicht-Kapitalgesellschaften (§ 109 BewG).

teile an EU/EWR-Kapitalgesellschaften, wenn der Erblasser am Nennkapital dieser Gesellschaft zu mehr als 25% unmittelbar beteiligt war.[47]

Begünstigtes Vermögen kann zwei Arten der Verschonung unterliegen, der Regelverschonung oder der umfassenden Verschonung:[48]

Regelverschonung In diesem Fall sind 15% des Wertes der Erbschaftsteuer zu unterwerfen (der Gesetzgeber spricht davon, dass ein "Verschonungsabschlag" von 85% zu gewähren ist). Neben diesem Verschonungsabschlag existiert ein Abzugsbetrag von EUR 150.000, so dass praktisch für Vermögen bis zu einer Höhe von 1 Mio. EUR durch die Kombination von Verschonungsabschlag und Abzugsbetrag überhaupt keine Erbschaftsteuer anfällt.

Jedoch ist die Anwendung dieser Regelverschonung an bestimmte Voraussetzungen gebunden. So muss innerhalb eines Zeitraums von 5 Jahren nach dem Erwerb ("Behaltensfrist") die Summe der jährlichen Lohnsummen des Betriebes mindestens 400% der Ausgangslohnsumme betragen.[49]

umfassende Verschonung Im Fall der umfassenden Verschonung bleibt die Übertragung des Unternehmens vollständig steuerfrei (hier liegt also ein Verschonungsbetrag von 100% vor). Die Anforderungen sind daher ungleich schärfer:

Hier muss über einen Zeitraum von 7 Jahren insgesamt 700% der Ausgangslohnsumme erreicht werden, die Behaltensfrist beträgt jetzt sieben Jahre.

Tarif Der Tarif der Erbschaftsteuer ist ein progressiver Tarif, zudem werden drei Steuerklassen unterschieden. Ehegatten, Kinder und Enkel unterliegen der Steuerklasse I, Geschwister der Steuerklasse II und alle Erben, die nicht in den Steuerklassen I und II explizit im Gesetz genannt werden, der Steuerklasse III. Die Steuersätze sind in Abbildung 5 angegeben.

---

47. Die Begünstigung ist dabei beschränkt auf sogenannte "Nicht-Großerwerbe" (§13 b Abs. 1 ErbStG) und dort das "begünstigte Vermögen". Wir wollen auf diese Komplexität nicht weiter eingehen.
48. Die Erbin hat ein unwiderrufliches Wahlrecht, die umfassende Verschonung zu wählen. Ein späterer Wechsel zur Regelverschonung ist nicht möglich.
49. Wird dieser Wert unterschritten, so vermindert sich der Verschonungsabschlag auch für die Vergangenheit in demselben prozentualen Umfang, wie die Mindestlohnsumme unterschritten wird. Außerdem darf weder das Unternehmen oder ein Anteil daran innerhalb von 5 Jahren nach Erwerb veräußert werden, noch dürfen Überentnahmen getätigt werden. Wird das Unternehmen veräußert, so entfällt der Verschonungsabschlag nachträglich in dem Verhältnis der noch verbleibenden zur gesamten Behaltensfrist.

Abbildung 5: Erbschaftsteuersätze (Stand 2023)

Vermögen bis (TEuro)	Steuerkl. I	Steuerkl. II	Steuerkl. III
75	7%	15%	30%
300	11%	20%	30%
600	15%	25%	30%
6.000	19%	30%	30%
13.000	23%	35%	50%
26.000	27%	40%	50%
darüber	30%	43%	50%

1.10 Veranlagungssimulation

Bei einer Veranlagungssimulation versucht man, die mit einem Investitionsprojekt in der Zukunft verbundenen Steuerzahlungen so genau wie möglich zu simulieren. Dabei soll die Veranlagung zu einzelnen Steuerarten (GewSt, ESt, KSt, KiSt, SolZ) möglichst detailliert für die Zukunft vorgenommen werden. Wir wollen kurz beschreiben, wie hier vorzugehen wäre.

Betrachten wir in einem Beispiel eine natürliche Person und vernachlässigen die Körperschaftsteuer. Bei einer Entscheidung über eine Realinvestition im Zeitpunkt t müssen wir

- die Gewerbesteuer (GewSt_t)

- die Kirchensteuer (KiSt_t)

- die Einkommensteuer (ESt_t)

- den Solidaritätszuschlag (SolZ_t)

ermitteln. Es genügt nicht nur, sich über die relevanten Steuerarten zu verständigen, vielmehr muss auch die Reihenfolge der Berechnung festgelegt werden: So kann man beispielsweise nicht die Einkommensteuerschuld bestimmen, bevor nicht die Gewerbesteuerschuld ermittelt wurde usw. Es bietet sich an, die Steuern genau in der oben genannten Reihenfolge zu berechnen, weil dann alle relevanten Größen ohne umfangreiche Nebenrechnungen ermittelt werden können.

Um nun die jeweiligen Steuerschulden zu errechnen, benötigen wir eine Vielzahl an Informationen. Insbesondere reichen die Kenntnis über die Anschaffungsausgabe (I_0) und die projektbedingten Cashflows (CF_t) nicht aus: Denn der Investor muss, wenn er die Einkommensteuer so präzise wie möglich berechnen will, die weiteren Einkünfte aus anderen Quellen mit einbeziehen (beispielsweise die Zinsen aus Bausparverträgen, die Dividenden aus Wertanlagen, die Mieteinkünfte aus vermieteten Häusern etc.). Dies gilt selbstverständlich auch für die relevanten Größen der Gewerbesteuer und der Kirchensteuer.

Wenn diese Informationen beschafft werden können, dann würde ein Investor in dieser Situation das Endvermögen nach Steuern mit sowie ohne Durchführung des Investitionsprojektes bestimmen. Er vergleicht dann beide Werte und entscheidet sich für das Investitionsprojekt, wenn er so ein höheres Endvermögen realisiert. Wir sehen aber auch, dass die Liste der notwendigen Informationen keinesfalls vollständig gewesen sein muss. Denn wir müssen ebenfalls wissen,

1. zu welchem Zinssatz der Investor Geld anlegen bzw. sich borgen kann,

2. ob, wann und wie viel Steuervorauszahlungen zu leisten sind,

3. ...

Ein Beispiel einer solchen Veranlagungssimulation ist im Anhang wiedergegeben. Die skizzierte Vorgehensweise der Veranlagungssimulation ist für viele praktische Fragestellungen zu anspruchsvoll. Hier seien nur zwei Probleme genannt:

- Wir müssen die steuerlichen Bemessungsgrundlagen für jedes Jahr errechnen. Insbesondere müssen wir auch für jedes Jahr die Basisbemessungsgrundlagen schätzen. Der damit verbundene Planungs- und Prognoseaufwand ist nicht zu leisten.

- Wenn wir ein Projekt bewerten wollen, das von einer Aktiengesellschaft durchgeführt werden soll, müssen die Parameter für alle Investoren einheitlich sein, wenn wir zu eindeutigen Ergebnissen kommen wollen. Das trifft insbesondere auf den Einkommensteuersatz zu: Bei einer Aktiengesellschaft mit Streubesitz könnte nun die Bewertung der Investition davon abhängig sein, welche weiteren Einkünfte der Aktionär besitzt und wie hoch der anzuwendende Tarif ist.

In der Literatur wurde deshalb das "Standardmodell" entwickelt. Unter vereinfachenden Annahmen wird der Einfluss *einer linearen* Steuer auf den Unternehmenswert analysiert.[50] Das Standardmodell dient einem potentiellen Investor als einfache Orientierungshilfe. Zudem ermöglicht das Modell Aussagen über den Einfluss einer Steuer auf das Verhalten der Investoren und liefert so, im zweiten Schritt, auch Anhaltspunkte für ein "sinnvolles", d.h. Investitionsentscheidungen nicht verzerrendes, Steuersystem.

---

50. Die Bezeichnung geht auf Dieter Schneider zurück, das Modell selbst erscheint zum ersten Mal bei Preinreich, G. (1951), "Models of taxation in the theory of the firm", *Economia Internazionale* 4: S. 372-397. Üblicherweise wird es allerdings Johansson, S.-E. (1969), "Income taxes and investment decisions", *Swedish Journal of Economics* 71: S. 104-110, zugeschrieben.

2 STEUERN UNTER SICHERHEIT: STANDARDMODELL

2.1 ARBITRAGEFREIHEIT UND NPV–GLEICHUNG

> **Lernziel:** Wir stellen unser Modell vor, mit dem wir im gesamten Abschnitt arbeiten werden. Wir verdeutlichen den Grundgedanken der Arbitragefreiheit mit diesem Modell.

In diesem Kapitel wollen wir uns eines einfachen Modells bedienen, das die steuerliche Wirklichkeit möglichst einfach wiedergibt. Es gibt es einen gegenwärtigen ($t = 0$) sowie T zukünftige Zeitpunkte ($t = 1, \ldots, T$). Sowohl Gegenwart als auch Zukunft sind sicher. Wir werden auf mögliche Verallgemeinerungen wie etwa einen unendlichen Zeitraum oder eine stetige Zeit nicht eingehen.

Wir konzentrieren uns auf eine *Realinvestition*, die ein Investor durchführen oder unterlassen kann. Eine solche Realinvestition kann etwa in Form einer GmbH oder einer Aktiengesellschaft vorliegen, ebenso könnte es sich um ein konkretes Projekt wie einen Werkauftrag handeln. Diese Realinvestition erscheint in unserem Modell als eine Art "Geldmaschine", bei der keine Rücksicht darauf genommen wird, welches Gut hier wie produziert wird. Wir nehmen immer an, dass die Realinvestition höchstens einmal durchgeführt werden kann. Die Realinvestition soll eigenfinanziert werden, sie erfordert heute eine Ausgabe von I_0 und wird in der Zukunft Cashflows liefern.

Die Cashflows dieser Realinvestition sind nach unseren Einschränkungen bereits heute sicher. Diese Annahme ist eine sehr starke Einschränkung, denn es gibt praktisch keine risikolosen Investitionsobjekte. Diese Einschränkung werden wir aber erst im nächsten Kapitel aufheben können. Den zukünftigen Projekt-Cashflow im Zeitpunkt t bezeichnen wir mit CF_t.

Es ist zu jedem Zeitpunkt möglich, die Realinvestition aufzugeben. In diesem Fall verkauft der Investor die Anteile an dem Projekt zu einem Marktwert (auch den fairen Preis oder inneren Wert genannt), den wir mit V_t ($t = 1, \ldots, T$) bezeichnen wollen. Um zu erfahren, ob wir unser Geld in diese Realinvestition stecken sollten, müssen wir aber auch den Marktpreis der Investition heute, also in $t = 0$ errechnen. Diesen Marktwert bezeichnen wir mit V_0.

Dieser Marktpreis heute (V_0) ist im Gegensatz zu den künftigen Marktpreisen oder Werten V_t eine fiktive Größe. Er gibt an, welcher Preis für die Realinvestition heute gezahlt werden *sollte*. Tatsächlich aber werden wir unterstellen, dass heute nicht V_0, sondern eine Investitionsausgabe I_0 zu tätigen ist. Der Investor vergleicht nun diese Investitionsausgabe mit dem fairen Preis: Der Investor wird die Realinvestition durchführen, wenn $I_0 < V_0$ ist oder er wird sie unterlassen, wenn die Relation $I_0 > V_0$ gültig sein sollte.

Des Weiteren soll der Investor die Möglichkeit haben, *Finanzinvestitionen* am Kapitalmarkt zu erwerben. Da die Welt sicher ist, kann es sich dabei nur um sichere Geldanlagen handeln. Zu diesem Zweck müssen wir wissen, wie hoch der Zinssatz am Kapitalmarkt ist. Wir gehen der Einfachheit halber davon aus, dass der Zinssatz in allen Zeitpunkten konstant ist und genau r_f beträgt.[51]

Viele der steuerlichen Details aus dem ersten Kapitel werden in diesem Modell ignoriert. Da wir nicht wissen, durch welche wirtschaftliche Tätigkeit die Projekt-Cashflows zustandekommen, können wir die Details einer Gewerbesteuer nicht abbilden. Da die Realinvestition eigenfinanziert wurde, können wir Fragen der Finanzierungsneutralität[52] nicht behandeln. Wir verzichten auch darauf, Details der Körperschaftsteuer in unser Modell einzubeziehen. In diesem Modell soll es ausschließlich eine Art Einkommensteuer geben, die sowohl für die Geldanlage in die Real- als auch in die Finanzinvestitionen zu zahlen ist. Dennoch wird sich zeigen, dass das von uns entwickelte Modell leistungsfähig ist und eine Vielzahl ökonomischer Sachverhalte abbildet.

Das grundlegende Prinzip, mit dem wir die fairen Werte der Realinvestition bestimmen wollen, ist die Arbitragefreiheit des Kapitalmarktes.[53] Beachten Sie insbesondere, dass wir die Arbitragefreiheit nur zur Bestimmung der fairen Werte V_t nutzen, denn die tatsächlich zu leistende Anschaffungsausgabe I_0 der Realinvestition bietet ganz offensichtlich eine Arbitragegelegenheit.

Der faire Preis V_t der Realinvestition bestimmt sich aus folgender Überlegung: Es ist gleichgültig, ob der Investor in die Realinvestition oder in den Kapitalmarkt investiert; wir unterstellen, dass eine Anlage am Kapitalmarkt und die Realinvestition zu gleichen finanzwirtschaftlichen Ergebnissen führen. Diese Eigenschaft gilt für jede Zeitperiode. Versetzen wir uns in den Zeitpunkt t und nehmen wir an, dass der Investor den Geldbetrag V_t zur Verfügung hat.[54] Der risikolose Zinssatz ist r_f und wir nehmen an, dass Soll– und Habenzinsen zusammenfallen und es kein Finanzierungslimit gibt. Dann bedeutet unsere Annahme der Arbitragefreiheit für eine Periode, dass im Zeitpunkt $t + 1$ die Ergebnisse der jeweiligen Investitionen übereinstimmen müssen, also

$$\underbrace{(1 + r_f)V_t}_{\text{Kapitalmarktanlage}} = \underbrace{V_{t+1} + \text{CF}_{t+1}}_{\text{Realinvestition}} \tag{3}$$

---

51. Natürlich muss ein Geldgeber, der den Zinssatz r_f verspricht, in der Lage sein, diesen Zinssatz am Markt zu erwirtschaften. Woher sie diese Möglichkeit nimmt, lassen wir in unserem Modell offen, die Finanzinvestitionen fallen gewissermaßen "vom Himmel". Wer diese Fragen beantworten will, muss sich so genannter Gleichgewichtsmodelle bedienen (Vorlesung "Kapitalmarkttheorie").

52. Siehe S. 18.

53. Die Arbitragefreiheit werden wir hier nur anschaulich einführen. Sie wird wesentlich detaillierter in der Vorlesung "Derivate und ihre Bewertung" behandelt.

54. Diese Annahme ist keine Einschränkung. Wenn der Investor nicht genug Geld besitzt, so kann man mit einfachen Methoden zeigen, dass er sich fehlendes Geld leihen kann und sich dann die Ergebnisse nicht ändern. Auf eine genaue Darstellung verzichten wir.

Erläutern wir diese Gleichung. Auf der linken Seite der Gleichung wird eine Kapitalmarktanlage beschrieben. Der Investor legt V_t an und erhält nach einer Periode sein eingezahltes Kapital zuzüglich den Zinsen $(1 + r_f)V_t$. Auf der rechten Seite dagegen investiert er in die Realinvestition. Nach einer Periode erhält er den Cashflow (die "Dividende") CF_{t+1} und verkauft die Anteile der Realinvestition zum (neuen) Marktpreis V_{t+1}. Beide Geldbeträge müssen wegen der Arbitragefreiheit identisch sein, anderenfalls gäbe es sichere Gewinne ohne Kosten.[55]

Aus Gleichung (3) folgt durch einfaches Umstellen

$$V_t = \frac{V_{t+1} + CF_{t+1}}{1 + r_f}$$

und durch wiederholtes Einsetzen dieser Gleichung

$$V_t = \frac{CF_{t+1}}{1 + r_f} + \frac{CF_{t+2}}{(1 + r_f)^2} + \ldots + \frac{CF_T + V_T}{(1 + r_f)^{T-t}}$$

Da der Wert der Investition im Endzeitpunkt null ($V_T = 0$) ist, gilt für den Marktwert der Investition zum heutigen Zeitpunkt:[56]

$$V_0 = \frac{CF_1}{1 + r_f} + \frac{CF_2}{(1 + r_f)^2} + \ldots + \frac{CF_T}{(1 + r_f)^T}$$

Entscheidend für die Frage der Durchführung war der Vergleich des Marktwertes mit der Investitionsausgabe. Die Differenz beider Größen werden wir den Kapitalwert (auch NPV, net present value) nennen:

$$NPV = -I_0 + \frac{CF_1}{1 + r_f} + \frac{CF_2}{(1 + r_f)^2} + \ldots + \frac{CF_T}{(1 + r_f)^T}. \tag{4}$$

Ist der NPV einer Realinvestition positiv, dann soll die Investition durchgeführt werden. Ist dagegen der Kapitalwert negativ, soll der Investor die Realinvestition unterlassen. Wenden wir uns den Grundlagen eines Steuersystems zu.

---

55. Ist beispielsweise die linke Seite kleiner als die rechte, dann erwirbt der Investor Anteile an der Investition und borgt sich gleichzeitig die Investitionsausgabe bei der Bank. Im nächsten Zeitpunkt verkauft er die Anteile und zahlt seine Schulden. Da die linke Seite der Gleichung kleiner als die rechte Seite war, verbleibt ihm ein sicherer Gewinn. Analog argumentiert man, wenn ein umgekehrtes Vorzeichen vorliegt.

56. Der erste, der die grundlegende Bedeutung der Gleichung für *alle* Investitionsprojekte erkannte, war Irving Fisher. Die Gleichung selbst war früher bekannt; so findet sich der Ansatz bereits Mitte des 19. Jahrhunderts in der Forstwirtschaft, siehe Viitala, E-J. (2006), "An early contribution of Martin Faustmann to natural ressource economics", *Journal of Forest Economics*, 12: S. 131-144. Fisher selbst hat auf diesen Umstand hingewiesen und betont, dass er seine Idee nicht auf spezielle Projekte (wie die Bewertung von Wäldern) beschränkt wissen will.

> **Lernziel:** Wir führen die Begriffe Abschreibung und Buchwert ein, die die Bemessungsgrundlage der Gewinn- und anderen Steuern im Standardmodell beschreiben werden.

Wir wollen die Steuer in unser Modell einführen. Dabei berücksichtigen wir, dass eine Steuer eventuell zwischen einer Finanzinvestition (beispielsweise eine mögliche Kapitalmarktanlage) und einer Realinvestition unterscheidet. Wir werden im Fall der Kapitalmarktanlage folgende vereinfachende Voraussetzung machen, die sich im Einklang mit einer Reihe von gesetzlichen Regelungen befindet:[57]

Definition 2.1 (Gewinn einer Kapitalmarktanlage). *Der Gewinn einer Kapitalmarktanlage im Zeitpunkt t ist gleich der Zinszahlung $r_f V_{t-1}$.*

Um eine Realinvestition zu besteuern, müssen wir uns etwas mehr Mühe geben. Was soll der Gewinn einer Realinvestition sein? Dazu wollen wir einen zusätzlichen Tatbestand berücksichtigen, der bei Steuersystemen eine wichtige Rolle spielt. Viele Steuern hängen vom "Wert" oder "Ertrag" einer Anlage ab, doch ist damit nicht der gerade eingeführte Marktwert der Anlage gemeint, sondern eine im Steuergesetz genau vorgeschriebene Wertgröße. Diese divergiert mitunter stark vom Marktwert; denken wir nur an den "Bodenrichtwert" von Grundstücken oder an das "Niederstwertprinzip" in der Finanzbuchhaltung.

Im Modell werden wir deshalb der Realinvestition einen *verallgemeinerten Buchwert* für jeden Zeitpunkt $t = 0, \ldots, T$ zuordnen. Wir sprechen von einem verallgemeinerten Buchwert, weil unser Modell nur bedingte Ähnlichkeiten mit den Grundsätzen der Finanzbuchhaltung besitzt. Beispielsweise werden wir hier noch *nicht* voraussetzen, dass immer nur die Anschaffungsausgabe abgeschrieben werden darf. Der Buchwert ist einfach eine Zahl (positiv oder negativ), die beschreibt, wie hoch das steuerrechtliche Vermögen einer Realinvestition zu veranschlagen ist. Diesen verallgemeinerten Buchwert im Zeitpunkt t werden wir mit BW_t bezeichnen.

Mit Hilfe des Begriffes "Buchwert" sind wir in der Lage, die Abschreibung und den Gewinn zu definieren.

Definition 2.2 (verallgemeinerte Abschreibung). *Eine Realinvestition erleidet im Zeitpunkt t die verallgemeinerte Abschreibung*

$$\mathrm{AfA}_t := -(\mathrm{BW}_t - \mathrm{BW}_{t-1}). \tag{5}$$

Wieder sprechen wir von einer verallgemeinerten Abschreibung, weil die Nähe zum externen Rechnungswesen nur bedingt gegeben ist: In der Finanzbuchhaltung

---

57. Zinsen sind Einkünfte aus Kapitalvermögen und demnach einkommensteuerpflichtig. Den im Einkommensteuergesetz festgelegten Freibetrag vernachlässigen wir an dieser Stelle großzügig.

wird für eine negative verallgemeinerte Abschreibung beispielsweise "Zuschreibung" genannt, ebenso sind im deutschen Steuerrecht nur lineare Abschreibungen gestattet.

Aus der Definition der Abschreibung folgt zuerst für die Realinvestition nach (5) der Zusammenhang

$$\begin{aligned}
\mathrm{BW}_0 &= -(\mathrm{BW}_1 - \mathrm{BW}_0) - (\mathrm{BW}_2 - \mathrm{BW}_1) - (\mathrm{BW}_3 - \mathrm{BW}_2) - \ldots \\
&\quad - (\mathrm{BW}_T - \mathrm{BW}_{(T-1)}) + \mathrm{BW}_T \\
&= \mathrm{AfA}_1 + \mathrm{AfA}_2 + \ldots + \mathrm{AfA}_T + \mathrm{BW}_T.
\end{aligned}$$

Wir wollen annehmen, dass der Buchwert im Endzeitpunkt gerade null ist. Diese Annahme ist gleichbedeutend mit der Forderung, dass die Realinvestition am Ende der Laufzeit vollständig abgeschrieben ist. Da T das Zeitenende ist, an dem alle Rückflüsse aufhören und alle Schulden beglichen sein müssen, wäre es sonderbar, wenn ein Buchwert noch von null verschieden wäre. Dies passt zu unserer (sonderbaren) Annahme, dass es ein Zeitenende gibt.

$$\mathrm{BW}_T = 0. \tag{6}$$

Was ist der Gewinn einer Realinvestition?

Definition 2.3 (Gewinn einer Realinvestition). *Der Gewinn einer Realinvestition im Zeitpunkt t ist*

$$G_t := \mathrm{CF}_t - \mathrm{AfA}_t.$$

Dies ist in Einklang mit der steuerorientierten Literatur, wie wir beispielsweise in Scheffler (2020)[58] oder aber dem §4 Abs. 1 EStG entnehmen können, dort ist der Gewinn als

Entnahmen
− Einlagen
+ Vermögen in t
− Vermögen in $t-1$
= Gewinn

definiert. Ergibt sich der Rückfluss aus der Differenz von Einlagen und Entnahmen und identifizieren wir das Vermögen als den von uns so getauften Buchwert, dann ist das exakt unsere Definition 2.3.

Gleichzeitig erkennen wir an der Definition 2.3, dass unser Modell nur ein grobes Abbild der Realität darstellt. So würde man bei einer Investition im deutschen Steuerrecht üblicherweise vom Cashflow noch die Fremdkapitalzinsen und die Veränderungen der Rückstellungen in Abzug bringen. In unserem Modell aber gibt es kein

---

58. Scheffler, W. (2020), *Besteuerung von Unternehmen Band I: Ertrag-, Substanz- und Verkehrsteuern*, 10th. edn, C.F.Müller, UTB-Verlag. Leider gibt es seit der Emeritierung von Herrn Scheffler keine Neuauflagen dieses sehr guten Lehrbuches mehr.

Fremdkapital (alle Investitionen werden vollständig eigenfinanziert), also fehlen sowohl Fremdkapitalzinsen als auch Rückstellungen. Wir werden im Kapitel über die DCF–Verfahren darauf zurückkommen.

2.3 STANDARDMODELL EINER GEWINNSTEUER

> **Lernziel:** Wir führen jetzt die Steuer ein und leiten eine Gleichung für den Kapitalwert der Realinvestition, die diese Steuer berücksichtigt, her.

Die einfache Gewinnsteuer soll wie im ersten Abschnitt durch Steuersubjekt, Steuerobjekt, die Bemessungsgrundlage und den Tarif charakterisiert werden. Wir treffen folgende Annahmen für diese Gewinnsteuer:[59]

Steuersubjekt Steuerpflichtig ist der Investor/der Haushalt.

Steuerobjekt Rückflüsse in $t > 0$ (Kapitalmarktzinsen und Cashflows einer Realinvestition) sind Gegenstand der Besteuerung.

Bemessungsgrundlage Die Bemessungsgrundlage der Gewinnsteuer ist der Gewinn. Dies gilt auch für negative Bemessungsgrundlagen ("sofortiger Verlustausgleich").

Tarif Die Bemessungsgrundlage wird proportional besteuert. Der Steuersatz, bezeichnet mit τ, ist unabhängig von der Höhe der Bemessungsgrundlage.

Wir gehen weiter davon aus, dass die Steuer zum Zeitpunkt des Zuflusses gezahlt wird. Negative Bemessungsgrundlagen führen zu einer sofortigen Erstattung. Ebenso findet keine Steuerüberwälzung statt; die Rückflüsse der Realinvestition sind unabhängig von der Besteuerung.

Wir zeigen, wie die Arbitrageüberlegung unseres Modells aufgrund der Steuer modifiziert werden muss und welche Konsequenzen sich daraus ergeben. Dazu notieren wir die Gleichung (3) und fügen die Steuer ein.

$$\underbrace{(1+r_f)V_t \overbrace{-\tau r_f V_t}^{\text{neu}}}_{\text{versteuerte Kapitalmarktanlage}} = \underbrace{V_{t+1} + \mathrm{CF}_{t+1} \overbrace{-\tau(\mathrm{CF}_{t+1} - \mathrm{AfA}_{t+1})}^{\text{neu}}}_{\text{versteuerte Realinvestition}} \tag{7}$$

Welche Wirkung hat diese Steuer darauf, ob die Realinvestition vorteilhaft ist? Dazu leiten wir den Kapitalwert aus der Gleichung (7) ab. Durch Umstellen folgt

$$V_t = \frac{V_{t+1} + \mathrm{CF}_{t+1} - \tau(\mathrm{CF}_{t+1} - \mathrm{AfA}_{t+1})}{1 + r_f(1 - \tau)}$$

---

59. Siehe beispielsweise Kruschwitz, L. (1998), *Investitionsrechnung*, 7. edn, Oldenbourg, München, Wien, S. 132ff.

und durch wiederholtes Einsetzen dieser Gleichung

$$V_0 = \frac{\mathrm{CF}_1 - \tau(\mathrm{CF}_1 - \mathrm{AfA}_1)}{1 + r_f(1 - \tau)} + \frac{\mathrm{CF}_2 - \tau(\mathrm{CF}_2 - \mathrm{AfA}_2)}{(1 + r_f(1 - \tau))^2} + \dots + \frac{\mathrm{CF}_T - \tau(\mathrm{CF}_T - \mathrm{AfA}_T)}{(1 + r_f(1 - \tau))^T}.$$

Wir erkennen, dass die Kapitalwertformel wie folgt lauten muss (um diesen Kapitalwert vom Kapitalwert ohne Einbeziehung der Steuern unterscheiden zu können, haben wir ihn mit dem Index τ versehen)

$$\mathrm{NPV}^\tau := -I_0 + \frac{\mathrm{CF}_1 - \tau(\mathrm{CF}_1 - \mathrm{AfA}_1)}{1 + r_f(1 - \tau)} + \dots + \frac{\mathrm{CF}_T - \tau(\mathrm{CF}_T - \mathrm{AfA}_T)}{(1 + r_f(1 - \tau))^T}. \qquad (8)$$

Unser Ergebnis ist intuitiv. Im Zähler der Kapitalwertformel finden sich die Cashflows der Investition abzüglich der Steuerzahlungen auf die Investition. Der Investor vergleicht diese mit den (alternativen) Zinseinnahmen aus seiner Kapitalanlage. Diese Kapitalanlage ist aber ebenfalls steuerpflichtig. Die Steuern auf die Kapitalanlage werden nicht im Zähler erfasst, sondern im Nenner. Der Zinssatz sinkt von r_f auf $r_f(1 - \tau)$ und das lässt sich so interpretieren, als ob die Zinsen bereits an der Quelle (nämlich dem Kapitalmarkt oder der Bank) versteuert werden. Statt dem Zinssatz r_f würde dann von der Bank nur der versteuerte Zins $r_f(1 - \tau)$ gezahlt.

Wenn am Ende der Laufzeit entgegen der Annahme (6) die Investition einen Restbuchwert aufweisen sollte, dann ist die Kapitalwertgleichung um die in T veränderte Steuerzahlung zu modifizieren. Wenn LE_T den Liquidationserlös bezeichnet, ist noch der Veräußerungsgewinn in Höhe von $LE_T - \mathrm{BW}_T$ zu versteuern und die Kapitalwertgleichung lautet in diesem Fall

$$\mathrm{NPV}^\tau := -I_0 + \dots + \frac{\mathrm{CF}_T(1 - \tau) + \tau\mathrm{AfA}_T}{(1 + r_f(1 - \tau))^T} + \frac{LE_T - \tau(LE_T - \mathrm{BW}_T)}{(1 + r_f(1 - \tau))^T}.$$

BEISPIEL   Die Nutzungsdauer einer Realinvestition wird auf vier Jahre veranschlagt, und der Buchwert von 5.000 soll linear abgeschrieben werden, Buchwert und Anschaffungsausgabe sind identisch. Die Rückflüsse belaufen sich in den ersten beiden Jahren auf 0 und in den restlichen zwei Jahren auf 3.000 und 4.000. Wie hoch ist der Kapitalwert unter Berücksichtigung der Steuern, wenn der Kalkulationszinsfuß $r_f =$ 10% und der Gewinnsteuersatz $\tau = 20\%$ beträgt?

Zeitpunkt	t	0	1	2	3	4
Realinvestition	CF_t	−5.000	0	0	3.000	4.000
Steuerschuld	$\tau(\mathrm{CF}_t - \mathrm{AfA})$		−250	−250	350	550
Nach–Steuer–CF		−5.000	250	250	2.650	3.450
Diskontfaktor	$\frac{1}{(1+r_f(1-\tau))^t}$		1	0,9259	0,8573	0,7938	0,7350

Der Kapitalwert ist dann NPV^τ=85. Ohne Steuern hätte sich im Übrigen ein Kapitalwert von (etwa) -14 ergeben.

2.4 Ein Steuerparadox

> **Lernziel:** Wir betrachten den Kapitalwert einer Realinvestition und zeigen, dass die Einbeziehung von Steuern dazu führen kann, dass der Kapitalwert mit dem Steuersatz wächst.

Wir wollen den Kapitalwert unter Steuern in diesem Abschnitt genauer untersuchen. Dabei interessieren wir uns für die Frage, wie sich eine Veränderung des Gewinnsteuersatzes τ auf den Kapitalwert nach Steuern auswirkt. Für diese Untersuchung sprechen zwei Gründe.

– Der Steuersatz kann durch den Gesetzgeber geändert werden. Es ist daher wichtig, den Kapitalwert als Funktion des Steuersatzes zu kennen.

– Gemäß dem *neoklassischen Paradigma* soll eine Steuer die Rangfolge von Investitionsentscheidungen nicht ändern, da anderenfalls gesamtwirtschaftliche Wohlfahrtsverluste auftreten (der Gesetzgeber "subventioniert" nicht rentable Projekte) könnten. Das bedeutet zum Beispiel, dass die Entscheidung über Annahme oder Ablehnung einer Investition unabhängig vom Steuersatz (und damit der Einbeziehung von Steuern überhaupt) zu sein hat.

Wir vermuten, dass die Einbeziehung von Steuern einen Einfluss auf Investitionsentscheidungen haben kann. Betrachten wir ein Beispiel.

BEISPIEL Gegeben ist die Investition aus dem vorigen Beispiel. Die Kapitalwerte bei unterschiedlichen Steuersätzen τ sind in Abbildung 6 dargestellt. Insbesondere betrug der Kapitalwert ohne Steuern -14, er war negativ.

Dieses Beispiel offenbart, dass es durch die Steuer zu einer Veränderung der Investitionsentscheidung eines Projektes kommt: Bei $\tau = 0\%$ wird es verworfen, während es bei einem Steuersatz $\tau = 60\%$ durchgeführt wird. Wir werden im Folgenden ein derartiges Steuersystem paradox nennen. Ein *Steuerparadox* liegt vor, wenn es wenigstens ein Projekt gibt, bei dem eine Variation des Steuersatzes zu einem Vorzeichenwechsel beim Kapitalwert führt.

Es gibt in einer Reihe von Lehrbüchern eine andere Definition. Dort wird von einem paradoxen Steuersystem gesprochen, wenn sich die Rangfolge zweier Realinvestitionen ändert. Während etwa ohne Berücksichtigung von Steuern ein Projekt A dem Projekt B vorzuziehen wäre, ist bei einer Nachsteuerrechnung B vorzuziehen. Die Übersicht verdeutlicht den Unterschied beider Definitionen:

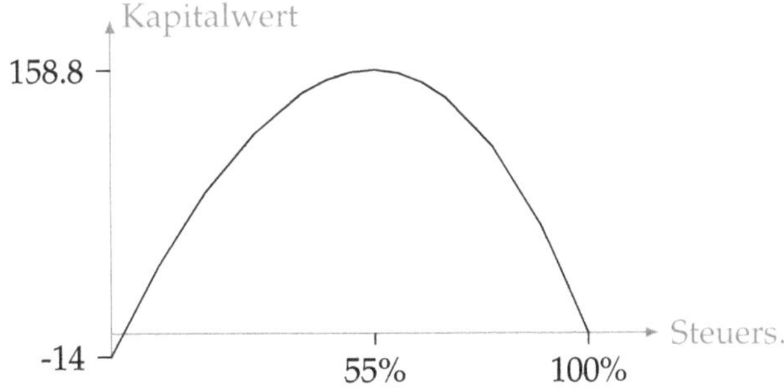

Abbildung 6: Steuerparadoxon: Der Kapitalwert ist keine monotone Funktion des Steuersatzes.

Durch die Berücksichtigung der Steuer wird die

Entscheidung über *ein* Projekt (Durchführung oder Unterlassung) vs. Entscheidung über *zwei* Projekte (A oder B durchführen) geändert.
geändert.

Die von uns präferierte Definition scheint etwas spezieller zu sein. Sie setzt voraus, dass ein Projekt immer nur mit einer Unterlassung, nicht aber einer beliebigen Investition B verglichen werden darf. Dennoch kann man mit etwas Aufwand zeigen, dass in unserer Formulierung keinerlei Einschränkung vorliegt: Beide Definitionen entsprechen einander.

Wir wollen uns jetzt mit der Frage beschäftigen, ob das Ergebnis des Steuerparadoxes auch intuitiv ist. Die Intuition erschließt sich erst bei einem genaueren Blick auf die Gleichung (8). Wir finden den Steuersatz dort zwei Mal: Zum einen im Zähler der Gleichung, aber auch im Nenner. An beiden Stellen sind die Wirkungen eines sich ändernden Steuersatzes auf den Kapitalwert nun keinesfalls gleichartig. Betrachten wir in einem ersten Schritt ausschließlich den Zähler. Wenn die Rückflüsse in einem Zeitpunkt sehr niedrig sind und dennoch Abschreibungen vorgenommen werden, so erzielt das Unternehmen einen Verlust, die wegen des sofortigen Ausgleichs zu einer Steuererstattung beim Investor führen. Diese Steuererstattung ist umso größer, je höher der Steuersatz ist. Das erhöht den Kapitalwert. Zum anderen sind aber in späteren Zeitpunkten bei hohen Rückflüssen die Steuerzahlungen umso größer, je höher der Steuersatz ist. Der Effekt eines sich ändernden Steuersatzes entfaltet also je nach Vorzeichen des Gewinns eine unterschiedliche Wirkung.

Andererseits finden wir den Steuersatz im Nenner, genauer beim versteuerten Kalkulationszinssatz. Dort bewirkt ein sich erhöhender Steuersatz ein Absinken des Kalkulationszinssatzes und damit eine Verteuerung der Kapitalmarktanlage. Mit dieser Kapitalmarktanlage wird aber die Realinvestition verglichen. Und im Nenner sorgt ein höheres τ für eine Erhöhung des Kapitalwertes.

Anhand zweier Übungsaufgaben werden wir schlussendlich erkennen, dass das Steuerparadox im Wesentlichen durch den Zinseffekt des Steuersatzes im Nenner entsteht. Die Abschreibungen tragen zwar zu einer Stärkung des paradoxen Effektes bei, können aber schlussendlich nicht als ursächlich bezeichnet werden.[60]

Wenn das Standardmodell einer Gewinnsteuer ein Steuerparadox aufweist, könnte dies die Durchführung unrentabler Projekte zur Folge haben. Das ist keine wünschenswerte Situation, da die gesamtwirtschaftliche Wohlfahrt möglicherweise sinkt.[61] Wie kann im Rahmen unseres Modells ein Steuerparadox vermieden werden? Wie muss ein Steuersystem, genauer, wie müssen die Abschreibungsregeln ausgestaltet sein, damit sich die Rangfolge von Investitionsentscheidungen nicht ändert? Ein solches Steuersystem heißt *investitionsneutral*. Die Klasse der investitionsneutralen Steuersysteme kann genau charakterisiert werden.[62] Wir werden uns auf drei investitionsneutrale Steuersysteme konzentrieren.

2.5 STANDARDMODELL DER BESTEUERUNG DES ÖKONOMISCHEN GEWINNS

> **Lernziel:** Wir stellen ein investitionsneutrales Steuersystem, die Besteuerung des ökonomischen Gewinns, vor. Die Grundidee dieses Systems besteht darin, statt der "richtigen" Abschreibungen die Ertragswerte anzusetzen.

Die Besteuerung des ökonomischen Gewinns zählt (neben der Cashflow–Steuer) zu einer der ersten investitionsneutralen Steuern, die in der Literatur entdeckt wurden. Sie geht auf Arbeiten von Preinreich[63] zurück, wurde aber erst von Samuelson[64] popularisiert. Beginnen wir mit der Darstellung des Steuersystems.

Beim ökonomischen Gewinn unterliegen wieder die Zinszahlungen des Kapitalmarktes der Besteuerung. Die Realinvestition wird aber anders besteuert. Der ökonomische Gewinn orientiert sich nicht an der Anschaffungsausgabe I_0 und den daraus resultierenden Abschreibungsbeträgen, sondern dem fairen Wert (Marktwert)

---

60. Konkret werden wir das an zwei Übungsaufgaben sehen. In einer Übungsaufgaben wird es keine Abschreibungen, dennoch aber ein Steuerparadox geben – also können Abschreibungen für das Paradox nicht notwendig sein. In einer weiteren Übungsaufgabe zeigen wir, dass bei einem Zinssatz von Null (was gleichbedeutend mit einem verschwindenden Zinseffekt ist) kein Steuerparadox mehr vorliegen kann.

61. Der Heidelberger Finanzwissenschaftler Manfred Rose im Handelsblatt vom 20. November 1998, S. 50: "Investitionen, die sich vor Steuern lohnen, müssen sich auch nach Steuern lohnen. Andererseits dürfen steuerliche Regelungen nicht dazu führen, dass eine Investition vorteilhaft wird, die nach reinen Marktbewertungen nicht unternommen würde."

62. Siehe König, R. (1997), "Ungelöste Probleme einer investitionsneutralen Besteuerung – gemeinsame Wurzeln unterschiedlicher neutraler Steuersysteme und die Berücksichtigung unsicherer Erwartungen", *Zeitschrift für betriebswirtschaftliche Forschung* 49: S. 42-63.

63. Preinreich, G. (1951), "Models of taxation in the theory of the firm", *Economia Internazionale* 4: S. 372-397.

64. Samuelson, P. (1964), "Tax deductabilty of economic depreciation to insure invariant valuations", *Journal of Political Economy* 72: S. 604-606.

der Realinvestition. Bei einer Realinvestition wird also der faire Wert und nicht die tatsächliche Zahlung I_0 abgeschrieben.

Die Besteuerung des ökonomischen Gewinns unterliegt folgenden Gesetzmäßigkeiten, wobei wir die sich ändernden Elemente hervorheben.

Bemessungsgrundlage Die Bemessungsgrundlage der Gewinnsteuer ist der Gewinn, *wobei die Buchwerte der Realinvestition genau so hoch sind wie die Ertragswerte bei Vernachlässigung von Steuern ("Ertragswerte vor Steuern"),*

$$\mathrm{BW}_t := V_t. \tag{9}$$

Wir wollen im Folgenden (aus historischen Gründen) die Abschreibungen "Ertragswertabschreibung" nennen und mit EwAfA *bezeichnen.* Negative Bemessungsgrundlagen führen zu einer sofortigen Steuererstattung.

Wir nutzen hier die Ertragswerte V_t ohne Steuern. Unser "Finanzamt" orientiert sich zur Festlegung der Ertragswertabschreibung an demjenigen Wert einer Investition, den wir in einer Marktumgebung ohne Besteuerung beobachten würden.

Hier lohnt sich ein Blick zurück. Erinnern Sie sich an Art und Weise, wie wir die Abschreibungen aus den Buchwerten ermittelten? Dort ließen wir offen, welche Höhe die Buchwerte im Einzelnen haben werden; es waren zuerst einmal nur "irgendwelche Zahlen". Insbesondere hatten wir nicht angenommen, dass der Buchwert im Zeitpunkt null der Investitionsausgabe entsprach. Jetzt erkennen wir den Sinn dieser abstrakten Vorgehensweise. Hätten wir von vornherein angenommen, dass immer nur die Anschaffungsausgabe abgeschrieben werden darf, wären wir nicht in der Lage gewesen, die Besteuerung des ökonomischen Gewinns zu modellieren. Hier nämlich darf nicht die Anschaffungsausgabe I_0, sondern hier muss der Ertragswert V_0 abgeschrieben werden.

Jetzt müssen wir zeigen, dass durch diese Festlegung der Buchwerte eine Investitionsneutralität gewährleistet ist. Dazu ermitteln wir zuerst die Bemessungsgrundlage der Steuer, also den Gewinn in jeder Periode. Aus (5) folgt für die Ertragswertabschreibung im Zeitpunkt t,

$$
\begin{aligned}
G_t = \mathrm{CF}_t - \mathrm{EwAfA}_t &= \mathrm{CF}_t + (V_t - V_{t-1}) && \text{Def. EwAfA} \\
&= \mathrm{CF}_t + ((1 + r_f)V_{t-1} - \mathrm{CF}_t - V_{t-1}) && \text{wegen (3)}^{65} \\
&= r_f V_{t-1}. && \text{kürzen} \tag{10}
\end{aligned}
$$

Wir sprechen hier vom ökonomischen Gewinn, da die Steuer Zinszahlungen auf den fairen Wert des Projektes (vor Steuern) besteuert.

---

65. Wir verwenden hier die um einen Zeitpunkt verschobene und umgestellte Gleichung (3) an:

$$V_t = (1 + r_f)V_{t-1} - \mathrm{CF}_t.$$

Wir wollen uns dem Konzept des ökonomischen Gewinns schrittweise nähern. Dazu betrachten wir die erste Zeile der vorangegangenen Rechnung und unterstellen einen Fall, in der diese Realinvestition in Wirklichkeit eine Kapitalmarktanlage (beispielsweise eine Aktie) darstellt. Dann entspricht der Cashflow gerade der Dividendenzahlung, die Differenz $V_t - V_{t-1}$ ist der (eventuell nicht realisierte) Kursgewinn des Investors. Die Identität der ersten Zeile besagt dann, dass der ökonomische Gewinn G_t in jeder Periode neben den Dividendenzahlungen auch die Kursgewinne beinhaltet![66]

Wir können nun die Investitionsneutralität des ökonomischen Gewinns beweisen.

Satz 2.4 (Erstes Preinreich–Theorem). *Die Besteuerung des ökonomischen Gewinns ist investitionsneutral, genauer gilt für die Kapitalwerte mit und ohne Berücksichtigung der Steuern*

$$\text{NPV}^\tau = \text{NPV}.$$

Beweis: Wir benötigen für den Beweis des Satzes ein Hilfsresultat:

$$\text{CF}_t - \tau(\text{CF}_t - \text{EwAfA}_t) = (1 + r_f(1-\tau))V_{t-1} - V_t. \qquad (11)$$

Dieses Ergebnis kann wie folgt bewiesen werden

$$
\begin{aligned}
CF_t - \tau(\text{CF}_t - \text{EwAfA}_t) &= \text{CF}_t - \tau r_f V_{t-1} && \text{wegen (10)} \\
&= (1+r_f)V_{t-1} - V_t - \tau r_f V_{t-1} && \text{wegen (3)} \\
&= (1 + r_f(1-\tau))V_{t-1} - V_t
\end{aligned}
$$

Diese Eigenschaft setzen wir jetzt schrittweise in die Kapitalwertgleichung mit Steuern ein. Wichtig während des Beweises ist es dabei, die Vor- und Nachsteuerwerte des Investitionsobjekts (V_t und V_t^τ) sauber zu trennen. Aus der Ausgangsgleichung

$$V_{t-1}^\tau = \frac{\text{CF}_t + V_t^\tau - \tau(\text{CF}_t - \text{EwAfA}_t)}{1 + r_f(1-\tau)}$$

---

66. Man könnte vermuten, dass durch die Einführung der Kapitalertragsteuersbesteuerung die Besteuerung der Kursgewinne im deutschen Recht umgesetzt wurde. Das ist jedoch nicht der Fall. Im deutschen Recht werden nur *realisierte* Kursgewinne einer Besteuerung unterworfen. Im Standardmodell des ökonomischen Gewinns müssen auch *nicht realisierte* Kursgewinne (Gewinne "auf dem Papier") besteuert werden, ebenso können nicht realisierte Kursverluste sofort geltend gemacht werden. Beides ist von der Realität des deutschen Einkommensteuerrechts weit entfernt.

lässt sich dann durch die gewohnte Iteration der folgende Zusammenhang ableiten:

$$
\begin{aligned}
V_0^\tau &= \sum_{t=1}^{T} \frac{\mathrm{CF}_t - \tau(\mathrm{CF}_t - \mathrm{EwAfA}_t)}{(1 + r_f(1 - \tau))^t} \\
&= \sum_{t=1}^{T} \frac{(1 + r_f(1 - \tau))V_{t-1} - V_t}{(1 + r_f(1 - \tau))^t} \qquad \text{wegen (11)} \\
&= \sum_{t=1}^{T} \frac{(1 + r_f(1 - \tau))V_{t-1}}{(1 + r_f(1 - \tau))^t} - \sum_{t=1}^{T} \frac{V_t}{(1 + r_f(1 - \tau))^t} \qquad \text{weil } \sum(A - B) = \sum A - \sum B \\
&= \sum_{t=1}^{T} \frac{V_{t-1}}{(1 + r_f(1 - \tau))^{t-1}} - \sum_{t=1}^{T} \frac{V_t}{(1 + r_f(1 - \tau))^t} \qquad \text{kürzen, Anfangs- und Endterm bleiben} \\
&= \frac{V_0}{(1 + r_f(1 - \tau))^0} - \overbrace{\frac{V_T}{(1 + r_f(1 - \tau))^T}}^{=0} \\
&= V_0
\end{aligned}
$$

Da die Investitionsausgabe I_0 nicht besteuert wird, gilt:

$$
\begin{aligned}
\mathrm{NPV}^\tau &= -I_0 + V_0^\tau \\
&= -I_0 + V_0 \\
&= \mathrm{NPV}
\end{aligned}
$$

Das aber war zu zeigen. ∎

Als aufmerksamer Leser werden Sie sich vermutlich an einem Detail dieses Steuersystems stören. Schauen Sie noch einmal auf die Definition der Bemessungsgrundlage dieser Steuer. Dort werden die Buchwerte eines Projektes festgelegt. Dabei wählten wir zur Bestimmung der Buchwerte gerade die Ertragswerte der Investition. Das waren jedoch die Ertragswerte *ohne Steuern*. Wäre es nicht plausibler gewesen, an dieser Stelle die Ertragswerte nach Steuern zu verwenden? Unsere Antwort auf die Frage gibt das erste Preinreich–Theorem. Da die Kapitalwerte gleich sind, müssen auch die Ertragswerte vor und nach Steuern gleich sein. Im Nachhinein erweist es sich als wirklich nebensächlich, welchen Ertragswert wir zur Festlegung der Buchwerte nehmen, beide sind nämlich identisch!

Wir wollen im folgenden Abschnitt eine Intuition für die Besteuerung des ökonomischen Gewinns herausarbeiten. Gehen wir dazu zurück auf das Standardmodell einer Gewinnsteuer und betrachten ein weiteres Mal die Bemessungsgrundlagen der Steuer. Für Kapitalmarktinvestitionen sind dies die Zinsen $r_f V_t$, für Realinvestitionen ist dies der Gewinn $\mathrm{CF}_t - \mathrm{AfA}_t$. Es ist ganz offensichtlich, dass beide Investitionsobjekte einer unterschiedlichen Bemessungsgrundlage unterliegen. Die Besteuerung des ökonomischen Gewinns überwindet diese Dualität dadurch, dass sie die Realinvestition steuerlich wie eine Kapitalmarktanlage behandelt. Statt des Gewinns wird ein fiktiver Zinserlös $r_f V_{t-1}$ konstruiert, der dann der Besteuerung unterworfen wird. Die Besteuerung des ökonomischen Gewinns behandelt also jedes Investitionsprojekt wie einen Kapitalmarktkredit. Weil aber Kapitalmarktkredite sowohl mit als auch ohne Steuern immer einen NPV von null aufweisen, muss auch unser Projekt einen vom Steuersatz unabhängigen NPV besitzen. Der NPV (die Differenz aus Kreditbetrag und Investitionsausgabe I_0) wirkt dabei wie ein steuerlich nicht berücksichtigtes Disagio/Agio des Kredites im Zeitpunkt null.

Die Besteuerung des ökonomischen Gewinns stellt den Gesetzgeber bei der praktischen Umsetzung vor einige Schwierigkeiten. Der Buchwert in $t = 0$ orientiert sich am Wert einer Realinvestition. Wenn der Investor diese Realinvestition zu einem geringeren Preis kaufen kann (und damit einen positiven Kapitalwert realisieren will), kann er jedoch nicht den tatsächlich gezahlten Preis als Buchwert in die Steuerbilanz des Unternehmens eintragen. Vielmehr hat dort der Wert der Realinvestition zu stehen. Insgesamt wird nicht die Anschaffungsausgabe, sondern der Wert abgeschrieben. Um die Steuerschuld zu ermitteln, müsste im Grunde in jedem Steuerjahr eine Bewertung eines Unternehmens zum Ertragswert erfolgen. Bei kleineren und mittelständischen Unternehmen ist dieser Aufwand aber nicht zu leisten. Deshalb werden wir jetzt ein anderes investitionsneutrales Steuersystem untersuchen.

2.6 Standardmodell einer Cashflow-Steuer

Lernziel: In diesem Abschnitt wird ein weiteres investitionsneutrales Steuersystem vorgestellt. Bei diesem System sind die Cashflows Bemessungsgrundlage der Steuer.

Wir haben im vorigen Abschnitt gesehen, dass die Besteuerung des ökonomischen Gewinns Investitionsneutralität sichert. Da diese Steuer im Grunde nicht implementierbar ist, wollen wir hier eine andere Steuer vorstellen, die auf den ersten Blick wesentlich einfacher umzusetzen ist. Es handelt sich um die Cashflow-Steuer, die in der Literatur bereits in den vierziger Jahren Erwähnung fand.[67] Die Cashflow-Steuer besteuert die Cashflows der Realinvestition. Da die Investition bereits im Zeitpunkt $t = 0$ zu einer Zahlung führt (der Investitionsausgabe), fallen in diesem Steuersystem schon in $t = 0$ Steuern an. Wir führen unsere Cashflow-Steuer ein, wobei wir die Änderungen hervorheben.

Steuerobjekt Cashflows der Realinvestition in $t \geq 0$ sind Gegenstand der Besteuerung. Die Finanzinvestition wird nicht besteuert.

---

67. Siehe Brown, E. (1948), "Business-income and investment incentives. Essays in honor of Alvin Hansen", in L. Metzler (ed.), *Income, Empolyment and Public Policy*, S. 300-316. Die Brown-Tax wurde in Australien in den 80er Jahren in der Minenindustrie eingeführt und wird bis heute kontrovers diskutiert. Siehe beispielsweise Ross Garnaut: "Principles and Practice of Resource Rent Taxation", *The Australian Economic Review* (43), S. 347–56.

Bemessungsgrundlage Die Bemessungsgrundlage der Cashflow-Steuer ist der *Cash-flow*. Dies gilt auch für negative Bemessungsgrundlagen ("sofortiger Verlust-ausgleich").

Wir wollen wiederum zeigen, wie diese Cashflow-Steuer in die Gleichungen unseres Modells eingebaut werden kann. Dazu vollziehen wir erneut unsere Arbitrageüberlegungen aus S. 26 und fügen gemäß den von uns gemachten Annahmen die Steuer ein.

$$\underbrace{(1+r_f)V_t}_{\text{unversteuerte Kapitalmarktanlage}} = \underbrace{V_{t+1} + \text{CF}_{t+1} \overbrace{-\tau\text{CF}_{t+1}}^{\text{neu}}}_{\text{versteuerte Realinvestition}} \tag{12}$$

Wieder leiten wir den Kapitalwert aus den Gleichungen ab. Aus (12) folgt durch einfaches Umstellen

$$V_t = \frac{V_{t+1} + \text{CF}_{t+1} - \tau\text{CF}_{t+1}}{1+r_f}$$

und durch wiederholtes Einsetzen dieser Gleichung

$$V_0 = \frac{\text{CF}_1 - \tau\text{CF}_1}{1+r_f} + \frac{\text{CF}_2 - \tau\text{CF}_2}{(1+r_f)^2} + \ldots + \frac{\text{CF}_T - \tau\text{CF}_T}{(1+r_f)^T}.$$

Daher können wir sofort erkennen, dass die Kapitalwertformel wie folgt lauten muss

$$\text{NPV}^\tau := -I_0 \overbrace{(1-\tau)}^{\text{neu}} + \frac{\text{CF}_1(1-\tau)}{1+r_f} + \ldots + \frac{\text{CF}_T(1-\tau)}{(1+r_f)^T}. \tag{13}$$

Beachten Sie, dass im Gegensatz zum Standardmodell jetzt auch im Zeitpunkt $t = 0$ eine Steuer erhoben wird. Da der Investor eine Investitionsauszahlung vornimmt, kommt es durch die Steuer zu einer Minderung der Ausgabe um den Betrag τI_0. Dieser Zahlung haben wir erst in der NPV–Gleichung Rechnung getragen.

In Gleichung (13) kann sofort der gemeinsame Faktor $1 - \tau$ ausgeklammert werden und wir erkennen, dass der Kapitalwert unter Berücksichtigung der Cashflow-Steuer gerade dem $(1-\tau)$–fachen des Kapitalwertes ohne Steuern entspricht:

$$\text{NPV}^\tau = (1-\tau)\text{NPV}.$$

Damit ist auch diese Steuer in der Tat investitionsneutral. Denn war NPV positiv, dann ist auch $(1-\tau)$NPV positiv und nichts anderes ist der Kapitalwert bei Berücksichtigung der Cashflow-Steuer.

Diese Steuer scheint eine elegante Lösung unseres Problems zu sein. Leider ist dem nicht so. Wir haben übersehen, dass diese Steuer nur dann investitionsneutral ist, wenn der Steuersatz τ über die Zeit hinweg konstant bleibt. In diesem Skript haben wir die Annahme eines konstanten Steuersatzes unterstellt, weil es eine didaktisch sinnvolle Voraussetzung darstellt. In der Wirklichkeit aber können wir keine Steuer installieren, bei der wir darauf dringen müssen, dass die Steuersätze nie verändert werden. Daher ist auch die Cashflow-Steuer kein Ausweg aus dem Steuerparadox. Wenden wir uns einem neuen Ansatz zu.

2.7 STANDARDMODELL EINER ZINSKORRIGIERTEN GEWINNSTEUER

> **Lernziel:** In diesem Abschnitt wird ein drittes investitionsneutrales Steuersystem vorgestellt, das implementierbar ist. Bei diesem Steuersystem werden die Abschreibungen "verzinst".

Wir werden jetzt ein neues Steuersystem vorstellen, das sogar den Weg von der Theorie in die Gesetzgebung gefunden hat: Es wurde in den Jahren 1994 bis 2001 in Kroatien angewandt[68] und geht auf Arbeiten von Wenger[69] sowie Boadway und Bruce[70] zurück. Die Besonderheit der Zinskorrektur besteht darin, dass hier bei der Bemessungsgrundlage Zinsen auf den Buchwert ("Soll–Dividenden") abzugsfähig sind.[71] Wir führen unsere Steuer ein, wobei wir die Änderungen gegenüber der Gewinnsteuer hervorheben.

Steuerobjekt Die Rückflüsse *der Realinvestition* in $t > 0$ sind Gegenstand der Besteuerung. *Die Finanzinvestition wird nicht besteuert.*

Bemessungsgrundlage Die Bemessungsgrundlage der zinskorrigierten Steuer in $t \geq 1$ ist der Gewinn *abzüglich der Zinsen auf den Buchwert in Höhe von* $r_f \cdot \text{BW}_{t-1}$. Dies gilt auch für negative Bemessungsgrundlagen ("sofortiger Verlustausgleich"). *Als Buchwert in* $t = 0$ *sind die Anschaffungskosten anzusetzen* ($\text{BW}_0 = I_0$).

---

68. Vergleiche Wagner, F. und Wenger, E. (1996), "Theoretische Konzeption und legislative Transformation eines marktwirtschaftlichen Steuersystems in der Republik Kroatien", in D. Sadowski, H. Czap and H. Wächter (eds), *Regulierung der Unternehmenspolitik*, Gabler Verlag, Wiesbaden, S. 399-415. Elemente einer investitionsneutralen Besteuerung wurden in mehreren Ländern angewandt und sind teilweise noch in Kraft (Österreich, Belgien, Brasilien, Italien, Litauen, Liechtenstein, Portugal), siehe Massimi, F. und C. Petroni (2012), "Real-World ACE Reforms and the Italian Experience. Towards a General Trend?" Intertax, Volume 40, issue 11: S. 632-642.
69. Wenger, E. (1983), "Gleichmäßigkeit der Besteuerung von Arbeits- und Vermögenseinkünften", *Finanzarchiv* 41: S. 207-252.
70. Boadway, R. and Bruce, N. (1979), "Depreciation and interest deducations and the effect of the corporation income tax on investment", *Journal of Public Economics* 19: S. 93-105. Die Autoren haben ihre Aussagen in einem zeitstetigen Modell bewiesen.
71. Rose, M. (1997), "Konsumorientierung des Steuersystems - theoretische Konzepte im Lichte empirischer Erfahrungen", in G. Krause-Junk (ed.), *Steuersysteme der Zukunft*, Band 256 in *Schriften des Vereins für Socialpolitik*, Dunker & Humblot, Berlin, S. 247-278, beschreibt anschaulich, wie die Reformgruppe um Franz W. Wagner, Ekkehard Wenger und Manfred Rose das lettische, ungarische und das kroatische Steuersystem reformierten und welche Widerstände sie zu überwinden hatten. Die Gründe für die Abschaffung der Zinskorrektur in Kroatien sind (leider) irrational und politischer Natur. Sie finden mehr Informationen bei Knoll, L. (2001), "Unternehmensgewinnbesteuerung in Kroatien, Italien und Österreich", *Die Betriebswirtschaft* 61: S. 335-348.

Wir wollen wiederum zeigen, wie diese Steuerschuld in die Gleichungen unseres Modells eingebaut werden kann. Dazu vollziehen wir erneut unsere Arbitrageüberlegungen aus S. 26 und fügen gemäß den von uns gemachten Annahmen die Steuer ein.

$$\underbrace{(1 + r_f)V_t}_{\text{unversteuerte Kapitalmarktanl.}} = \underbrace{V_{t+1} + \text{CF}_{t+1} \overbrace{-\tau(\text{CF}_{t+1} - \text{AfA}_{t+1} - r_f\text{BW}_t)}^{\text{neu}}}_{\text{versteuerte Realinvestition}} \qquad (14)$$

Im Vergleich zur Gewinnsteuer ist der Term $r_f \cdot \text{BW}_t$ hinzugekommen. Auf den ersten Blick ist überhaupt nicht offensichtlich, welche Intuition hinter einer zinskorrigierten Gewinnsteuer stecken kann. Eine Intuition dieses Steuersystems werden wir erst später angeben können. Daher beginnen wir mit dem formalen Beweis der folgenden Aussage.

Satz 2.5 (Boadway/Bruce 1979, Wenger 1983). *Unter einem beliebigen Abschreibungsregime gilt für den Kapitalwert bei einer zinskorrigierten Gewinnsteuer*

$$\text{NPV}^\tau = -(1 - \tau)I_0 + \sum_{t=1}^{T} \frac{(1 - \tau)\text{CF}_t}{(1 + r_f)^t} = (1 - \tau)\text{NPV}$$

Diese Gleichung unterscheidet sich nicht von der NPV–Formel einer Cashflow-Steuer; die zinskorrigierte Gewinnsteuer verhält sich also wie eine Cashflow-Steuer. Wir müssen aber darauf hinweisen, dass sie keine Cashflow-Steuer ist: Die tatsächliche Besteuerung erfolgt nicht im Zeitpunkt $t = 0$, sondern erst in den Zeitpunkten $t > 0$.

Beweis: Aus (14) folgt durch einfaches Umstellen

$$V_t = \frac{V_{t+1} + \text{CF}_{t+1} - \tau(\text{CF}_{t+1} - \text{AfA}_{t+1} - r_f\text{BW}_t)}{1 + r_f}$$

und durch wiederholtes Einsetzen dieser Gleichung (es gilt wieder $V_T = 0$)

$$V_0 = \frac{\text{CF}_1 - \tau(\text{CF}_1 - \text{AfA}_1 - r_f\text{BW}_0)}{1 + r_f} + \ldots + \frac{\text{CF}_T - \tau(\text{CF}_T - \text{AfA}_T - r_f\text{BW}_{T-1})}{(1 + r_f)^T}$$

Die Kapitalwertformel lautet

$$\text{NPV}^\tau = -I_0 + \sum_{t=1}^{T} \frac{(1 - \tau)\text{CF}_t + \tau(\text{AfA}_t + r_f\text{BW}_{t-1})}{(1 + r_f)^t}. \qquad (15)$$

Nun bietet sich folgende weitere Vereinfachung an. Die Abschreibung AfA_t ist eine Differenz von Buchwerten, und wir versuchen im nächsten Schritt, hier eine einfachere Darstellung zu erhalten. Es ergibt sich:

$$\text{NPV}^\tau = -I_0 + \sum_{t=1}^{T} \frac{(1-\tau)\text{CF}_t}{(1+r_f)^t} + \sum_{t=1}^{T} \frac{\tau\left(-\text{BW}_t + \text{BW}_{t-1} + r_f\text{BW}_{t-1}\right)}{(1+r_f)^t}.$$

Diese Summe lässt sich leicht vereinfachen:

$$\begin{aligned}
\text{NPV}^\tau &= -I_0 + \sum_{t=1}^{T} \frac{(1-\tau)\text{CF}_t}{(1+r_f)^t} + \sum_{t=1}^{T} \frac{\tau(-\text{BW}_t + (1+r_f)\text{BW}_{t-1})}{(1+r_f)^t} \\
&= -I_0 + \sum_{t=1}^{T} \frac{(1-\tau)\text{CF}_t}{(1+r_f)^t} - \sum_{t=1}^{T} \frac{\tau\text{BW}_t}{(1+r_f)^t} + \sum_{t=1}^{T} \frac{\tau(1+r_f)\text{BW}_{t-1}}{(1+r_f)^t} \\
&= -I_0 + \sum_{t=1}^{T} \frac{(1-\tau)\text{CF}_t}{(1+r_f)^t} - \sum_{t=1}^{T} \frac{\tau\text{BW}_t}{(1+r_f)^t} + \sum_{t=1}^{T} \frac{\tau\text{BW}_{t-1}}{(1+r_f)^{t-1}} \\
&= -I_0 + \sum_{t=1}^{T} \frac{(1-\tau)\text{CF}_t}{(1+r_f)^t} - \frac{\overbrace{\tau\text{BW}_T}^{=0}}{(1+r_f)^T} + \tau\text{BW}_0.
\end{aligned}$$

Der Buchwert im Zeitpunkt null ist gleich der Anschaffungsausgabe. Damit reduziert sich die Kapitalwertformel auf den Ausdruck

$$\text{NPV}^\tau = -I_0 + \sum_{t=1}^{T} \frac{(1-\tau)\text{CF}_t}{(1+r_f)^t} + \tau I_0 \tag{16}$$

und das war zu zeigen. ∎

Eine Intuition der zinskorrigierten Gewinnsteuer erhalten wir, wenn wir folgende Umformung vornehmen. Wir gehen von (16) aus und formen etwas um

$$\begin{aligned}
\text{NPV}^\tau &= -I_0 + \sum_{t=1}^{T} \frac{(1-\tau)\text{CF}_t}{(1+r_f)^t} + \tau \sum_{t=1}^{T} \text{AfA}_t \\
&= -I_0 + \sum_{t=1}^{T} \frac{(1-\tau)\text{CF}_t + \tau\text{AfA}_t(1+r_f)^t}{(1+r_f)^t}.
\end{aligned}$$

Wir erkennen aus dieser Umformung, dass die zinskorrigierte Gewinnsteuer so wirkt, als würden die Abschreibungen verzinst. Und das auch tatsächlich sinnvoll. Die Investorin hat keine Anreize mehr, die Investitionsausgabe so schnell wie möglich abzuschreiben: Denn je später sie abschreibt, desto mehr Zins– und Zinseszinsen kann sie auf den Abschreibungsbetrag geltend machen. Durch die Verzinsung der Abschreibung verliert die Investorin den Anreiz, eine möglichst kurze steuerliche Nutzungsdauer anzustreben.

Welchen Vorteil weist die Zinskorrektur gegenüber der Cashflow-Steuer auf? Im Gegensatz zur einfachen Cashflow-Steuer bleibt dieses System anwendbar, wenn sich die Steuersätze im Zeitablauf ändern. Das ist in unserem Modell keinesfalls offensichtlich, und hierzu sind etwas umfangreichere Überlegungen (und eine etwas veränderte Definition der Bemessungsgrundlage) notwendig. Auf eine Darstellung dieser Verallgemeinerung gehen wir hier nicht ein.[72]

BEISPIEL Betrachten wir zur Erläuterung das Beispiel unserer Investition (S. 31 sowie 33). Abgeschrieben werden die mit 10% verzinsten Anschaffungszahlungen. Der Steuersatz beträgt 20%. Wir nutzen in der folgenden Rechnung die Gleichung (15).

Zeitpunkt	t	0	1	2	3	4
Realinvestition	CF_t	-5 000	0	0	3 000	4 000
Abschreibung	AfA_t		1 250	1 250	1 250	1 250
Buchwert	BW_t	5 000	3 750	2 500	1 250	0
Bemessungsgrdl	BMG_t		-1 750	-1 625	1 500	2 625
Barwerte			318,18	268,59	2 028,55	2 373,47

Als Kapitalwert ergibt sich -11,2. Ohne Steuer hatten wir einen Kapitalwert von -14, und es gilt tatsächlich

$$-11{,}2 = (1 - 20\%) \cdot (-14).$$

Wir wollen auf eine weitere Interpretation der Ergebnisse dieses Abschnittes aufmerksam machen. Wir hatten bei der Darstellung des deutschen Einkommensteuerrechts gesehen, dass es einen Dualismus bei der Ermittlung der Einkünfte gibt: den Betriebsvermögensvergleich und die Überschussermittlung. Da beide Verfahren zu unterschiedlichen Ergebnissen führen können, werden so Verwerfungen im Steuerrecht ausgelöst. Es liegt keine ökonomische Gleichbehandlung verschiedener Einkünfte vor; Einkünfte aus selbständiger Arbeit werden steuerlich anders behandelt als Einkünfte aus nichtselbständiger Arbeit. Mit Hilfe der Zinskorrektur kann dieses Problem wie folgt gelöst werden. Wenn der Betriebsvermögensvergleich aufrecht erhalten werden soll und gleichzeitig der Gewinn immer um die Zinsen auf den Buchwert korrigiert wird, so wird (das zeigte Satz 2.5) so besteuert als *wären* Cashflows die Bemessungsgrundlage. Mit Cashflows als Bemessungsgrundlage haben wir eine Besteuerung, die sich de facto verhält wie die Steuer aus einer Überschussermittlung – denn Cashflows sind nichts anderes als Zahlungsüberschüsse aus der operativen Tätigkeit. Würde daher im deutschen Einkommensteuerrecht eine Zinskorrektur eingeführt, könnten die Probleme des Dualismus der Einkunftsermittlung überwunden werden.

---

72. Wer sich hier für Details interessiert, kann dies bei Löffler, A. und Schneider, D. (2000), "Neutral taxation under uncertainty with a time-dependent tax rate", unpublished, http://papers.ssrn.com/sol3/papers.cfm?abstract_id=375060, nachlesen.

> **Lernziel:** Wir zeigen hier, wie die bisherigen Überlegungen auf den Fall von Substanzsteuern übertragen werden können.

Wir haben uns bisher mit einem Modell beschäftigt, in dem der Gewinn aus einem Projekt versteuert wurde. Jetzt wollen wir untersuchen, welche Konsequenzen die Besteuerung der Substanz besitzt. Im deutschen Steuerrecht existiert zur Zeit nur eine wichtige Substanzsteuer: die Grundsteuer.

Die Substanzsteuer ist dadurch charakterisiert, dass die Bemessungsgrundlage nicht mehr der (eventuell modifizierte) Gewinn, sondern der Buchwert der Unternehmung darstellt. Alle anderen Charakteristika der Steuer wie Steuersubjekt und auch Tarif bleiben so wie im Standardmodell einer Gewinnsteuer.

Bemessungsgrundlage Die Bemessungsgrundlage der Substanzsteuer ist der *Buchwert der Realinvestition der Vorperiode* sowie der *Marktwert der Kapitalmarktanlage der Vorperiode.*

Wir wollen wiederum zeigen, wie diese Steuerschuld in die Budgetgleichungen unseres Modells eingebaut werden kann. Dazu vollziehen wir erneut unsere Arbitrageüberlegungen aus S. 26 und fügen gemäß den von uns gemachten Annahmen die Steuer ein.

$$\overbrace{(1+r_f)V_t - \tau V_t}^{\text{versteuerte Kapitalmarktanlage}}_{\text{neu}} = V_{t+1} + \overbrace{\text{CF}_{t+1} - \tau \text{BW}_t}^{\text{versteuerte Realinvestition}}_{\text{neu}} \tag{17}$$

Wieder leiten wir den Kapitalwert aus den Gleichungen ab. Aus (17) folgt durch einfaches Umstellen

$$V_t = \frac{V_{t+1} + \text{CF}_{t+1} - \tau \text{BW}_t}{1 + r_f - \tau}$$

und durch wiederholtes Einsetzen dieser Gleichung

$$V_0 = \frac{\text{CF}_1 - \tau \text{BW}_0}{1 + r_f - \tau} + \frac{\text{CF}_2 - \tau \text{BW}_1}{(1 + r_f - \tau)^2} + \ldots + \frac{\text{CF}_T - \tau \text{BW}_{T-1}}{(1 + r_f - \tau)^T}.$$

Wir erkennen, wie die Kapitalwertgleichung bei Vorhandensein einer Substanzsteuer gestaltet sein muss:

$$\text{NPV}^\tau = -I_0 + \sum_{t=1}^{T} \frac{\text{CF}_t - \tau \text{BW}_{t-1}}{(1 + r_f - \tau)^t}. \tag{18}$$

ERWEITERUNG Wir betrachten eine Situation, in der es neben der Substanzsteuer noch eine Gewinnsteuer gebe. Der Substanzsteuersatz sei τ^s, der Gewinnsteuersatz sei τ^g. Wir fragen nach der Gestalt der NPV–Gleichung. Dazu gehen wir von der Grundgleichung der Arbitragetheorie aus und fügen beide Steuern ein.

$$(1 + r_f)V_t - \tau^s V_t - \tau^g r_f V_t = V_{t+1} + \mathrm{CF}_{t+1} - \tau^s \mathrm{BW}_t - \tau^g(\mathrm{CF}_{t+1} - \mathrm{AfA}_{t+1})$$

Daraus ergibt sich die Rekursionsbeziehung

$$V_t = \frac{V_{t+1} + \mathrm{CF}_{t+1} - \tau^s \mathrm{BW}_t - \tau^g(\mathrm{CF}_{t+1} - \mathrm{AfA}_{t+1})}{1 + r_f(1 - \tau^g) - \tau^s}$$

und damit die NPV–Gleichung

$$\mathrm{NPV}^\tau = -I_0 + \sum_{t=1}^{T} \frac{\mathrm{CF}_t - \tau^g(\mathrm{CF}_t - \mathrm{AfA}_t) - \tau^s \mathrm{BW}_{t-1}}{(1 + r_f(1 - \tau^g) - \tau^s)^t}.$$

Wir behandeln in den Übungen weitere Variationen verschiedener Steuerarten.

2.9 STANDARDMODELL EINER ERBSCHAFTSTEUER

In unserem Modell soll eine Erbschaftsteuer wie folgt charakterisiert werden.

Steuersubjekt Erbschaftsteuerpflichtig ist der Investor/der Haushalt *im Zeitpunkt der Erbschaft.*

Zeitpunkt Wir nehmen an, dass Investoren im Zeitpunkt t' einer Erbschaftsteuer unterliegen.

Bemessungsgrundlage Der Erbschaftsteuer unterliegen *alle Vermögenswerte des Zeitpunktes t' (Cashflows, Zinsen, Unternehmenswert sowie Marktwert der Finanzanlage), wobei für die Realinvestition nur der Anteil a des Marktwertes eingeht.*[73]

Tarif Der Erbschaftsteuersatz beträgt τ.

Eine rationale Investorin wird in dieser Situation von allen Möglichkeiten Gebrauch machen, ihre Erbschaftsteuerlast zu minimieren. In unserem Fall läuft dies darauf hinaus, dass sie, wenn Betriebsvermögen erbschaftsteuerlich verschont werden kann, ihr Erbe in ein Unternehmen investiert, jedes andere Verhalten wäre irrational.[74] Das muss sich aber im Marktwert des Unternehmens niederschlagen.

---

73. Hier wird unterstellt, dass mögliche Cashflows wie auch Zinsen Bestandteil des Erbes bzw. der Schenkung sind. Im Fall einer Erbschaft ist dies sicherlich eine sinnvolle Annahme. Im Fall einer Schenkung könnte man darüber diskutieren, ob der Schenkende nicht kurz vor Eintritt der Schenkung beispielsweise die Cashflows des Unternehmens für sich beansprucht und daher nicht mehr verschenkt. Dann wäre die BMG entsprechend anzupassen.
74. Dass das von uns beschriebene Verhalten eventuell moralisch verwerflich ist, ändert leider nichts an der Tatsache, dass die Annahme eigennützig handelnder Investoren keinesfalls von der Hand zu weisen ist.

Ist im Zeitpunkt t keine Erbschaftsteuer fällig, muss die bereits mehrfach erwähnte Gleichung für den Marktwert einer Realinvestition Gültigkeit besitzen:

$$(1 + r_f)V_{t-1} = V_t + \mathrm{CF}_t.$$

Für alle Zeitpunkte $t \neq t'$ gehen wir also von einer unveränderten Arbitragerelation aus. Das ändert sich, wenn $t = t'$ gilt – jetzt wird die Investorin erbschaftsteuerpflichtig.

Versetzen wir uns dazu in den Zeitpunkt t', in dem das Erbe angetreten wird. Eine Periode vorher hatte die Investorin die Möglichkeit, eine Finanzinvestition oder eine Realinvestition zu tätigen. Im Zeitpunkt t' besitzt dann die Realinvestition einen Marktwert von $V_{t'}$, wobei davon nur der Anteil a der Erbschaftsteuer unterworfen werden muss. Also ist die Steuerschuld gerade $\tau\,(\mathrm{CF}_{t'} + aV_{t'})$. Hatte sich die Investorin für eine Finanzanlage entschieden, unterliegt der Betrag $(1 + r_f)V_{t'-1}$ der Besteuerung. Zusammenfassend gilt im Zeitpunkt t' des Erbes

$$\overbrace{(1 + r_f)V_{t'-1} \underbrace{-\tau(1 + r_f)V_{t'-1}}_{\text{neu}}}^{\text{versteuerte Kapitalmarktanlage}} = \overbrace{\mathrm{CF}_{t'} + V_{t'} \underbrace{-\tau(\mathrm{CF}_{t'} + aV_{t'})}_{\text{neu}}}^{\text{versteuerte Realinvestition}} \quad \text{oder umgestellt}$$

$$V_{t'-1} = \frac{\mathrm{CF}_{t'} + \frac{1-a\tau}{1-\tau}V_{t'}}{1 + r_f}. \tag{19}$$

Wiederholen wir nun die Herleitungen der NPV-Gleichung, so erkennen wir sofort, dass sich für sämtliche Unternehmenswerte $V_{t'}, V_{t'+1}, \ldots$ die Gleichungen in nichts von der "klassischen" Bewertungsgleichung (4) unterscheidet:[75]

$$V_{t'} = \frac{\mathrm{CF}_{t'+1}}{1 + r_f} + \frac{\mathrm{CF}_{t'+2}}{(1 + r_f)^2} + \ldots + \frac{\mathrm{CF}_T}{(1 + r_f)^{T-t'}}.$$

Das ändert sich, wenn wir den Unternehmenswert $V_{t'-1}$ berechnen wollen, weil nun die Gleichung (19) relevant wird. Hier gilt

$$V_{t'-1} = \frac{CF_{t'}}{1 + r_f} + \frac{1 - a\tau}{1 - \tau}\left(\frac{CF_{t'+1}}{(1 + r_f)^2} + \ldots + \frac{CF_T}{(1 + r_f)^{T-t'+1}}\right). \tag{20}$$

75. Siehe Seite 27.

Abbildung 7: Cashflow-Erhöhungsfaktor $\frac{1-a\tau}{1-\tau} - 1 = \frac{\tau}{1-\tau}(a-1)$ (jeweils Spitzensteuersätze der drei Steuerklassen) bei einer Regelverschonung $a = 15\%$.

Steuerklasse	CF-Erhöhung
Klasse I (30%)	ca. 36%
Klasse II (43%)	ca. 64%
Klasse III (50%)	85%

Setzen wir unsere Überlegungen bis zum Zeitpunkt heute fort, so erhalten wir

$$V_0 = \frac{\text{CF}_1}{1+r_f} + \ldots + \frac{\text{CF}_{t'-1}}{(1+r_f)^{t'-1}} + \frac{\text{CF}_{t'}}{(1+r_f)^{t'}} +$$
$$+ \frac{1-a\tau}{1-\tau}\left(\frac{\text{CF}_{t'+1}}{(1+r_f)^{t'+1}} + \ldots + \frac{\text{CF}_T}{(1+r_f)^T} \right).$$

Die letzte Gleichung beschreibt, wie der Wert einer Realinvestition bei Berücksichtigung einer Erbschaftsteuer zu ermitteln ist. Die Erbschaftsteuer wirkt in jedem Fall auf die Bewertung des $t' + 1$-ten und aller nachfolgenden Cashflows. De facto wirkt damit die Erbschaftsteuer wie eine Erhöhung zukünftiger Cashflows. Ist Betriebsvermögen nicht begünstigt ($a = 1$), so kürzt sich der Effekt einer Erbschaftsbesteuerung heraus. Kommt es dagegen zu einer Verschonung betrieblichen Vermögens ($a < 1$), so verändert sich der Marktwert der Realinvestition.

Wir wollen diese Erhöhung etwas genauer untersuchen. Dazu prüfen wir, wie groß der Ausdruck $\frac{1-a\tau}{1-\tau}$ wird. Zuerst einmal ist klar, dass er größer als 1 ist, wenn eine Verschonung möglich ist:

$$a < 1 \quad \Longleftrightarrow \quad -a\tau > -\tau$$
$$\Longleftrightarrow \quad 1 - a\tau > 1 - \tau$$
$$\Longleftrightarrow \quad \frac{1-a\tau}{1-\tau} > 1.$$

Konkrete Werte für diesen Bruch können wir leicht ermitteln, indem wir das deutsche Recht anwenden (es wurden jeweils die Spitzensteuersätze berücksichtigt), siehe hierzu Tabelle 7. Allerdings haben wir dort nicht den Faktor $\frac{1-a\tau}{1-\tau}$, sondern den Erhöhungsbetrag $\frac{1-a\tau}{1-\tau} - 1 = \frac{\tau}{1-\tau}(a-1)$ abgetragen. Man sieht, dass der Effekt der erbschaftsteuerlichen Verschonung so veranschaulicht werden kann, als würden alle Cashflows nach dem Erbzeitpunkt einmalig um 36% bis etwa 85% (in Abhängigkeit von der Steuerklasse) erhöht. Eine solche Steigerungsrate ist in der Praxis bestenfalls bei kleinen Wachstumsunternehmen für kurze Zeit zu finden.

2.10 ZUSAMMENFASSUNG

Dieses Kapitel unterstellte, dass die Cashflows eines Unternehmens sichere Größen waren. Wir betrachteten eine Realinvestition, und suchten eine Entscheidungsregel über Durchführung oder Unterlassung einer Investition, die auf dem Kapitalwert basiert. Wir begannen mit dem Standardmodell einer Gewinnsteuer und erkannten, dass es in diesem Fall zu einem Steuerparadox kommen kann. Das Steuerparadox warf die Frage auf, wie ein investitionsneutrales Steuersystem (ein Steuersystem, in dem solch ein Paradox nicht möglich ist) gestaltet sein muss. Die Antwort auf die Frage führte uns zur Betrachtung des Standardmodells der Besteuerung des ökonomischen Gewinns, der Cashflow–Steuer und der zinskorrigierten Gewinnsteuer. Die Besteuerung des ökonomischen Gewinns war nicht implementierbar, weil zukünftige Cashflows die Bemessungsgrundlage gebildet hätten. Die Cashflow–Steuer ist nur investitionsneutral, wenn die Steuersätze zeitlich konstant bleiben. Nur die Zinskorrektur hat bereits in das kroatische Steuerrecht Einzug gehalten und erweist sich so auch als praktisch durchsetzbar. Zuletzt betrachteten wir der Vollständigkeit halber das Standardmodell einer Substanzsteuer. Die Abbildung 8 fasst unsere Ausführungen noch einmal zusammen.

Abbildung 8: Zusammenfassung des Kapitels "Steuern unter Sicherheit"

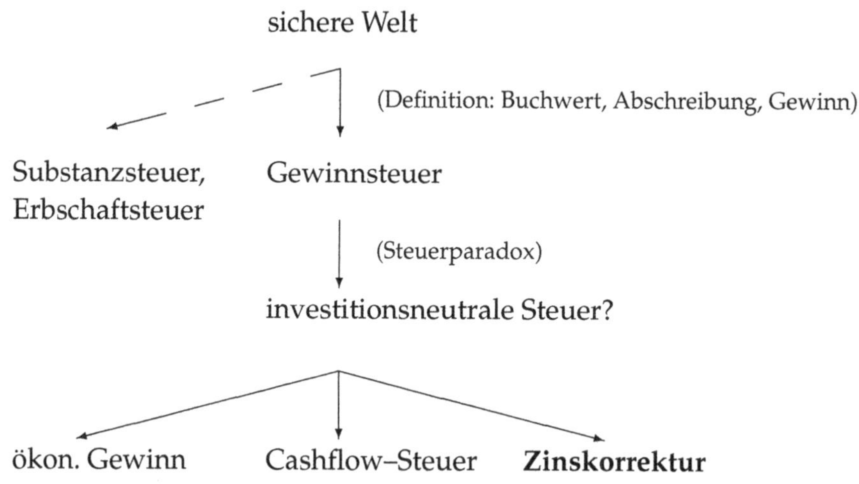

Damit wollen wir die theoretischen Ausführungen beenden und wenden uns der Unternehmensbewertung zu.

3 STEUERN UNTER UNSICHERHEIT: DCF–VERFAHREN

In diesem Abschnitt wollen wir die Untersuchungen der Steuerwirkungen auf Probleme der Unternehmensbewertung anwenden. Im Unterschied zum ersten Kapitel dieses Skriptes sind die Cashflows unsicher und daher *Zufallsvariablen*. Wir kennzeichnen sie im Folgenden mit einer Tilde: $\widetilde{CF}_t$. Ebenso hatten wir im vorangegangenen Kapitel eine Situation unterstellt, in der es eine Einzelinvestition gab. Statt von einer Realinvestition sprechen wir auch von einem *Unternehmen*. Jetzt wollen wir annehmen, dass neben Eigenkapitalgebern des Unternehmens auch Fremdkapitalgeber existieren und sich beide hinsichtlich des Risikos, das sie bei der Finanzierung eingehen und hinsichtlich der Art und Weise, wie sie steuerlich behandelt werden, unterscheiden.

Das Institut der Wirtschaftsprüfer hat in seinem Standard S 1 aus dem Jahr 2008[76] eine Reihe von Regeln zur Bewertung von Unternehmen formuliert. Diese Regeln haben den Namen "Ertragswertverfahren" erhalten und sie werden fortlaufend aktualisiert. Neben dem Ertragswertverfahren werden ebenfalls Methoden des "Discounted Cashflow" (DCF) aus dem angelsächsischen Raum favorisiert. In den Vereinigten Staaten spielt dabei der Bundesstaat Delaware eine wichtige Rolle, weil er sehr ausführliche Gesetze und eine seit Jahren eingespielte Rechtsprechung für Fragen der Unternehmensbewertung besitzt. Viele Unternehmen wählen allein deshalb einen Firmensitz in Delaware, um von dieser Rechtsicherheit zu profitieren.[77]

Die Unterschiede zwischen beiden Verfahren sind nicht in allen Fällen klar herauszuarbeiten, da das Ertragswertverfahren als eine Sammlung von Grundsatzthesen, die DCF-Verfahren in einigen Fällen aber nur als Berechnungsmethoden zur Ermittlung von Steuervorteilen verstanden werden. Wir wollen uns hier den Grundlagen

---

76. Siehe Institut der Wirtschaftsprüfer (2008), IDW S 1, siehe WPg Supplement 3/2008, S. 68 ff.
77. Eine Übersicht über Unternehmensbewertungsmethoden in den Vereinigten Staaten liefert zum Beispiel Ruthardt/Hachmeister, "Unternehmensbewertung in den USA", *Die Wirtschaftsprüfung* 2014, S. 428ff.

der DCF–Verfahren widmen. Auf das Ertragswertverfahren werden wir nur am Rande eingehen.

Im Gegensatz zum ersten Kapitel werden wir im Folgenden keine NPV–Gleichungen herleiten. In der Unternehmensbewertung genügt es, ausschließlich Gleichungen für den fairen Marktwert ("Unternehmenswert") zu finden. Häufig besteht ein zentrales Problem der Unternehmensbewertung gerade darin, sich über den Grenzpreis (den Kauf– oder Verkaufspreis eines Unternehmens) zu einigen.

3.1 BEDINGTE ERWARTUNGEN

> **Lernziel:** Unsere Überlegungen aus dem vorigen Kapitel sollen auf unsichere Cashflows übertragen werden. Dazu müssen wir zuerst den Modellrahmen beschreiben: Was bedeutet "Unsicherheit" bei Cashflows? Wir gehen dazu auch auf den bedingten Erwartungswert ein.

Liegt die Unsicherheit nicht nur in einem, sondern in mehreren zukünftigen Zeitpunkten vor, so pflegt man dieses Phänomen als einen immer dichter werdenden Nebel zu beschreiben. Wenn trotz eines immer dichter werdenden Nebels dennoch eine Bewertung eines Unternehmens möglich ist, so deshalb, weil eine Reihe von (heroisch anmutenden) Annahmen unterstellt wird. Wir wollen auf diese Annahmen jetzt eingehen.

Wir betrachten ein Modell eines Unternehmens, das in der Zukunft unsichere Cashflows verspricht. Uns interessiert eine Darstellung, die unsere Vorstellung eines immer dichter werdenden Nebels der Unsicherheit beschreibt. Alle Überlegungen werden wir im Folgendem an einem Beispiel illustrieren. Auch die generellen Aussagen, deren wir uns im Verlauf bedienen, werden nicht hergeleitet. Wenn Sie an Beweisen interessiert sind, so empfehlen wir Ihnen den Besuch einer fortgeschrittenen Vorlesung.[78]

Betrachten Sie bitte die Abbildung 9. In dieser Abbildung sind die möglichen Cashflows eines Unternehmens in der Zukunft dargestellt. Das Unternehmen existiert drei Perioden. Alle Auf– und Abwärtsbewegungen[79] der Cashflows erfolgen jeweils mit gleicher Wahrscheinlichkeit.

---

78. Beispielsweise "Discounted Cashflow–Verfahren".
79. Wir verwenden die Begriffe Auf– und Abwärtsbewegung, weil die Darstellung dies nahe legt. Nicht in allen Fällen sinkt der Cashflow bei einer Abwärtsbewegung (wenn der entsprechende Pfeil nach unten zeigt), betrachten Sie dazu etwa den obersten Knoten (145.2) im Zeitpunkt $t = 2$. Dort wächst der Cashflow auf 146.41. Wir nennen dieses Modell "Binomialbaum" oder auch "Binomialmodell", weil es in jedem Knoten genau zwei Möglichkeiten der Cashflow-Entwicklung gibt.

    Unser Binomialmodell besitzt nicht die Eigenschaft zeitlich konstanter up– und down–Wachstumsraten in jedem Knoten, wie Sie deutlich erkennen können. Während im oberen Knoten in $t = 1$ (121) der Cashflow bei der Abwärtsbewegung konstant bleibt, so fällt er in der nächsten Periode von 121 auf 119.79.

Es gibt im Zeitpunkt $t = 0$ keinen Cashflow. Ab und an findet man jedoch die Größe CF_0. Darunter wollen wir dann diejenige Zahl verstehen, die den Ausgangspunkt der zukünftigen Cashflow–Entwicklung darstellt. Der Cashflow $\widetilde{CF}_1$ würde sich also in einer solchen Situation aus der Größe CF_0 durch eine Auf- und eine Abwärtsbewegung ermitteln.

Abbildung 9: Ein Beispiel für mögliche zukünftige Cashflows eines Unternehmens

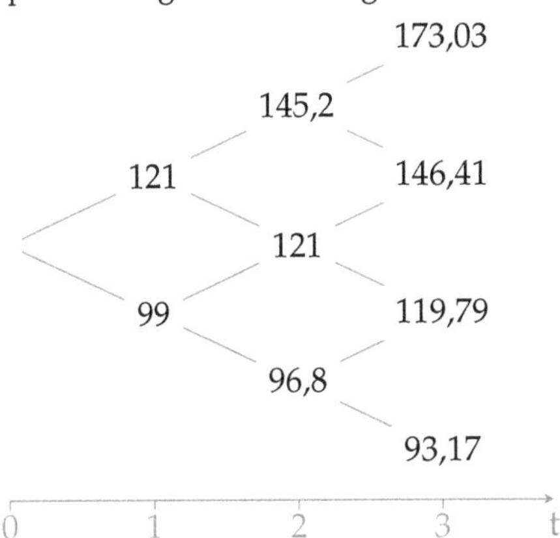

Betrachten Sie den Cashflow im Zeitpunkt $t = 3$. Er hängt offensichtlich von Ereignissen in der Zukunft ab, die wir heute noch nicht kennen. Insgesamt gibt es vier verschiedene Realisationen des Cashflows. Das soll uns aber nicht davon abhalten, darüber nachzudenken, was wir im Zeitpunkt $t = 1$ über den Cashflows $\widetilde{CF}_3$ denken werden. Es ist erkennbar, dass sich für unseren Investor der Nebel etwas gelichtet haben wird. Er wird die Realisation des ersten Cashflows kennen und sollte daher etwas mehr über die zukünftige Zahlung $\widetilde{CF}_3$ wissen. Was heißt das genau?

Wir müssen an dieser Stelle sprachlich präzise sein, damit klar wird, über welche Größe wir reden. Uns geht es darum, dasjenige Wissen zu beschreiben, das ein Investor im Zeitpunkt $t > 0$ basierend auf der heutigen Situation hat. Wir betten diese Situation in ein Modell in $t = 0$ ein. Der Investor denkt also heute darüber nach, was er in der Zukunft möglicherweise alles wissen wird. Wir sprechen jedoch nicht darüber, was er dann in t tatsächlich weiß – wir reden nur darüber, was er (aufgrund des Modells) wissen sollte. Dies sind zwei verschiedene Dinge.

Insbesondere könnte die Zukunft "in Wirklichkeit" (das heißt in einem späteren Zeitpunkt) tatsächlich völlig anders aussehen. Wenn in der Zukunft sich tatsächlich einer der beiden genannten Zustände realisiert, wenn also der Cashflow in $t = 1$ wirklich entweder 99 oder 121 beträgt, so sprechen wir von rationalen Erwartungen. Ist der tatsächliche Cashflow des Zeitpunkts $t = 1$ keiner der beiden Werte, so kann der Investor unser Modell vernichten und mit seinen Überlegungen von vorn beginnen!

Wenn der Investor über sein Wissen über $\widetilde{CF}_3$ im Zeitpunkt $t = 1$ nachdenkt, wird er zuerst folgende Tatsache festhalten. Das Wissen wird davon abhängen, ob er sich im oberen Knoten oder im unteren Knoten befindet. Wenn er Erwartungen über $\widetilde{CF}_3$ in $t = 1$ bildet, muss er diese Tatsache in Betracht ziehen. Er wird an dieser Stelle also keine klassische Erwartung $E[\widetilde{CF}_3]$ (die im übrigen 133.1 wäre) bilden, weil diese klassische Erwartung gerade nicht zwischen dem oberen und dem unteren Knoten differenziert. Vielmehr wird er je nach vorliegendem Knoten *zwei* unterschiedliche Erwartungswerte berechnen. Man spricht in diesem Fall von einer bedingten Erwartung, da der Erwartungswert von einer Bedingung (nämlich "In welchem Knoten werde ich sein?" oder auch "Wie hoch wird der Cashflow $\widetilde{CF}_1$ sein?") abhängt. Mit der bedingten Erwartung versucht der Investor seine Erwartungen, die er in der Zukunft haben wird, zu beschreiben – die klassische Erwartung dagegen beschreibt nur die Erwartungen des heutigen Tages. Die bedingten Erwartungen sind für unsere Theorie deshalb notwendig, weil der Begriff der Kapitalkosten darauf beruhen wird.

Wir wollen die bedingten Erwartungswerte berechnen. Befindet sich der Investor im oberen Knoten, so wird der Cashflow im Zeitpunkt $t = 3$ nur noch die Werte 173,03, 146,41 oder 119,79 annehmen können. Der Wert 93,17 ist ausgeschlossen. Da der Wert 146,41 auf zwei Wegen erreicht werden kann, gilt für den Erwartungswert im oberen Knoten

$$E[\widetilde{CF}_3|\text{oberer Knoten in } t = 1] = \frac{1}{4}173,03 + \frac{2}{4}146,41 + \frac{1}{4}119,79 = 146,41.$$

Analog erhalten wir

$$E[\widetilde{CF}_3|\text{unterer Knoten in } t = 1] = \frac{1}{4}146,41 + \frac{2}{4}119,79 + \frac{1}{4}93,17 = 119,79.$$

Fassen wir die Rechnung zusammen. Der Investor wird, wenn er in $t = 1$ über $\widetilde{CF}_3$ nachdenkt, nicht den klassischen Erwartungswert bilden. Vielmehr bildet er den bedingten Erwartungswert. Dies ist eine Größe, die auf die Bedingung, in welchem Knoten er sich gerade befindet, Rücksicht nimmt. Einen solchen bedingten Erwartungswert schreiben wir im Folgenden $E[\widetilde{CF}_3|\,\mathcal{F}_1]$ und damit haben wir[80]

$$E[\widetilde{CF}_3|\,\mathcal{F}_1] = \begin{cases} 146,41 & \text{wenn } \widetilde{CF}_1 = 121, \\ 119,79 & \text{wenn } \widetilde{CF}_1 = 99. \end{cases}$$

Was fällt an diesem Beispiel auf? Wir bemerken zuerst, dass der bedingte Erwartungswert eine *Zufallsvariable* ist. Sie sollten einen Moment innehalten und sich diese Aussage verdeutlichen. Der bedingte Erwartungswert wird von zukünftigen Zuständen abhängen ("in welchem Knoten werde ich sein?") und damit unsicher sein können. Die klassische Erwartung dagegen ist eine Zahl, sie ist immer sicher. Für die bedingte

---

80. Das geheimnisvolle Symbol $\mathcal{F}_1$ beschreibt die Information, die der Investor im Zeitpunkt $t = 1$ besitzt. Wir gehen nicht darauf ein, warum man so ein kryptisches Zeichen verwendet.

Erwartung gilt dies jedoch nicht notwendigerweise; sie kann unsicher sein.

Zum anderen fällt auf, dass für das Ergebnis sogar folgender Zusammenhang gilt

$$\mathrm{E}[\widetilde{\mathrm{CF}}_3|\,\mathcal{F}_1] = \begin{cases} 121 \cdot 1{,}21 & \text{wenn } \widetilde{\mathrm{CF}}_1 = 121, \\ 99 \cdot 1{,}21 & \text{wenn } \widetilde{\mathrm{CF}}_1 = 99 \end{cases}$$

was sich schreiben lässt als

$$\mathrm{E}[\widetilde{\mathrm{CF}}_3|\,\mathcal{F}_1] = \begin{cases} \widetilde{\mathrm{CF}}_1 \cdot (1 + 10\%)^2 & \text{wenn } \widetilde{\mathrm{CF}}_1 = 121, \\ \widetilde{\mathrm{CF}}_1 \cdot (1 + 10\%)^2 & \text{wenn } \widetilde{\mathrm{CF}}_1 = 99 \end{cases}$$

oder eben auch

$$\mathrm{E}[\widetilde{\mathrm{CF}}_3|\,\mathcal{F}_1] = (1 + 10\%)^{3-1} \cdot \widetilde{\mathrm{CF}}_1.$$

Dies ist kein Zufall. Wir haben unsere Cashflows absichtlich so gewählt, dass sie diese Eigenschaft besitzen. Um unsere Überlegungen zu veranschaulichen, wiederholen wir unsere Überlegungen ein zweites Mal und wenden uns dem Wissen des Investors im Zeitpunkt $t = 2$ zu. Wieder berechnen wir den bedingten Erwartungswert. In $t = 2$ sind nun nicht mehr zwei, sondern drei mögliche Zustände denkbar. Daher wird die bedingte Erwartung nicht zwei, sondern drei Zeileneinträge besitzen – je nachdem, ob wir uns im oberen, mittleren oder unteren Knoten befinden.

Im oberen Knoten wird der Investor sofort die Cashflows 119,79 und 93,17 für $\widetilde{\mathrm{CF}}_3$ ausschließen können. Also errechnet er einen Erwartungswert von

$$\mathrm{E}[\widetilde{\mathrm{CF}}_3|\text{oberer Knoten in } t = 2] = \frac{1}{2}173{,}03 + \frac{1}{2}146{,}41 = 159{,}72.$$

Wir sparen uns die Darstellung der Berechnung für die anderen Knoten und notieren gleich das Endergebnis

$$\mathrm{E}[\widetilde{\mathrm{CF}}_3|\,\mathcal{F}_2] = \begin{cases} 159{,}72 & \text{wenn } \widetilde{\mathrm{CF}}_2 = 145{,}2 \\ 133{,}1 & \text{wenn } \widetilde{\mathrm{CF}}_2 = 121 \\ 106{,}48 & \text{wenn } \widetilde{\mathrm{CF}}_2 = 96{,}8 \end{cases} \tag{21}$$

Abgesehen davon, dass auch dieser Erwartungswert unsicher ist, gilt wiederum

$$\mathrm{E}[\widetilde{\mathrm{CF}}_3|\,\mathcal{F}_2] = (1 + 10\%)^{3-2} \cdot \widetilde{\mathrm{CF}}_2$$

und wir werden im Folgenden von dieser Relation fortlaufend Gebrauch machen.

Wir benötigen das sogenannte Gesetz der iterierten Erwartung. Dieses Gesetz beschreibt, wie eine Erwartung über eine Erwartung zu berechnen ist: Das Gesetz der iterierten Erwartung klärt, wie sich unser Wissen im Zeitablauf vermehrt und was wir über unser "Wissen wissen". Wir werden mit der Zeit immer klüger, und dieser Zusammenhang sollte sich auch bei der Berechnung der bedingten Erwartung widerspiegeln. Das dem zugrunde liegende Gesetz ist allerdings nicht ganz einfach.

Dazu wollen wir den Ausdruck $E[E[\widetilde{CF}_3|\mathcal{F}_2]|\mathcal{F}_1]$ betrachten. Offensichtlich handelt es sich um eine sukzessive (iterierte) Erwartungsbildung.[81] Wollten wir diesen Erwartungswert verbal beschreiben, so handelt es sich um die Fragestellung: "Was wissen wir über die Erwartungen von $\widetilde{CF}_3$ im Zeitpunkt $t = 2$, wenn wir darüber im Zeitpunkt $t = 1$ nachdenken?" Zuerst müssen wir uns klarmachen, wie viel Zustände bei diesem bedingten Erwartungswert denkbar sind. Der Investor verfügt letztendlich über die Informationen des Zeitpunktes $t = 1$. In diesem Zeitpunkt waren zwei Zustände denkbar, die durch den oberen und den unteren Knoten oder auch durch die Bedingung $\widetilde{CF}_1 = 121$ oder $\widetilde{CF}_1 = 99$ beschrieben werden.

Konzentrieren wir uns auf den oberen Knoten. In diesem oberen Knoten ist dem Investor klar, dass der Pfad $\widetilde{CF}_2 = 96{,}8$ nie erreicht werden kann. Er wird also in dem Ausdruck (21) den dritten Eintrag (die dritte Zeile) einfach ignorieren. Die beiden anderen Zeilen werden dann gleich wahrscheinlich und er erhält

$$E[E[\widetilde{CF}_3|\mathcal{F}_2]|\text{ oberer Knoten in } t = 1] = \frac{1}{2}159{,}72 + \frac{1}{2}133{,}1 = 146{,}41$$

Gehen wir zum unteren Knoten. Jetzt ist offensichtlich, dass der Wert $\widetilde{CF}_2 = 145{,}2$ unerreichbar wird. Also gilt

$$E[E[\widetilde{CF}_3|\mathcal{F}_2]|\text{ unterer Knoten in } t = 1] = \frac{1}{2}133{,}1 + \frac{1}{2}106{,}48 = 119{,}79$$

Fassen wir zusammen

$$E[E[\widetilde{CF}_3|\mathcal{F}_2]|\mathcal{F}_1] = \begin{cases} 146{,}41 & \text{wenn } \widetilde{CF}_1 = 121 \\ 119{,}79 & \text{wenn } \widetilde{CF}_1 = 99 \end{cases}$$
$$= E[\widetilde{CF}_3|\mathcal{F}_1].$$

Wir stellen fest, dass wir uns die aufwendige Rechnung hätten sparen können. Als Ergebnis des Erwartungswerts ergibt sich unmittelbar $E[\widetilde{CF}_3|\mathcal{F}_1]$: Wir hätten also einfach die Information $\mathcal{F}_2$ bei der Bestimmung des Erwartungswertes weglassen können. Diese Eigenschaft ist ebenfalls ein generelles Gesetz, das wir hier nicht beweisen: Man kann bei der iterierten Erwartungsbildung alle Zwischenzeitpunkte einfach vernachlässigen, ohne einen Fehler zu begehen! Damit gilt allgemein für $s_1 < s_2 < t$

$$E[E[\widetilde{CF}_t|\mathcal{F}_{s_2}]|\mathcal{F}_{s_1}] = E[\widetilde{CF}_t|\mathcal{F}_{s_1}]. \tag{22}$$

---

81. Man spricht von "iterierter Erwartung", weil zwei aufeinanderfolgende Erwartungen berechnet werden.

und dieses Gesetz wird auch das Gesetz der iterierten Erwartung genannt.

Das Gesetz der iterierten Erwartung besagt, dass unser Wissen über die Zukunft in sich konsistent sein muss. Wenn wir Informationen verschiedener Zeitpunkte in Betracht ziehen können, so wissen wir am Ende immer nur so viel, wie uns am frühesten Zeitpunkt (dem Zeitpunkt mit der geringsten Information über die Unsicherheit) zur Verfügung steht. Alle Gedanken, die auf dem Wissen des frühesten Zeitpunktes aufbauen, können nicht wirklich neue Information generieren.

3.2 Konstante erwartete Wachstumsraten und Kapitalkosten

> **Lernziel:** Wir formulieren die wichtigsten Annahmen der Unternehmensbewertung unter Unsicherheit: Die erwarteten Wachstumsraten müssen in jedem Knoten identisch sein. Zudem müssen die Kapitalkosten sichere Größen darstellen.

Wir haben festgestellt, dass die Cashflows in unserem Beispiel folgende Eigenschaft besitzen

$$\mathrm{E}[\widetilde{\mathrm{CF}}_t|\,\mathcal{F}_s] = (1 + 10\%)^{t-s} \cdot \widetilde{\mathrm{CF}}_s$$

Cashflows, die diesem Bewegungsgesetz gehorchen, weisen also eine Art "konstante erwartete Wachstumsrate" auf. Konzentriert man sich auf einen beliebigen Knoten in dem Baum, so ist die erwartete Wachstumsrate der Cashflows immer 10%, wenn auch die einzelnen Wachstumsraten höchst unterschiedliche Werte aufweisen können. So wächst der Cashflow $CF_1 = 121$ im Fall der Aufwärtsbewegung um 20% auf 145,2 und im Fall der Abwärtsbewegung "wächst" er um 0% auf 121. Egal, in welchem Knoten eines Zeitpunktes wir uns befinden – die erwartete Wachstumsrate ist immer 10%.

Wir unterstellen einen gewissen Verlauf der Cashflows, der sich durch ein allgemeines Bewegungsgesetz beschreiben lässt. Man spricht auch von "autoregressiven Cashflows" (unter Unsicherheit).[82]

Annahme 3.1 (konstante erwartete Wachstumsrate). *Für die Cashflows $\widetilde{\mathrm{CF}}_t$ und alle Zeitpunkte $s \leq t$ ist die erwartete Wachstumsrate in jedem Knoten gleich g,*

$$\mathrm{E}[\widetilde{\mathrm{CF}}_t|\,\mathcal{F}_s] = (1+g)^{t-s}\widetilde{\mathrm{CF}}_s\,. \tag{23}$$

g ist dabei beliebig, aber heute bereits sicher.

Wenn die Cashflows unendlich lange fließen, spricht man auch von einer "ewigen Rente".

Wir kommen zum zweiten Element der DCF–Verfahren, den Kapitalkosten des Unternehmens. Im Fall unter Sicherheit hatten wir vorausgesetzt, dass die Cashflows des Unternehmens (der Realinvestition) zum risikolosen Zinssatz r_f verzinst werden. Da

---

82. Der Begriff der "Autoregression" entstammt der Statistik. Wir verwenden ihn hier, ohne auf die Herkunft der Bezeichnung einzugehen.

wir uns in einer unsicheren Welt befinden, lassen wir die Annahme einer risikolosen Verzinsung fallen. Vielmehr wird statt des sicheren nun ein anderer Zinssatz Verwendung finden. Wir sprechen auch von den Kapitalkosten des Unternehmens. Da dieser Begriff in der Literatur regelmäßig nicht präzise definiert wird, wollen wir uns an dieser Stelle etwas mehr Mühe geben.[83] Beachten Sie bitte, dass der Begriff ein Ergebnis einer historischen Entwicklung ist – die von uns definierten Kapitalkosten haben nichts mit den "Kosten" im kostenrechnerischen Sinn zu tun.

Wir verstehen unter $\widetilde{V}_t$ im Folgenden den Marktwert eines Unternehmens im Zeitpunkt t. Beachten Sie bitte weiter, dass $\widetilde{V}_t$ *nicht* der Buchwert des Unternehmens ist. Wenn wir von Werten sprechen, so meinen wir immer den Gesamtwert der Anteile eines Unternehmens, die am Markt gehandelt werden. Dieser Gesamtwert entspricht der Summe der Aktienpreise (daraus setzt sich das Eigenkapital zusammen) zuzüglich der Summe der Anleihenpreise und der Werte der Verbindlichkeiten gegenüber Kreditinstituten (daraus setzt sich das Fremdkapital zusammen). Verschuldungsgrade und Fremdkapitalquoten werden ebenfalls zu Marktwerten gemessen.

Wir verstehen unter Kapitalkosten immer (bedingte) erwartete Renditen. Dies wird durch nachfolgende Definition deutlich.

Definition 3.2 (Kapitalkosten). *Kapitalkosten k eines Unternehmens im Zeitpunkt t sind (bedingte) erwartete Renditen*

$$k_t = \frac{\mathrm{E}[\widetilde{V}_{t+1} + \widetilde{\mathrm{CF}}_{t+1} \mid \mathcal{F}_t]}{\widetilde{V}_t} - 1.$$

Wie ist diese Definition zu verstehen? Wir gehen zurück zu unserem Beispiel einer Welt mit drei Zeitpunkten. Wir versetzen uns gedanklich in den Zeitpunkt $t = 2$ und fragen, welche Rendite wir erwirtschaften würden, wenn wir für eine Periode das betrachtete Unternehmen erwerben. Der Kapitaleinsatz beträgt $\widetilde{V}_2$, da wir zu diesem Betrag das Unternehmen erwerben. Eine Periode später erhalten wir die Dividende $\widetilde{\mathrm{CF}}_3$ und einen möglichen Restwert $\widetilde{V}_3$. Das ergibt zusammen eine Rendite von

$$\frac{\widetilde{V}_3 + \widetilde{\mathrm{CF}}_3}{\widetilde{V}_2} - 1$$

und diese Rendite ist natürlicherweise unsicher. Unter Kapitalkosten verstehen wir nun nicht die Rendite an sich, sondern eine erwartete Rendite.

Wir haben in den bisherigen Ausführungen aber gelernt, dass wir Erwartungswerte zu verschiedenen Zeitpunkten ($t = 0,1,2$) bilden können. Es ist für die Theorie der Unternehmensbewertung unabdingbar, dass wir hier den Erwartungswert der Peri-

---

83. Die Frage, wie sich die Höhe dieser Verzinsung ermittelt, können wir im Rahmen dieser Veranstaltung nicht behandeln. Dies ist Gegenstand des CAPM und wird in der Vorlesung "Kapitalmarkttheorie" behandelt.

ode $t = 2$ (also der Periode, in der die Anlage in das Unternehmen erfolgt!) bilden. Nur wenn wir den Erwartungswert bezüglich der Periode $t = 2$ bilden, ist für den Investor der Nenner $\widetilde{V}_2$ eine bekannte Variable und er wird diesen Nenner wie eine sichere Größe behandeln können. Die Kapitalkosten sind also

$$k = \frac{\mathrm{E}[\widetilde{V}_3 + \widetilde{\mathrm{CF}}_3 \mid \mathcal{F}_2]}{\widetilde{V}_2} - 1$$

und genau das steht in der obigen Definition. Klassische erwartete Renditen wie

$$\mathrm{E}\left[\frac{\widetilde{V}_3 + \widetilde{\mathrm{CF}}_3}{\widetilde{V}_2}\right] - 1 \qquad \text{oder} \qquad \frac{\mathrm{E}\left[\widetilde{V}_3 + \widetilde{\mathrm{CF}}_3\right]}{\mathrm{E}[\widetilde{V}_2]} - 1$$

sind für die Theorie der Unternehmensbewertung nicht von Nutzen, dies müssen Sie hier ohne Beweis akzeptieren.

Bisher haben wir gelernt, wie man Kapitalkosten zweckmäßigerweise definiert. Diese Definition genügt aber noch nicht den Anforderungen, die in der Unternehmensbewertung notwendig sind. Um dies zu verstehen, gehen wir zurück zu unserem Beispiel. Dort steht die Erwartung im Zeitpunkt $t = 2$ der Rendite, die wir bei Anlage in ein Unternehmen erzielen werden. Da es sich um eine bedingte Erwartung handelt, wird diese Rendite höchstwahrscheinlich unsicher sein – dies ist auch ökonomisch plausibel, denn niemand kann heute voraussagen, wie viel Geld er mit einer Aktie in der Zukunft verdienen kann. Unsere Erwartung über die tatsächliche Rendite kann davon abhängen, in welchem Knoten in $t = 2$ wir uns befinden werden. Um aber eine Bewertungsgleichung herleiten zu können, ist es notwendig, die folgende Annahme zu treffen.

Annahme 3.3 (konstante Kapitalkosten). *Die Kapitalkosten k_t sind bereits heute sicher und seien (der Einfachheit halber) konstant. Wir nehmen weiter an, dass die Kapitalkosten k größer als die Wachstumsrate g sind.*

Vermutlich werden Sie diese Annahme nur mit gewissen Bauchschmerzen akzeptieren, denn üblicherweise sind zukünftige Renditen unsicher. Aber ohne diese Annahme können wir keine Unternehmen bewerten. Wir haben derzeit (leider) keine allgemeinere oder gar bessere Theorie.

Man kann wenig allgemeine Aussagen über Kapitalkosten formulieren, da der Begriff sehr abstrakt ist. Eine Relation wird im Folgenden jedoch wichtig sein, weil sie sogar namensgebend für ein Verfahren des Discounted Cashflow war (die sogenannten gewichteten Kapitalkosten oder WACC). Zu diesem Zweck betrachten wir ein verschuldetes Unternehmen, das von Eigen- und Fremdkapitalgebern finanziert werde. Die Eigenkapitalgeber wollen wir im Folgenden mit dem Index E, die Fremdkapitalgeber mit dem Index F kennzeichnen. Der Marktwert des Eigenkapitals ist also $\widetilde{V}_t^E$, der Marktwert des Fremdkapitals ist $\widetilde{V}_t^F$. Ebenso werden die Cashflows, die den Eigenkapitalgebern zufließen, mit $\widetilde{CF}_t^E$ und die Cashflows der Fremdkapitalgeber (also Zins und Tilgung) mit $\widetilde{CF}_t^F$ bezeichnet. Natürlich sind die beiden folgenden Beziehungen gegeben

$$\widetilde{V}_t^E + \widetilde{V}_t^F = \widetilde{V}_t, \qquad \widetilde{CF}_t^E + \widetilde{CF}_t^F = \widetilde{CF}_t, \tag{24}$$

denn das Unternehmen setzt sich ausschließlich aus Eigen- und Fremdkapital zusammen und die Cashflows gehen nur an Eigen- und Fremdkapitalgeber.

Die Renditen, die Eigenkapitalgeber erwarten, werden dann mit k^E notiert. Abweichend von der allgemeinen Notation werden wir die Fremdkapitalkosten nicht mit einem k^F, sondern mit r_f notieren – denn Fremdkapital ist in der Theorie der DCF-Verfahren immer risikolos und daher gibt es keinen Grund anzunehmen, dass die Fremdkapitalgeber einen Zinssatz abweichend vom risikolosen Zins r_f verlangen.[84] Daher gilt

$$r_f = \frac{\widetilde{V}_t^F + \widetilde{CF}_t^F}{\widetilde{V}_{t-1}^F} - 1. \tag{25}$$

Die Fremdkapitalquote des Unternehmens wird wieder durch die Relation $l = \frac{\widetilde{V}_t^F}{\widetilde{V}_t}$ definiert.[85]

Nun gilt folgender Sachverhalt. Wenn man die Kapitalkosten des gesamten Unternehmens bestimmt, so sind diese gleich dem Durchschnitt der Eigen- und der Fremdkapitalkosten. Allerdings ist nicht der einfache Durchschnitt relevant, vielmehr sind die beiden Kapitalkosten zu gewichten. Als Gewichte dienen dabei die Eigen- bzw. Fremdkapitalquote im Unternehmen zu Marktwerten:

Satz 3.4. *Die Kapitalkosten eines Unternehmens sind der mit den Fremd- und Eigenkapitalquoten gewichtete Durchschnitt der jeweiligen Kapitalkosten, also*

$$k = k^E \cdot (1 - l) + r_f \cdot l.$$

84. Wir schließen hier Insolvenzrisiken aus. Bezieht man diese dennoch in die Theorie ein, dabei bleiben aber erstaunlicherweise sehr viele Grundaussagen der DCF-Theorie erhalten, siehe Kruschwitz, L; Lodowicks, A.; Löffler, A. (2005), "Zur Bewertung insolvenzbedrohter Unternehmen", *Die Betriebswirtschaft* 65: S. 221-236. Das liegt im Wesentlichen daran, dass in diesem Modell Fremdkapitalgeber genau so viel wissen wie Eigenkapitalgeber.
85. Es ist nicht selbstverständlich, dass die Fremdkapitalquote sicher oder gar konstant ist. Vielmehr könnte sie auch unsicher oder zeitlich variabel sein. Wir können in dieser Vorlesung nicht auf die Details eingehen, die mit diesem Problem zusammenhängen und verweisen auf die Veranstaltung "Discounted Cashflow", in der diese Dinge vertieft werden.

Beweis: Diese Aussage kann man mit elementaren Mitteln herleiten.

$$\mathrm{E}[\widetilde{V}_{t+1} + \widetilde{\mathrm{CF}}_{t+1} \,|\, \mathcal{F}_t] = \mathrm{E}[\widetilde{V}_{t+1}^E + \widetilde{\mathrm{CF}}_{t+1}^E \,|\, \mathcal{F}_t] + \mathrm{E}[\widetilde{V}_{t+1}^F + \widetilde{\mathrm{CF}}_{t+1}^F \,|\, \mathcal{F}_t]$$

$$\frac{\mathrm{E}[\widetilde{V}_{t+1} + \widetilde{\mathrm{CF}}_{t+1} \,|\, \mathcal{F}_t]}{\widetilde{V}_t} = \frac{\mathrm{E}[\widetilde{V}_{t+1}^E + \widetilde{\mathrm{CF}}_{t+1}^E \,|\, \mathcal{F}_t]}{\widetilde{V}_t} + \frac{\mathrm{E}[\widetilde{V}_{t+1}^F + \widetilde{\mathrm{CF}}_{t+1}^F \,|\, \mathcal{F}_t]}{\widetilde{V}_t}$$

$$\frac{\mathrm{E}[\widetilde{V}_{t+1} + \widetilde{\mathrm{CF}}_{t+1} \,|\, \mathcal{F}_t]}{\widetilde{V}_t} = \frac{\mathrm{E}[\widetilde{V}_{t+1}^E + \widetilde{\mathrm{CF}}_{t+1}^E \,|\, \mathcal{F}_t]}{\widetilde{V}_t^E} \cdot \frac{\widetilde{V}_t^E}{\widetilde{V}_t} + \frac{\mathrm{E}[\widetilde{V}_{t+1}^F + \widetilde{\mathrm{CF}}_{t+1}^F \,|\, \mathcal{F}_t]}{\widetilde{V}_t^F} \cdot \frac{\widetilde{V}_t^F}{\widetilde{V}_t}$$

$$k + 1 = (k^E + 1) \cdot \frac{\widetilde{V}_t^E}{\widetilde{V}_t} + (r_f + 1) \cdot \frac{\widetilde{V}_t^F}{\widetilde{V}_t}$$

$$k = k^E \cdot (1 - l) + r_f \cdot l$$

$\blacksquare$

Wir haben im Kapitel unter Sicherheit gesehen, dass aus der Arbitragefreiheit eine einfache Relation zwischen dem Wert V_t einer Anlage in t und den eine Periode später fließenden Cashflows CF_{t+1} sowie dem Wert V_{t+1} folgt. Unter Unsicherheit gilt nun diese Relation fort. Sie ergibt sich unmittelbar aus der Definition 3.2 der Kapitalkosten und der Annahme der Konstanz dieser Kapitalkosten, sie lautet

$$\underbrace{(1 + k)\widetilde{V}_t}_{\text{(riskante) Kapitalmarktanlage}} = \underbrace{\mathrm{E}[\widetilde{V}_{t+1} + \widetilde{\mathrm{CF}}_{t+1} \,|\, \mathcal{F}_t]}_{\text{(riskante) Realinvestition}} \tag{26}$$

Mit dieser Beziehung gelingt es uns, die Bewertungsgleichungen herzuleiten.

3.3 Allgemeine Bewertungsgleichung, Gordon–Shapiro–Formel

> **Lernziel:** Wir zeigen, wie man den Marktwert des Unternehmens anhand der Gordon–Shapiro–Formel oder mittels des EVA–Konzeptes ermitteln kann. Steuern werden hier noch vernachlässigt.

Im ersten Schritt wollen wir eine allgemeine Bewertungsgleichung unter Unsicherheit herleiten. Zu diesem Zweck stellen wir die Definition 3.2 um,

$$\widetilde{V}_t = \frac{\mathrm{E}[\widetilde{V}_{t+1} + \widetilde{\mathrm{CF}}_{t+1} \,|\, \mathcal{F}_t]}{1 + k}.$$

Verwenden wir diese Gleichung noch einmal mit $\widetilde{V}_{t+1}$ und setzen sie wieder ein, so ergibt sich:

$$\widetilde{V}_t = \frac{\mathrm{E}\left[\frac{\mathrm{E}[\widetilde{V}_{t+2} + \widetilde{\mathrm{CF}}_{t+2} \,|\, \mathcal{F}_{t+1}]}{1+k} + \widetilde{\mathrm{CF}}_{t+1} \,\middle|\, \mathcal{F}_t\right]}{1 + k}.$$

Weil wir wissen, dass die Kapitalkosten sicher sind, können wir sie vor den Erwartungswert ziehen,

$$\widetilde{V}_t = \frac{\frac{1}{1+k}\,\mathrm{E}[\mathrm{E}[\widetilde{V}_{t+2}|\,\mathcal{F}_{t+1}]|\,\mathcal{F}_t] + \frac{1}{1+k}\,\mathrm{E}[\mathrm{E}[\widetilde{\mathrm{CF}}_{t+2}|\,\mathcal{F}_{t+1}]|\,\mathcal{F}_t] + \mathrm{E}[\widetilde{\mathrm{CF}}_{t+1}|\,\mathcal{F}_t]}{1+k}.$$

Man sollte sich an dieser Stelle klarmachen, dass der letzte Schritt ganz wesentlich den Beweis der Grundgleichung der Unternehmensbewertung ermöglicht. Ohne deterministische Kapitalkosten kann man nicht bewerten! Das Gesetz der iterierten Erwartung (22) (=Zwischenerwartungen können vernachlässigt werden) ergibt nun

$$\widetilde{V}_t = \frac{\mathrm{E}[\widetilde{\mathrm{CF}}_{t+1}|\,\mathcal{F}_t]}{1+k} + \frac{\mathrm{E}[\widetilde{\mathrm{CF}}_{t+2}|\,\mathcal{F}_t]}{(1+k)^2} + \frac{\mathrm{E}[\widetilde{V}_{t+2}|\,\mathcal{F}_t]}{(1+k)^2}.$$

Führen wir diesen Schritt mehrfach bis zum Ende T der Lebensdauer des Unternehmens (die möglicherweise unendlich ist) durch, so erhalten wir folgende Bewertungsgleichung.[86]

Satz 3.5 (Fisher 1906, Williams 1938).

$$\widetilde{V}_t = \frac{\mathrm{E}[\widetilde{\mathrm{CF}}_{t+1}|\,\mathcal{F}_t]}{1+k} + \frac{\mathrm{E}[\widetilde{\mathrm{CF}}_{t+2}|\,\mathcal{F}_t]}{(1+k)^2} + \cdots + \frac{\mathrm{E}[\widetilde{\mathrm{CF}}_T|\,\mathcal{F}_t]}{(1+k)^{T-t}}. \tag{27}$$

Diese Gleichung stellt eine allgemeine Bewertungsformel dar, die in der Unternehmensbewertung eine sehr weite Verbreitung gefunden hat. Sie beruht auf unserer Definition der Kapitalkosten (Definition 3.2) sowie der Annahme, dass diese Kapitalkosten konstant sind. Wenn diese Annahme nicht erfüllt ist, darf man den Wert eines Unternehmens nicht nach Gleichung (3.5) ermitteln.

Unsere Gleichung lässt sich noch weiter vereinfachen, wenn wir die stochastische Struktur der Cashflows berücksichtigen. Wir können die bedingten Erwartungswerte in der letzten Gleichung ja unmittelbar bestimmen (siehe dazu (23)). Es ergibt sich

$$\begin{aligned}
\widetilde{V}_t &= \frac{\mathrm{E}[\widetilde{\mathrm{CF}}_{t+1}|\,\mathcal{F}_t]}{1+k} + \frac{\mathrm{E}[\widetilde{\mathrm{CF}}_{t+2}|\,\mathcal{F}_t]}{(1+k)^2} + \cdots + \frac{\mathrm{E}[\widetilde{\mathrm{CF}}_T|\,\mathcal{F}_t]}{(1+k)^{T-t}} \\
\widetilde{V}_t &= \frac{(1+g)\widetilde{\mathrm{CF}}_t}{1+k} + \frac{(1+g)^2\widetilde{\mathrm{CF}}_t}{(1+k)^2} + \cdots + \frac{(1+g)^{T-t}\widetilde{\mathrm{CF}}_t}{(1+k)^{T-t}} \\
&= \widetilde{\mathrm{CF}}_t\left(\frac{1+g}{1+k} + \left(\frac{1+g}{1+k}\right)^2 + \cdots + \left(\frac{1+g}{1+k}\right)^{T-t}\right). \tag{28}
\end{aligned}$$

---

86. Wir haben diese Gleichung Fisher und Williams zugeschrieben, was nicht ganz korrekt ist. Beide haben nur den Fall unter Sicherheit behandelt und sind nie von unsicheren Cashflows ausgegangen. Es ist nicht ganz klar, wo zum ersten Mal unsichere Cashflows in der Literatur auftauchen, vermutlich waren es Feltham/Ohlson (1995).

Im besonderen Fall, in dem das Unternehmen unendlich lang lebt, kann man die letzte Summe besonders kompakt ausdrücken. Diese Gleichung wird nach ihren Entdeckern benannt.[87] Sie kann bewiesen werden, wenn insgesamt drei Annahmen erfüllt sind:

1. unendliche Lebensdauer,

2. konstante erwartete Wachstumsrate (autoregressive Cashflows) und

3. deterministische Kapitalkosten.

Die ersten beiden Annahmen wurden unter dem Begriff "ewige Rente" zusammengefasst.

Satz 3.6 (Gordon/Shapiro 1956). *Wir nehmen an, dass das Unternehmen ewig lebt. Für den Marktwert eines (unverschuldeten) Unternehmens im Zeitpunkt $t \geq 0$ gilt*

$$\widetilde{V}_t = \frac{1+g}{k-g}\,\widetilde{\mathrm{CF}}_t. \tag{29}$$

Beweis: Aus der Gleichung (28) folgt wegen der Summenformel der ewigen Rente

$$\widetilde{V}_t = (1+g)\,\frac{\widetilde{\mathrm{CF}}_t}{k-g}.$$

Das war zu zeigen. ∎

Aus der Gordon-Shapiro-Gleichung folgt unmittelbar, dass die erwartete Kursgewinnrendite ebenfalls g ist:

$$
\begin{aligned}
\frac{\mathrm{E}[\widetilde{V}_{t+1}\,|\,\mathcal{F}_t]}{\widetilde{V}_t} - 1 &= \frac{\mathrm{E}\!\left[\frac{(1+g)\widetilde{\mathrm{CF}}_{t+1}}{k-g}\,\big|\,\mathcal{F}_t\right]}{\frac{(1+g)\widetilde{\mathrm{CF}}_t}{k-g}} - 1 && \text{nach Satz 3.6}\\[2ex]
&= \frac{\mathrm{E}[\widetilde{\mathrm{CF}}_{t+1}\,|\,\mathcal{F}_t]}{\widetilde{\mathrm{CF}}_t} - 1 && \text{sichere Größe } k-g \text{ kürzen}\\[2ex]
&= \frac{\widetilde{\mathrm{CF}}_t(1+g)}{\widetilde{\mathrm{CF}}_t} - 1 = g && \text{Annahme 3.1.}
\end{aligned}
$$

Auf dieses Ergebnis werden wir bei der Diskussion der Einkommensteuer zurückkommen.

---

87. Gordon und Shapiro hatten nur den Fall sicherer Cashflows untersucht und sie waren sicher nicht die ersten, denen diese Gleichung bekannt war. Ihre Arbeit wurde deshalb berühmt, weil sie zum ersten Mal versucht haben, den Zusammenhang von Preis und Dividende *empirisch* zu untersuchen. Die Gleichung ohne Wachstum wurde das erste Mal von Gordon untersucht, die Analyse mit Wachstum kommt von Gordon und Shapiro.

Bei der Gordon-Shapiro-Formel im Fall $t = 0$ liegt im Zeitpunkt $t = 0$ keinen Cashflow des Unternehmens vor, daher lautet die Formulierung dann

$$V_0 = \frac{\mathrm{E}[\widetilde{V}_1]}{1+g} = \frac{(1+g)\,\mathrm{E}[\widetilde{\mathrm{CF}}_1]}{(k-g)(1+g)} = \frac{\mathrm{E}[\widetilde{\mathrm{CF}}_1]}{k-g}.$$

3.4 EVA®

Wichtigstes Charakteristikum der DCF–Verfahren ist die Aussage, dass zur Bewertung eines Unternehmens nur Cashflows diskontiert werden dürfen. Preinreich (1951)[88] konnte allerdings zeigen, dass die Unternehmensbewertung auch mit der Verwendung geeignet adjustierter Gewinne gelingen kann. Die deutsche Literatur hat es durch Lücke einige Jahre später wieder entdeckt und spricht daher auch vom Lücke–Theorem.[89]

Dazu bezeichnen wir mit BW_t den Buchwert des Unternehmens im Zeitpunkt t. Da die zukünftigen Gewinne unsicher sein können, sollten auch die zukünftigen Buchwerte des Unternehmens unsicher sein. Wir kennzeichnen sie daher besser mit einer Tilde $\widetilde{\mathrm{BW}}_t$. Die Abschreibung im Zeitpunkt t ermittelt sich wieder als Differenz aufeinander folgender Buchwerte, siehe Definition 2.2. Ebenso wenden wir die Definition des Gewinns 2.3 auch unter Unsicherheit an. Es gibt keinen Grund, diese beiden Ideen nicht auf den Fall unter Unsicherheit zu übertragen.

Wir bezeichnen die Differenz

$$\mathrm{EVA}_t := \widetilde{G}_t - k \cdot \widetilde{\mathrm{BW}}_{t-1} \tag{30}$$

als economic value added (EVA®) oder Residualgewinn.[90] Die Definition des economic value added weist Gemeinsamkeiten mit der Zinskorrektur nach Boadway/Bruce und Wenger auf, dennoch ist ein wichtiger Unterschiede nicht zu übersehen: Bei der Zinskorrektur wird, auch unter Unsicherheit, immer der risikolose Zinssatz r_f angewandt. Beim EVA–Konzept dagegen finden die Kapitalkosten k Verwendung.

Es zeigt sich, dass der Marktwert eines Unternehmens auch durch Diskontierung der Gewinne, adjustiert durch den economic value added, ermittelt werden kann. Wir machen also keinen Fehler, wenn wir wie im Ertragswertverfahren Gewinne diskontieren – nur müssen diese Gewinne um eine Art "Opportunitätskosten" (Kapi-

---

88. Preinreich, G. (1951), "Models of taxation in the theory of the firm", *Economia Internazionale* 4: S. 372-397.

89. Siehe Lücke, W. (1955), "Investitionsrechnung auf der Grundlage von Ausgaben oder Kosten?", *Zeitschrift für handelswissenschaftliche Forschung*, 7: S. 310-324.

90. Die Bezeichnung EVA® wurde durch das Beratungsunternehmen Stern–Stewart Anfang der neunziger Jahre gesetzlich geschützt. Stern–Stewart hat aufbauend auf diesem Theorem eine Philosophie der Unternehmensbewertung und insbesondere der Unternehmensführung entwickelt. Verwechseln Sie EVA nicht mit EWA: in einem Fall werden Kapitalkosten auf den Buchwert vom Cashflow abgezogen, im anderen Fall werden Abschreibungen anhand von Marktwerten ermittelt.

talkosten auf den Buchwert des Unternehmens) adjustiert werden. Der Vorteil der Bewertung mit Hilfe des EVA–Konzeptes besteht darin, dass dem Bewerter in einer Planungsrechnung typischerweise Jahresabschlüsse vorliegen und er somit eine ausreichende Datenbasis sowohl für die Gewinne als auch die Buchwerte und damit den economic value added zur Verfügung hat. Cashflows dagegen müssen erst aus den Jahresabschlüssen mehr oder weniger mühevoll errechnet werden. Des Weiteren können Gewinne durchaus eine sinnvolle Steuerungsgröße im Unternehmen sein, wenn sie um die Opportunitätskosten adjustiert werden: Wer adjustierte Gewinne erhöht, erhöht auch den Unternehmenswert.

Satz 3.7 (Zweites Preinreich–Theorem, 1951). *Der Marktwert eines unverschuldeten Unternehmens unterscheidet sich vom Buchwert durch die diskontierten Residualgewinne*

$$\widetilde{V}_t = \widetilde{\mathrm{BW}}_t + \sum_{s=t+1}^{\infty} \frac{\mathrm{E}[\mathrm{EVA}_s \mid \mathcal{F}_t]}{(1+k)^{s-t}}.$$

Beweis: Die rechte Seite der Gleichung im zweiten Preinreich–Theorem lässt sich wie folgt umformen.

$$\widetilde{\mathrm{BW}}_t + \sum_{s=t+1}^{\infty} \frac{\mathrm{E}[\mathrm{EVA}_s \mid \mathcal{F}_t]}{(1+k)^{s-t}}$$

$$= \widetilde{\mathrm{BW}}_t + \sum_{s=t+1}^{\infty} \frac{\mathrm{E}[\widetilde{\mathrm{CF}}_s - \mathrm{AfA}_s - k \cdot \widetilde{\mathrm{BW}}_{s-1} \mid \mathcal{F}_t]}{(1+k)^{s-t}} \qquad \text{Def. EVA}$$

$$= \widetilde{\mathrm{BW}}_t + \sum_{s=t+1}^{\infty} \frac{\mathrm{E}[\widetilde{\mathrm{CF}}_s - (\widetilde{\mathrm{BW}}_{s-1} - \widetilde{\mathrm{BW}}_s) - k \cdot \widetilde{\mathrm{BW}}_{s-1} \mid \mathcal{F}_t]}{(1+k)^{s-t}} \qquad \text{Def. AfA}$$

$$= \widetilde{\mathrm{BW}}_t + \sum_{s=t+1}^{\infty} \frac{\mathrm{E}[\widetilde{\mathrm{CF}}_s \mid \mathcal{F}_t]}{(1+k)^{s-t}} + \sum_{s=t+1}^{\infty} \frac{\mathrm{E}[-(1+k)\widetilde{\mathrm{BW}}_{s-1} + \widetilde{\mathrm{BW}}_s \mid \mathcal{F}_t]}{(1+k)^{s-t}} \qquad \text{umstellen}$$

Die letzte Summe lässt sich vereinfachen

$$\sum_{s=t+1}^{\infty} \frac{\mathrm{E}[-(1+k)\widetilde{\mathrm{BW}}_{s-1} + \widetilde{\mathrm{BW}}_s \mid \mathcal{F}_t]}{(1+k)^{s-t}}$$

$$= -\sum_{s=t+1}^{\infty} \frac{\mathrm{E}[(1+k)\widetilde{\mathrm{BW}}_{s-1} \mid \mathcal{F}_t]}{(1+k)^{s-t}} + \sum_{s=t+1}^{\infty} \frac{\mathrm{E}[\widetilde{\mathrm{BW}}_s \mid \mathcal{F}_t]}{(1+k)^{s-t}}$$

$$= -\sum_{s=t+1}^{\infty} \frac{\mathrm{E}[\widetilde{\mathrm{BW}}_{s-1} \mid \mathcal{F}_t]}{(1+k)^{s-1-t}} + \sum_{s=t+1}^{\infty} \frac{\mathrm{E}[\widetilde{\mathrm{BW}}_s \mid \mathcal{F}_t]}{(1+k)^{s-t}} \qquad (1+k) \text{ kürzen}$$

$$= -\sum_{s=t}^{\infty} \frac{\mathrm{E}[\widetilde{\mathrm{BW}}_s \mid \mathcal{F}_t]}{(1+k)^{s-t}} + \sum_{s=t+1}^{\infty} \frac{\mathrm{E}[\widetilde{\mathrm{BW}}_s \mid \mathcal{F}_t]}{(1+k)^{s-t}} \qquad \text{Summationsind.}$$

$$= -\widetilde{\mathrm{BW}}_t$$

und das ergibt die Behauptung. $\blacksquare$

Man kann mit Hilfe des Return on Equity das zweite Preinreich-Theorem etwas umformen. Der Return on Equity setzt im Gegensatz zu den Kapitalkosten zwei buchhalterische Größen ins Verhältnis: Statt des Cashflows verwendet man den Gewinn und statt des Marktwertes den Buchwert, also

$$roe_s := \frac{\mathrm{E}[\widetilde{G}_{s+1}\,|\,\mathcal{F}_s]}{\widetilde{BW}_s}.$$

Damit kann man wegen[91]

$$EVA_s = \widetilde{CF}_s - AfA_s - k\widetilde{BW}_{s-1} = \left(\frac{\widetilde{G}_s}{\widetilde{BW}_{s-1}} - k\right) BW_{s-1}$$

das zweite Preinreich-Theorem auch so notieren, dass es den Unternehmenswert auf die Differenz von ROE und Kapitalkosten zurückführt,

$$\widetilde{V}_t = \widetilde{BW}_t + \sum_{s=t+1}^{\infty} \frac{\mathrm{E}[(roe_{s-1} - k)\,\widetilde{BW}_{s-1}\,|\,\mathcal{F}_t]}{(1+k)^{s-t}}.$$

Wir werden uns jetzt zwei Problemen zuwenden, die sich ergeben, wenn die Unternehmensbesteuerung (wieder) berücksichtigt wird. Im folgenden Abschnitt behandeln wir die Frage, wie die Abzugsfähigkeit von Fremdkapitalzinsen in unseren Modellen Berücksichtigung finden kann. Wir widmen uns dann im nächsten Abschnitt der Frage, welche Konsequenzen die Einbeziehung von Wachstum in die Gordon–Shapiro–Formel hat. Dabei zeigt sich, dass wir zur Lösung der entstehenden Probleme tiefer in die steuerliche Modellierung einsteigen müssen.

3.5 DCF-Verfahren: Unverschuldete und verschuldete Unternehmen

> **Lernziel:** Jetzt soll eine Körperschaftsteuer in die Analyse einbezogen werden. Diese Steuer ist dadurch gekennzeichnet, dass Fremdkapitalzinsen abzugsfähig sind. Wir müssen daher zuerst auf Charakteristika der Fremdfinanzierung eingehen.

Wer verschuldete Unternehmen zu bewerten hat, muss auch unverschuldete Unternehmen bewerten können. Beides bedingt sich gegenseitig.

Diese Behauptung leuchtet nicht ohne Weiteres ein. Man muss sich dazu klarmachen, dass es missverständlich bleibt, wenn man ohne Nennung weiterer Details von

---

91. Der Gewinn war die Differenz aus Cashflow und Abschreibung.

einem verschuldeten Unternehmen spricht. Handelt es sich um ein stark oder nur mä-
ßig verschuldetes Unternehmen? Wird das Fremdkapital des Unternehmens wachsen, oder planen die verantwortlichen Manager, das Kreditvolumen des Unternehmens zu reduzieren? Im Gegensatz zu einem verschuldeten Unternehmen, bei dem
dies alles im Einzelnen geklärt werden muss, sind die Zusammenhänge bei einem
unverschuldeten Unternehmen einfach und klar. Wenn wir von einem unverschuldeten Unternehmen sprechen, meinen wir ein Unternehmen, das weder heute noch
irgendwann in der Zukunft Schulden haben wird. Natürlich fällt es schwer, daran
zu glauben, dass es solche seltsamen Unternehmen in unserer Welt tatsächlich gibt.
Aber auf diesen – sicher vollkommen zutreffenden Tatbestand – kommt es hier nicht
an. Wir wollen lediglich feststellen, dass völlig eindeutig ist, was wir uns unter einem unverschuldeten Unternehmen vorstellen, während dies bei einem verschuldeten Unternehmen ohne weitere Angaben nicht so ganz klar ist.

Wir müssen davon ausgehen, dass die Kapitalkosten eines Unternehmens im Wesentlichen von zwei Einflussgrößen abhängen, und zwar erstens von den leistungs-
wirtschaftlichen Risiken (business risk) des Unternehmens und zweitens von seiner
Verschuldungspolitik (leverage). Wird eine Körperschaftsteuer erhoben, so wird sich
gleich zeigen, dass die erwarteten Renditen umso höher sind, je größer das Risiko
ist und je größer der Verschuldungsgrad des Unternehmens ist. Und wenn wir den
Zusammenhang zwischen diesem Gesetz und den Überlegungen des vorangehen-
den Absatzes herstellen, so sind die Kapitalkosten eines unverschuldeten Unternehmens eindeutig, während die Kapitalkosten eines verschuldeten Unternehmens davon abhängen, auf welchem Niveau sich die Schulden befinden. Das alles gilt natürlich nur, solange wir alle anderen Einflüsse auf die Kapitalkosten – insbesondere das
Geschäftsrisiko – konstant halten.

Um ein verschuldetes Unternehmen korrekt bewerten zu können, braucht man
dessen Kapitalkosten. Genauer gesagt: Man braucht die Kapitalkosten eines Unternehmens, das dem zu bewertenden Unternehmen in Bezug auf zwei Eigenschaften
entspricht, nämlich in Bezug auf sein leistungswirtschaftliches Risiko und in Bezug
auf seine Verschuldung. Will man diese Kapitalkosten bestimmen, indem man empirische Kapitalmarktdaten heranzieht, so gerät man typischerweise in folgende Situation. Man bemüht sich darum, ein Unternehmen zu finden, das derselben oder
mindestens einer sehr ähnlichen Risikoklasse angehört (Vergleichsunternehmen) und
schätzt die Erwartungswerte der Renditen, die dessen Kapitalgeber realisieren. Dabei muss man fast immer beobachten, dass das Vergleichsunternehmen anders finanziert ist als das zu bewertende Unternehmen. Wenn nun aber die Verschuldung
einen Einfluss auf die Höhe der Kapitalkosten hat, so kann man die Kapitalkosten des
Vergleichsunternehmens nicht einfach auf das zu bewertende Unternehmen anwenden. Wie wir uns bereits klargemacht haben, sind verschuldete Unternehmen selbst
dann, wenn sie derselben Risikoklasse angehören, nicht notwendigerweise vergleich-

bar. Und genau hier kommt das unverschuldete Unternehmen (als Referenzunternehmen) ins Spiel.

Wir werden uns daher in diesem Abschnitt mit der Frage beschäftigen, wie hoch der Wertunterschied zwischen einem verschuldeten und einem unverschuldeten Unternehmen ist. Dieser Wertunterschied wird zum einen von der Höhe der Körperschaftsteuer, aber auch von der Art der Finanzierung des verschuldeten Unternehmens abhängen. Die Ermittlung dieses Wertunterschiedes (auch "tax shield" genannt) gilt in Teilen der Literatur als die eigentliche Aufgabe der DCF–Verfahren. Zuerst wenden wir uns der Charakteristik der Körperschaftsteuer zu.

Die Körperschaftsteuer findet sich in allen Industrienationen und sie ist typischerweise dadurch gekennzeichnet, dass ihre Bemessungsgrundlage der Gewinn der Unternehmung ist. Der Körperschaftsteuer unterliegen dabei typischerweise Unternehmen, die in der Rechtsform einer Kapitalgesellschaft organisiert sind. Personengesellschaften werden wir hier ausblenden.

Der Gewinn einer Kapitalgesellschaft stellt das Bruttoergebnis nach Fremdkapitalzinsen dar. Durch diese Form der Bemessungsgrundlage stehen wir allerdings vor dem Problem, keine der bisher behandelten Modelle als Abbild einer Körperschaftsteuer auffassen zu können:

- Im Standardmodell einer Gewinnsteuer mindern ausschließlich die Abschreibungen die Bemessungsgrundlage. Davon, dass auch Fremdkapitalzinsen die Bemessungsgrundlage mindern, ist nicht die Rede.

- Im Standardmodell einer zinskorrigierten Gewinnsteuer mindern die Zinsen auf den Buchwert die Bemessungsgrundlage. Diese Zinsen sind nicht identisch den Fremdkapitalzinsen: Der Buchwert umfasst nicht nur das Fremd–, sondern auch das Eigenkapital einer Unternehmung. Bei der zinskorrigierten Gewinnsteuer werden also "zu viel Zinsen" abgezogen, in der Realität müssten auch noch die Dividenden von der Bemessungsgrundlage abzugsfähig sein, wollten wir das Standardmodell einer zinskorrigierten Gewinnsteuer als Abbild einer Körperschaftsteuer auffassen (abgesehen davon, dass unser Modell der Zinskorrektur unter Sicherheit formuliert wurde).

Wir nutzen für die Darstellung der Steuer die Annahmen des Abschnittes 2.3. Für die Bemessungsgrundlage der Körperschaftsteuer gilt dabei aber

Bemessungsgrundlage (KSt) Die Bemessungsgrundlage der Körperschaftsteuer sei der Gewinn der Realinvestition *nach Fremdkapitalzinsen*. Dies gilt auch für negative Bemessungsgrundlagen ("sofortiger Verlustausgleich"). Die Kapitalmarktanlage wird nicht versteuert.

Sind Fremdkapitalzinsen abzugsfähig, so kreiert die Körperschaftsteuer einen Finanzierungsvorteil: Eine verschuldete Unternehmung ist aufgrund des Steuervorteils (tax shield) mehr wert als eine unverschuldete Unternehmung. Unsere Aufgabe besteht ausschließlich in der Ermittlung der Höhe dieses Steuervorteils. Probleme im Zusammenhang mit der Bewertung der unverschuldeten Unternehmung blenden wir aus. Wir werden im Folgenden den Marktwert der unverschuldeten Unternehmung mit V_0^u und den Marktwert der verschuldeten ("levered") Unternehmung mit V_0^l bezeichnen. Das tax shield ist die Differenz $V_0^l - V_0^u$ und uns interessiert die Höhe dieser Differenz.

Zuvor gehen wir kurz auf die unverschuldete Unternehmung ein. Sie erfüllt die Annahmen des Gordon-Shapiro Modells, wobei wir die Kapitalkosten der unverschuldeten Unternehmung mit k^u bezeichnen. Da die Unternehmung unendlich lang lebt, werden Erhaltungsinvestitionen in Höhe der Abschreibungen vorgenommen. Daraus ergibt sich folgende Ausgangsgleichung

$$\underset{\text{Kapitalmarktanlage}}{(1 + k^u)\widetilde{V}_t^u} \;=\; \underset{\text{versteuerte unverschuldete Unternehmung}}{\mathrm{E}[\widetilde{V}_{t+1}^u + \widetilde{\mathrm{CF}}_{t+1}^u - \tau\widetilde{\mathrm{CF}}_{t+1}^u \mid \mathcal{F}_t]}$$

Wir wollen hier der Einfachheit halber unterstellen, dass die Cashflows kein Wachstum aufweisen: $g = 0$. Das wird es uns erlauben, möglichst einfach Gleichungen herzuleiten. Die Einbeziehung der Erkenntnisse des vorigen Abschnittes ist ohne Weiteres möglich, erschwert aber nur das Verständnis der im Rahmen der Fremdfinanzierung zentralen Zusammenhänge. Jetzt gewinnen wir auf dem inzwischen vertrauten Weg die Bewertungsformel für das unverschuldete Unternehmen

$$
\begin{aligned}
V_0^u &= \frac{\mathrm{E}[(1-\tau)\widetilde{\mathrm{CF}}_1^u]}{1+k^u} + \frac{\mathrm{E}[\mathrm{E}[(1-\tau)\widetilde{\mathrm{CF}}_2^u \mid \mathcal{F}_1]]}{(1+k^u)^2} + \ldots && \text{(kein Wachstum)} \\[2mm]
&= \frac{(1-\tau)\,\mathrm{E}[\widetilde{\mathrm{CF}}_1^u]}{1+k^u} + \frac{(1-\tau)\,\mathrm{E}[\widetilde{\mathrm{CF}}_1^u]}{(1+k^u)^2} + \ldots && \text{(iterierte Erwartung)} \\[2mm]
&= \frac{(1-\tau)\mathrm{CF}_0}{k^u} && (31)
\end{aligned}
$$

3.6 APV–Theorie

Im Rahmen der Theorie des adjusted present value oder kurz APV werden wir annehmen, dass alle Zins– als auch alle Tilgungszahlungen des Unternehmens bereits heute (in $t = 0$) sicher sind. Damit existiert auf der Kreditseite keinerlei Risiko. Diese Art der Finanzierung wird in der Literatur auch als "autonom" bezeichnet.

Definition 3.8. *Wir sprechen von autonomer Finanzierung, wenn die Höhe des Fremdkapitals F_t konstant bleibt ("keine Tilgung").*[92]

---

92. Es genügt an dieser Stelle die Voraussetzung, dass die zukünftigen Fremdkapitalmengen im Zeitpunkt $t = 0$ bereits festgelegt werden.

Die Definition 3.8 bezieht sich auf eine Investition in das Unternehmen. Beide Kapitalgeber können ihr Kapital alternativ am Kapitalmarkt anlegen. Die Bewertungsgleichung für das Unternehmen werden wir wieder durch den Vergleich beider Anlagemöglichkeiten herleiten:

Satz 3.9 (Modigliani/Miller 1963, Myers 1974). *Für die Marktwerte eines ewig lebenden Unternehmens mit konstanter erwarteter Wachstumsrate, Körperschaftsteuer und autonomer Finanzierung gilt die folgende Gleichung*

$$V_0^l = V_0^u + \underbrace{\tau F_0}_{\text{tax shield}} \; . \tag{32}$$

Da sich der Marktwert der verschuldeten Unternehmung aus zwei Komponenten zusammensetzt, nennen wir diese Gleichung auch die (klassische) APV–Formel.[93]

Modigliani und Miller haben diese Gleichung noch einmal vereinfacht. Unter Verwendung der Fremdkapitalquote $l_0 = \frac{F_0}{V_0^l}$ ergibt sich

$$V_0^l = V_0^u + \tau l V_0^l \quad \Longrightarrow \quad (1 - \tau l_0) V_0^l = V_0^u.$$

Beweis: Wir bezeichnen mit $TS_t = \widetilde{V}_t^l - \widetilde{V}_t^u$ ("tax shield") den Unterschied der Marktwerte des verschuldeten und des unverschuldeten Unternehmens. Wollen wir die Marktwerte beider Unternehmen vergleichen, so müssen wir die Zahlungen beider Unternehmen an alle ihre Kapitalgeber vergleichen. Die Zahlungen an die Eigenkapitalgeber und die Fremdkapitalgeber des verschuldeten Unternehmens und an die Kapitalgeber des unverschuldeten Unternehmens unterscheiden sich im Zeitpunkt t ausschließlich um die *bereits heute sichere* Steuererstattung

$$\left(\widetilde{\mathrm{CF}}_t^u - \tau(\widetilde{\mathrm{CF}}_t^u - AfA_t - r_f F_{t-1}) \right) - \left(\widetilde{\mathrm{CF}}_t^u - \tau(\widetilde{\mathrm{CF}}_t^u - AfA_t) \right) = \tau r_f F_{t-1} = \tau r_f F_0.$$

Sichere Steuererstattungen bewerten wir, indem wir sie mit dem sicheren Zinssatz diskontieren:

$$
\begin{aligned}
V_0^l - V_0^u &= \sum_{t=1}^{\infty} \frac{\tau r_f F_0}{(1 + r_f)^t} \qquad \text{konstantes Fremdkapital} \\
&= \frac{\tau r_f F_0}{r_f}
\end{aligned}
$$

und das ist die Behauptung. $\blacksquare$

---

93. APV steht für adjusted present value. Der Begriff erklärt sich daher, dass der unverschuldete present value um die Steuervorteile aus Fremdfinanzierung adjustiert wird.

3.7 WACC–Theorie

Die Literatur kennt für den von uns betrachteten Fall noch mindestens eine weitere
Möglichkeit, den Marktwert einer verschuldeten Unternehmung zu ermitteln. Diese Bewertungsmöglichkeit orientiert sich an einer Gleichung, die WACC–Formel genannt wird.[94] Wenn es neben der APV–Formel noch die WACC–Gleichung gibt, führen dann beide zu identischen Marktwerten der verschuldeten Unternehmung? Wir
werden sehen, dass dies im allgemeinen nicht der Fall ist, wenngleich in der Literatur
an prominenter Stelle immer noch das Gegenteil behauptet wird.[95] Welcher ökonomische Sachverhalt verbirgt sich hinter den beiden voneinander verschiedenen Unternehmenswerten?

Im Modigliani–Miller-Fall sind wir von der Fiktion ausgegangen, dass das Fremdkapital nicht getilgt werde. An dieser Stelle setzt der WACC–Ansatz an. Es könnte
sein, dass statt einer vorgegebenen Tilgung jetzt bestimmte (exogene) Fremdkapitalquoten l_t

$$l_t = \frac{\widetilde{F}_t}{\widetilde{V}_t^l} \tag{33}$$

erreicht werden sollen.[96] Die Fremdkapitalquote gibt das Verhältnis von Fremdkapital zum gesamten Marktwert der Unternehmung an. Geben wir eine Fremdkapitalquote vor, so kann eine zwangsweise Thesaurierung von Gewinnen im Unternehmen
die Folge sein (etwa weil Fremdkapital abzulösen ist). Im Gegensatz zur Definition 3.8
unterstellen wir folgendes Verhalten.

Definition 3.10. *Wir sprechen von einer marktwertorientierten Finanzierungspolitik, wenn
die Tilgungszahlungen so gewählt sind, dass die Fremdkapitalquoten $l_t = l$ konstant bleiben.*[97]

Die Verschuldungspolitik des vorigen Abschnittes (siehe Annahme 3.8) war von
den jeweiligen Unternehmenswerten unabhängig. Jetzt dagegen hängt die Höhe der
Tilgung vom zukünftigen Aktienkurs ab. Eine solche Finanzierungspolitik wird auch

---

94. WACC steht hier für "weighted average cost of capital" oder durchschnittliche Kapitalkosten. Woher
dieser Begriff kommt, klären wir am Ende des Abschnittes.
95. In einer früheren Auflage des Handbuchs der Wirtschaftsprüfer beispielsweise finden wir in Rz. 289:
"Die einzelnen DCF–Verfahren [es geht um APV und WACC – A.L.] unterscheiden sich hinsichtlich
der **Rechentechnik** ... Ungeachtet der Unterschiede in der Rechentechnik führen die einzelnen Verfahren grundsätzlich zu übereinstimmenden Ergebnissen." Die Verfasser des WP–Handbuchs 1998
können sich zur Absicherung dieser Behauptung auf zahlreiche wissenschaftliche Beiträge stützen
und machen davon auch fleißig Gebrauch.
96. LBOs (leveraged buyouts) sind Unternehmenskäufe, bei denen ein Großteil des Kaufpreises am Kapitalmarkt geliehen wird. Diese Firmen sind hochgradig verschuldet. Es ist in solchen Fällen üblich,
die zukünftigen Fremdkapitalbestände an Zielkapitalstrukturen auszurichten und daher den Gewinn zur Schuldentilgung und nicht zur Ausschüttung zu verwenden.
97. Es genügt an dieser Stelle die Voraussetzung, dass die zukünftigen Fremdkapitalquote im Zeitpunkt
$t = 0$ bereits festgelegt werden. Sie müssen nicht unbedingt konstant sein.

als "marktwertorientierte Politik" bezeichnet, da sich die Tilgung an den Unternehmenswerten orientiert.

Welche Konsequenzen hat die wertorientierte Verschuldung? Angenommen, das Management möchte die Fremdkapitalquote des Unternehmens verändern und gibt als Zielgröße ein Verhältnis von Fremdkapital zu Gesamtkapital von 50:100 vor.[98] Betrachten wir einen Zeitpunkt in der Zukunft, etwa den Zeitpunkt $t+1$ in der Abbildung 10.

Abbildung 10: Zeitstruktur beim WACC–Ansatz

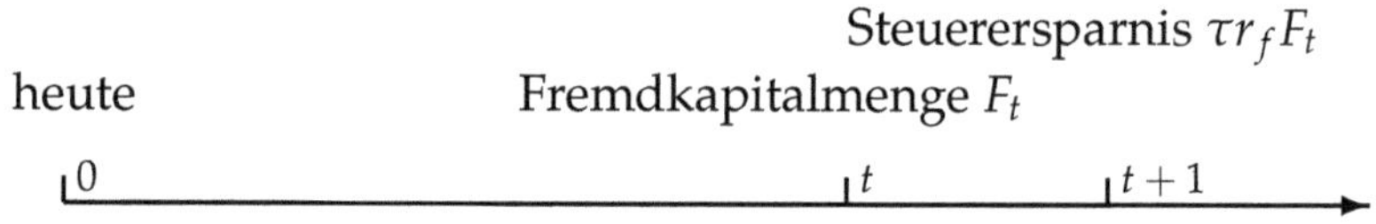

Wenn der Unternehmenswert im Zeitpunkt t unsicher ist (und ohne Unsicherheit ist jede Unternehmensbewertung trivial, weil sie sonst mit einfacher Zinseszinsrechnung durchführbar wäre), dann folgt die auf den ersten Blick verblüffende Konsequenz, dass auch das Fremdkapital (weil die Hälfte dieser Größe) *unsicher* ist!

Um es noch einmal zu verdeutlichen: Die Zinszahlungen $r_f F_t$ des Fremdkapitals F_t erfolgen einen Zeitpunkt später mit Sicherheit. Ebenso wird die Steuerersparnis von $\tau r_f F_t$ realisiert. Aber es ist *heute* unsicher, wie viel wir von diesen sicheren Steuerersparnissen erhalten werden, weil die Höhe des Fremdkapitals in t unsicher ist.

Miles und Ezzell[99] haben diesen Fall einer genaueren Untersuchung unterzogen und festgestellt, dass dann die APV–Gleichung nicht mehr anwendbar ist.[100]

Die deutsche Literatur beschäftigt sich seit geraumer Zeit mit der Frage, ob die wertorientierte und die autonome Verschuldungspolitik miteinander vereinbar sind.[101] Ein Blick auf die Prämissen aber zeigt uns, dass beide Politiken a priori *einander unvereinbare* Annahmen an die Finanzierungspolitik stellen. Die autonome Politik unterstellt heute bekannte Fremdkapitalmengen der Unternehmung; die wertorientierte Politik nimmt an, dass die Fremdkapitalquoten sichere Größen sind. Wären beide

---

98. Streng genommen müssten wir jetzt fragen, woher diese Zielgröße kommt. Diese einfache Frage lässt sich leider nicht so leicht beantworten.

99. Miles, J. und Ezzell, J. (1980), "The weighted average cost of capital, perfect capital markets and project life: A clarification", *Journal of Financial and Quantitative Analysis* 15: S. 719-730.

100. "Even though the firm might issue riskless debt, if financing policy is targeted to realized market values, the amount of debt outstanding in future periods is not known with certainty (unless the investment is riskless) ... " Miles, J. and Ezzell, J. (1980), a.a.O., S. 721.

101. Siehe zum Beispiel die Arbeiten Drukarczyk, J. (1995), "DCF-Methoden und Erwartungswertmethode – einige klärende Anmerkungen", *Die Wirtschaftsprüfung*, S. 329-334; Richter, F. (1998), Unternehmensbewertung bei variablem Verschuldungsgrad, *Zeitschrift für Bankrecht und Bankwirtschaft* 10: S. 379-388 oder Kaden, J. , Wagner, W., Weber, T. und Wenzel, K. (1997), Kritische Überlegungen zur Discounted Cashflow-Methode, *Zeitschrift für betriebswirtschaftliche Forschung* 67: S. 499-508 – um nur einige zu nennen.

Annahmen gleichzeitig erfüllt, dann müsste wegen der elementaren Gleichung

$$l_t = \frac{F_t}{\widetilde{V}_t^l} \qquad \Longrightarrow \qquad \widetilde{V}_t^l = \frac{F_t}{l_t}$$

auch das zukünftige Eigenkapital heute eine sichere Größe sein – was bei unsicheren Cashflows nicht möglich ist. Der Investor kann *entweder* nur wertorientiert *oder* nur autonom finanzieren.

Im Fall der autonomen Finanzierung, das haben wir im vorangegangenen Abschnitt gezeigt, sind die Steuervorteile aus der Fremdfinanzierung sicher. Ebenso ergab sich aus den gerade angestellten Überlegungen, dass bei einer wertorientierten Finanzierungspolitik die Steuervorteile aus der Fremdfinanzierung unsicher sind. Sichere Steuervorteile sind immer mehr Wert als unsichere Steuervorteile, und so können wir (ohne eine einzige Rechnung durchgeführt zu haben) festhalten:

> *Wertorientierte und autonome Finanzierungspolitik können nicht zu identischen Unternehmenswerten führen.*

Die Frage, wie sich der Unternehmenswert bei einer wertorientierten Verschuldung ermittelt, wird durch folgenden Satz beantwortet, den wir hier ohne Beweis zitieren.[102]

Satz 3.11 (Miles/Ezzell 1985). *Für die Marktwerte eines unendlich lang lebenden Unternehmens bei konstanter erwarteter Wachstumsrate, Körperschaftsteuer und wertorientierter Finanzierung gilt die folgende Gleichung*

$$\left(1 - \frac{1 + k^u}{1 + r_f} \frac{r_f}{k^u} \tau l\right) V_0^l = V_0^u$$

Mit dem Satz von Miles und Ezzell ist das Bewertungsproblem der WACC-Theorie gelöst. Unklar ist für uns aber noch, woher der Begriff der gewichteten Kapitalkosten kommt und was er mit der Aussage des Satzes 3.11 zu tun hat. Darauf wollen wir zum Schluss des Abschnittes eingehen.

Im Unterschied zur APV-Gleichung wird in Satz 3.11 eine multiplikative und keine additive Verknüpfung von verschuldetem und unverschuldetem Unternehmen vorgenommen. Nehmen wir einmal an, dass das unverschuldete Unternehmen konstante erwartete Cashflows aufweist und der Marktwert daher der Quotient aus diesem Erwartungswert $\mathrm{E}[\widetilde{CF}^u]$ und den unverschuldeten Kapitalkosten k^u ist, dann folgt nach Umstellen

$$V_0^l = \frac{\mathrm{E}[\widetilde{CF}^u]}{k^u - \frac{r_f}{1+r_f} \tau l \, (1 + k^u)}.$$

---

102. Zum Beweis siehe Miles, J. und Ezzell, J. (1985), Reformulating tax shield valuation: A note, *Journal of Finance* 40: S. 1485-1492.

Achten Sie darauf, dass in dieser Bewertungsgleichung im Zähler die unverschuldeten und nicht die verschuldeten Cashflows stehen! Man spricht auch davon, dass in der WACC-Gleichung der Nenner angepasst werden muss, um die Steuervorteile aus der Fremdfinanzierung angemessen berücksichtigen zu können.

Dieser Nenner kann nun auf eine andere Art und Weise dargestellt werden. Man kann zeigen[103], dass wir diesen Term in zwei Summanden zerlegen können. Der erste Summand beschreibt dabei die risikolosen Zinsen r_f, die die Fremdkapitalgeber erwarten. Der zweite Summand beschreibt die Erwartungen der Eigenkapitalgeber, die wir mit k^E bezeichnen. Dann kann man die letztgenannte Gleichung auch wie folgt notieren

$$V_0^l = \frac{\mathrm{E}[\widetilde{\mathrm{CF}}^u]}{k^E\,(1-l) + r_f\,l\,(1-\tau)}.$$

Erkennbar ist, dass wir im Nenner einen gewichteten Kapitalkostensatz vorfinden. Die Gewichtung erfolgt an Hand der Marktwerte von Fremd- und Eigenkapital, wobei die Fremdkapitalkosten um den Steuervorteil zu kürzen sind. Diesen Nenner bezeichnet man auch als WACC und damit ist endlich klar, woher die Bezeichnung dieses Verfahrens rührt.

3.8 DAS ZIRKULARITÄTSPROBLEM UND ANDERE FINANZIERUNGSPOLITIKEN

In der deutschen Literatur wird seit geraumer Zeit folgendes Problem diskutiert. Wir hatten im vorigen Abschnitt gesehen, dass ein Bewerter sich entscheiden muss, welche Finanzierungspolitik er verfolgt. Dabei hat er die Wahl zwischen autonomer und wertorientierter Finanzierung und aus seiner Wahl folgt dann das anzuwendende Berechnungsverfahren APV oder WACC.

Wir müssen dabei nicht voraussetzen, dass ein Bewerter in allen zukünftigen Zeitpunkten ein und dieselbe Finanzierungsannahme wählt. Er kann etwa in allen geraden Zeitpunkten wertorientiert, in allen ungeraden Zeitpunkten autonom finanzieren. Wenngleich dieses Verhalten keinen ökonomischen Sinn machen wird, so können dennoch Gleichungen für den Unternehmenswert angegeben werden. Es gibt nun einen Sonderfall der Finanzierung, der sinnvoller ist als das eben angeführte Beispiel und zu einer Schwierigkeit bei der Berechnung führt.

Nehmen wir an, der Bewerter möchte im Zeitpunkt $t = 0$ eine andere Finanzierungspolitik wählen als in allen zukünftigen Zeitpunkten und er schlägt folgendes vor.

Zeitpunkt	$t = 0$	$t = 1$	$t = 2$	$\cdots$
Finanzierung	*autonom*	wertorientiert	wertorientiert	$\cdots$

---

103. Leider nicht mehr in dieser Vorlesung: Hierzu müssen Sie die Veranstaltung "Discounted Cashflow Verfahren" besuchen.

Warum ist dieser Fall plausibel? Wir haben im vorigen Abschnitt immer darauf
Wert gelegt, dass die Wahl zwischen autonomer und wertorientierter Politik eine
"entweder–oder" Entscheidung ist. Eine Entscheidung für wertorientierte Politik im
Zeitpunkt t schließt eine autonome Finanzierung aus, weil anderenfalls das Eigenkapital in t sicher sein müsste.

Diese Aussage bleibt selbstverständlich richtig, nur müssen wir an dieser Stelle für
den heutigen Zeitpunkt $t = 0$ eine Ausnahme machen. Im Zeitpunkt $t = 0$ ist nämlich
das Eigenkapital sicher – weil wir bei den gegenwärtigen Aktienkursen keine Unsi-
cherheiten mehr haben. Unsicher ist nur die Zukunft. Das bedeutet: Im Zeitpunkt
$t = 0$ darf man ausnahmsweise sowohl wertorientiert als auch autonom finanzieren, beide Verfahren widersprechen einander nicht und führen auch zum identischen
Unternehmenswert. Daher ergibt die in der obigen Tabelle dargestellte Finanzierung
Sinn: Es handelt sich um eine wertorientierte Finanzierung, bei der wir im Zeitpunkt
$t = 0$ eine Abweichung vornehmen. Nach dem bisher gesagten ist diese Abweichung
aber insoweit harmlos, da sich der Marktwert des Unternehmens nicht ändert und
demzufolge die WACC–Gleichung des Satzes 3.11 gültig bleibt. Mithin gilt für den
Unternehmenswert der Zusammenhang

$$\left(1 - \frac{1+k^u}{1+r_f}\frac{r_f}{k^u}\,\tau l\right) V_0^l = V_0^u$$

Das Zirkularitätsproblem besteht nun darin, dass diese Gleichung nicht ohne Weiteres angewandt werden kann: sie enthält den Verschuldungsgrad l des Zeitpunktes
$t = 0$ und diesen Verschuldungsgrad kennen wir nicht, weil wir im Zeitpunkt $t = 0$
abweichend von den Annahmen des Satzes gerade autonom finanzieren wollten und
daher F_0 kennen.

Das Zirkularitätsproblem lässt sich nun ganz einfach dadurch lösen, dass wir die
Definition der Fremdkapitalquote

$$V_0^l = \frac{F_0}{l}$$

in die Gleichung von Miles und Ezzell einsetzen. Wir erhalten nach kurzem Umstellen

$$V_0^l = V_0^u + \frac{1+k^u}{1+r_f}\frac{r_f}{k^u}\,\tau F_0.$$

Mehr ist zum Zirkularitätsproblem nicht zu sagen.

Wir haben bisher zwei verschiedene Finanzierungspolitiken (autonom und wertorientiert) kennen gelernt. Wenn Sie einen Blick auf die Praxis der Unternehmensbewertung werfen, so werden Sie feststellen, dass dort fast ausnahmslos mit dem
WACC–Verfahren gearbeitet wird. Dies würde darauf hindeuten, dass die Unterneh-

men immer wertorientiert finanziert werden. Dem ist aber keinesfalls so. Vielmehr lassen die Finanzierungspolitiken erahnen, dass diese weder autonom noch wertorientiert sind. Wie also weiter?

Eine mögliche Alternative bestünde in der Formulierung anderer Finanzierungspolitiken. Ein nahe liegender Ansatz besteht darin, nicht die Fremdkapitalquote zu Marktwerten, sondern vielmehr zu Buchwerten in der Zukunft vorzugeben und dann das Unternehmen zu bewerten. Diese Politiken werden erst seit kurzem untersucht, es besteht hier noch ein immenser Bedarf an wissenschaftlicher Klärung. In dieser Vorlesung werden wir daher nicht weiter darauf eingehen.

3.9 EINKOMMENSTEUER

> **Lernziel:** Wir zeigen, dass im Falle von Wachstum der Marktwert des Unternehmens sensibel auf den Steuersatz reagiert. Wir zeigen weiter, dass dieses Problem auf eine falsche Modellierung zurückzuführen ist.

Jetzt sollen Steuern in einer unsicheren Umwelt berücksichtigt werden. Dazu müssen wir uns über die Art der zu berücksichtigenden Steuern einig sein. Wir wollen im Folgenden zuerst auf die Einkommensteuer eingehen. Dies bedarf einer kurzen Erläuterung. In den Grundsätzen des Hauptfachausschusses "Unternehmensbewertung" sowie im Institut der Wirtschaftsprüfung in Deutschland e.V. (Hg.) (1998)[104] wurde in der Vergangenheit vorgeschlagen, die Einkommensteuer nicht in die Bewertung einzubeziehen. Das Institut der Wirtschaftsprüfer (IdW) hat seit 1997[105] diesen Standpunkt aufgegeben und vertritt jetzt die Ansicht, eine Einbeziehung der Einkommensteuer sei zur korrekten Bewertung notwendig. Ist der Steuersatz der Eigentümer nicht bekannt, so ist dabei von einem typisierten Satz von 35% auszugehen.[106] Wir können bei unserem Vorgehen das Einverständnis der Wirtschaftsprüfer voraussetzen.

Wir nutzen für die Darstellung der Steuer die Annahmen des Abschnittes 2.3. Dazu nehmen wir weiter an, dass die Bemessungsgrundlage wieder durch den Gewinn gegeben ist. Im Fall einer unendlich lang lebenden Unternehmung benötigen wir eine weitergehende Annahme über die Höhe der Abschreibungen. Da unsere Unternehmung unendlich lange lebt, gehen wir von Abschreibungen in Höhe von null aus. Bei der Einkommensteuer fallen damit die Bemessungsgrundlage der Steuer ("Gewinn") und die Auszahlung ("Cashflow") zusammen.

---

104. Institut der Wirtschaftsprüfung in Deutschland e.V. (Hg.) (1998), *Handbuch für Rechnungslegung, Prüfung und Beratung*, Band II, IdW-Verlag, Düsseldorf.
105. Siehe Siepe, G. (1997a), Die Berücksichtigung von Ertragsteuern bei der Unternehmensbewertung, Teil I, *Die Wirtschaftsprüfung* 50(1): S. 1-10 sowie Siepe, G. (1997b), Die Berücksichtigung von Ertragsteuern bei der Unternehmensbewertung, Teil II, *Die Wirtschaftsprüfung* 50(2): S. 37-44.
106. Es ist nicht ganz offensichtlich, woher diese konkrete Zahl stammt. Mehr dazu in Heintzen, M., Kruschwitz, L., Löffler, A., und R. Maiterth (2008), Die typisierende Berücksichtigung der persönlichen Steuerbelastung des Anteilseigners beim squeeze-out, *ZfB* 78: S. 1-14.

Welche Schlussfolgerungen ergeben sich für den Marktwert des Unternehmens? In einem ersten Versuch fügen wir die Steuer aus dem Modell unter Sicherheit (etwa Gleichung (7)) in die Ausgangsgleichung (26) ein und erhalten

$$\underbrace{(1+k)\widetilde{V}_t^{\tau} \overbrace{-\tau k \widetilde{V}_t^{\tau}}^{\text{neu}}}_{\text{versteuerte Kapitalmarktanlage}} = \underbrace{\mathrm{E}[\widetilde{V}_{t+1}^{\tau} + \widetilde{\mathrm{CF}}_{t+1} \overbrace{-\tau\widetilde{\mathrm{CF}}_{t+1}}^{\text{neu}} \,|\, \mathcal{F}_t]}_{\text{versteuerte Realinvestition}} \tag{34}$$

Satz 3.12 (modifizierte Gordon–Shapiro–Formel). *Der versteuerte Kalkulationszins möge sich anhand der Rechenvorschrift* $k(1-\tau)$ *ergeben.*

Wenn dieser versteuerte Kapitalkostensatz $k(1-\tau)$ *größer als die Wachstumsrate* g *ist, dann errechnet sich der Marktwert eines unverschuldeten Unternehmens bei ewiger Rente, Wachstum und Einkommensteuern anhand der Gleichung*

$$V_t^{\tau} = \frac{(1-\tau)(1+g)}{k(1-\tau)-g}\,\widetilde{\mathrm{CF}}_t.$$

Der lineare Zusammenhang zwischen Vor- und Nach-Steuer-Kapitalkosten ist nicht nur bei den Wirtschaftsprüfern seit geraumer Zeit selbstverständlich.[107]

Insbesondere führt sie im Fall $g = 0$ dazu, dass sich der Steuersatz aus der Gleichung vollständig kürzt:

$$V_t^{\tau} = \frac{1-\tau}{k(1-\tau)}\,\widetilde{\mathrm{CF}}_t = \frac{\widetilde{\mathrm{CF}}_t}{k} \tag{35}$$

und hat die Wirtschaftsprüfer lange zu der Annahme verleitet, dass eine Einbeziehung der Einkommensteuer zwar theoretisch notwendig, praktisch aber unnötig ist. Wir wollen zuerst auf die Herleitung dieser Gleichung eingehen und uns dann ein wenig mit ihren Konsequenzen beschäftigen.

Beweis: Aus der Rekursionsgleichung folgt der Zusammenhang

$$\widetilde{V}_t^{\tau} = \frac{\mathrm{E}[\widetilde{V}_{t+1}^{\tau} + \widetilde{\mathrm{CF}}_{t+1}(1-\tau)\,|\,\mathcal{F}_t]}{1+k(1-\tau)}$$

---

107. Diese lineare Kapitalkosten–Relation taucht in der Literatur bereits sehr früh auf, sie findet sich vermutlich das erste Mal bei Johansson, S.-E. (1969), Income taxes und investment decisions, *Swedish Journal of Economics* 71: S. 104-110. Johansson widmet der Frage, ob in der Tat die Gleichung (34) den korrekten Nach–Steuer–Kapitalmarktzins darstellt, allerdings mehrere Absätze und weist deutlich darauf hin, dass hierfür eine Reihe von steuerlichen Bedingungen erfüllt sein müssen. Bei den Wirtschaftsprüfern wird dieser Zusammenhang nur noch rudimentär behandelt, siehe Institut der Wirtschaftsprüfung in Deutschland e.V. (Hg.) (1998), *Handbuch für Rechnungslegung, Prüfung und Beratung*, Band II, IdW-Verlag, Düsseldorf, Teil A, Rz. 202. Amerikanische Lehrbüchern gehen ebenfalls sehr salopp damit um, siehe Brealey, Richard A., Myers, Stewart C. and Allen, F. (2008), *Principles of Corporate Finance*, McGraw & Hill, New York, 9th ed. S. 488; Copeland, Thomas E., Weston, Fred J. and Shastri, Kuldepp (2005), *Financial Theory and Corporate Policy* 4. edn, Pearson Education, Boston, MA, S. 569f oder Ross, S., Westerfield, R. and Bradfort Jordan (2007), Corporate Finance: Core principles and applications, (1st edition), McGraw Hill, New York, S. 377f.

und fortgesetztes Einsetzen ergibt unter Verwendung des Gesetzes der iterierten Erwartung die Darstellung

$$
\begin{aligned}
\widetilde{V}_t^\tau &= \sum_{s=t+1}^{\infty} \frac{\mathrm{E}[\widetilde{CF}_s(1-\tau)\,|\,\mathcal{F}_t]}{(1+k(1-\tau))^{s-t}} && \text{wegen (22)} \\[2ex]
&= \sum_{s=t+1}^{\infty} \frac{(1+g)^{s-t}\widetilde{CF}_t(1-\tau)}{(1+k(1-\tau))^{s-t}} && \text{wegen (23)} \\[2ex]
&= \widetilde{CF}_t(1-\tau) \sum_{s=t+1}^{\infty} \left(\frac{1+g}{1+k(1-\tau)}\right)^{s-t} && \text{geom. Reihe} \\[2ex]
&= \begin{cases} \widetilde{CF}_t(1-\tau)\frac{1+g}{k(1-\tau)-g} & \text{wenn } k(1-\tau) > g, \\ \infty & \text{sonst.} \end{cases}
\end{aligned}
$$

Das ist die Behauptung. ∎

Leider hat die modifizierte Gordon–Shapiro–Gleichung eine unangenehme Eigenschaft, die wir etwas genauer betrachten wollen. Wir konzentrieren uns auf den Ausdruck $\frac{1+g}{k(1-\tau)-g}$. Variiert der Steuersatz τ, dann stellt sich der Unternehmenswert in Abhängigkeit von τ wie in Abbildung 11 zu sehen dar.

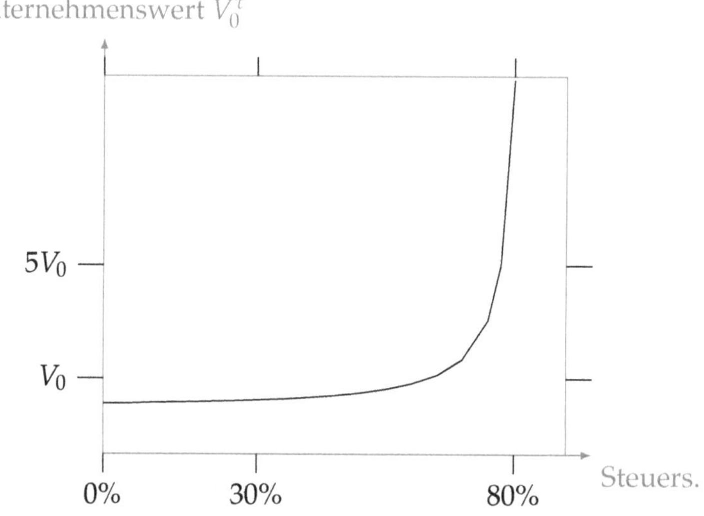

Abbildung 11: Marktwert des Unternehmens in Abhängigkeit vom Steuersatz

Unser Beispiel (bei dem wir realistische Daten für die verwendeten Variablen eingesetzt haben) offenbart, dass bei Berücksichtigung einer Gewinnsteuer in Höhe von etwa 75 % sich ein Marktwert des Unternehmens einstellt, der fünfmal so groß wie der Unternehmenswert bei einer 30%-tigen Steuer ist! Diese dramatischen Wertunterschiede sind keine Seltenheit und bereiten den Praktikern bei der Unternehmensbewertung große Probleme. Sie verlangen insbesondere, dass wir den Gewinnsteuersatz der Unternehmenseigner genau kennen, weil er einen enormen Einfluss auf den Unternehmenswert ausübt. Gerade bei einer Firma mit Streubesitz ist das eine unlösbare Aufgabe.

Sie sollten erkennen, dass dieser Marktwert nur dann so sensibel vom Steuersatz abhängt, wenn die Wachstumsrate von null verschieden ist. Gilt dagegen $g = 0$, so kürzt sich der Term $(1 - \tau)$ sowohl im Zähler wie auch im Nenner und der verbleibende Rest ist vom Steuersatz unabhängig. Wir können festhalten, dass wir nur im Falle einer von null verschiedenen Wachstumsrate einen vom Steuersatz stark abhängigen Unternehmenswert haben.

In der Literatur wurden bisher verschiedene Lösungen für dieses Problem vorgeschlagen. Insbesondere vermutete man, dass eine falsche Modellierung der Einkommensteuer für das Problem verantwortlich ist.[108] Und dies ist in der Tat der Fall. Der Satz 3.12 formuliert explizit, dass sich die versteuerten Kapitalkosten nach der Regel $k(1 - \tau)$ ermitteln sollen. Wir werden jetzt zeigen, dass diese Regel die Ursache für das Problem darstellt. Wir dürfen also in Zukunft, wenn eine Einkommensteuer einbezogen werden soll, diese **nicht** anhand der Regel $k(1 - \tau)$ ermitteln, diese Gleichung ist ökonomisch unsinnig. Wie man denn dann überhaupt eine Einkommensteuer in der Unsicherheit berücksichtigt, muss nach dem derzeitigen Stand der Forschung leider offen bleiben. Wir wissen, wie es nicht geht – aber wir wissen nicht, wie es geht.

Um zu zeigen, dass die Gleichung (34) ökonomisch unsinnig ist, werden wir eine etwas aufwendigere Rechnung führen. Wir konzentrieren uns dabei auf ein einfaches Beispiel eines Binomialmodells mit unendlichem Horizont. Es gibt in unserer Welt zwei Basistitel:

– eine riskante Aktie

– und eine risikolose Anleihe.

Die risikolose Anlage soll der Einfachheit halber einen Zinssatz von $r_f = 0\%$ besitzen. Sie wird, weil sie keine Zinsen verspricht, trivialerweise auch steuerfrei sein. Der Wert der Anleihe beträgt in jedem Zeitpunkt $B_t = 1$. Die Aktie, die ebenfalls gehandelt werden kann, besitzt einen unsicheren Wert $\widetilde{V}_t$. Zudem verspricht sie eine Dividende, die wir mit $\widetilde{CF}_t$ bezeichnen wollen. Die Cashflows unterliegen Schwankungen, die mit einem Binomialmodell beschrieben werden können. Betrachten Sie dazu die Abbildung 12 genauer.

---

108. Siehe beispielsweise Ollmann, M. and Richter, F. (1999), Kapitalmarktorientierte Unternehmensbewertung und Einkommensteuer – eine deutsche Perspektive im Kontext internationaler Praxis, in H.-J. Kleineidam (ed.), *Unternehmenspolitik und Internationale Besteuerung. Festschrift für Lutz Fischer*, Erich Schmidt, Berlin, S. 159-178; Laitenberger, J. (2000), Die Berücksichtigung von Kursgewinnen bei der Unternehmensbewertung, *Der Betrieb* 51, Heft 21: 1041-1043 und Löffler, A. (2001), Besteuerung von Kursgewinnen und Dividenden in der Unternehmensbewertung, *Der Finanzbetrieb* 3: S. 593-594.

Diese Abbildung beschreibt, wie sich die Dividenden (Cashflows) der Aktien mit der Zeit entwickeln. Entweder (bei einer Aufwärtsbewegung) steigen sie um den Faktor 10%, oder sie fallen um den Faktor 10%. Dieser Zusammenhang gilt für jeden beliebigen zukünftigen Zeitpunkt t. Im Zeitpunkt $t = 0$ wird keine Dividende gezahlt. Im folgenden wird die Dividende $\widetilde{CF}_t$ eine logische Sekunde vor dem Zeitpunkt t gezahlt, damit ist $\tilde{V}_t$ ein Aktienkurs ex Dividende.

Im Zeitpunkt $t = 1$ kommt es also zu einer Dividende in Höhe von 1.1 oder 0.9, je nach Zustand.

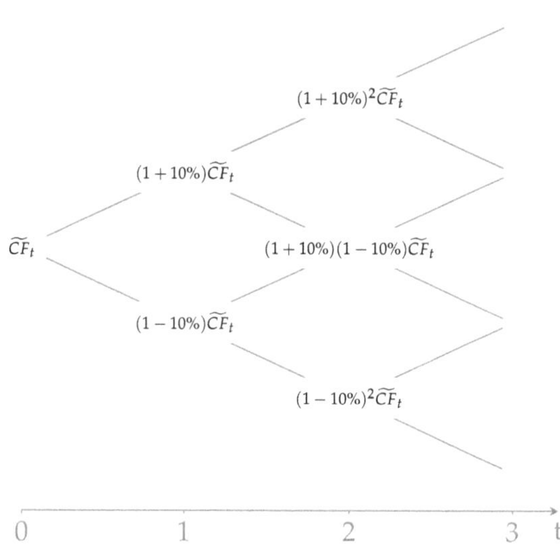

Abbildung 12: Dividenden der riskanten Aktie

Des Weiteren nehmen wir an, dass die Auf– und Abwärtsbewegungen mit jeweils gleicher Wahrscheinlichkeit $\frac{1}{2}$ stattfinden. Zuletzt geben wir die Kapitalkosten der Aktie vor: k. Dabei halten wir ausdrücklich fest, dass es sich um Kapitalkosten ohne Steuern handelt.

Nach diesen Vorbereitungen wollen wir zuerst den Wert der Aktie ermitteln. Diese Aufgabe ist glücklicherweise recht einfach, weil wir auf verschiedene frühere Ergebnisse zurückgreifen können. Die Cashflows weisen kein Wachstum auf, weil die Wachstumsrate verschwindet

$$\frac{1}{2}10\% + \frac{1}{2}(-10\%) = 0\,.$$

Nach der Gordon–Shapiro–Formel (Gleichung 35) hängt der Wert des Unternehmens damit nur von den aktuellen Cashflows ab, und da die Kapitalkosten bekannt sind, haben wir

$$\tilde{V}_t = \frac{\widetilde{CF}_t}{k} \qquad \Longrightarrow \qquad \widetilde{CF}_t = \tilde{V}_t \cdot k\,.$$

Der Aktienkurs ist unabhängig vom Steuersatz. Weiter ist so gezeigt, dass die Aktienkurse $\widetilde{V}_t$ demselben Binomialmodell gehorchen wie die Cashflows $\widetilde{\mathrm{CF}}_t$.

Wir betrachten jetzt einen weiteren, dritten Titel, dessen Dividende ebenfalls Schwankungen wie oben angegebenen Binomialmodell aufweist. Im Unterschied zur Aktie sollen hier jedoch die Faktoren nicht 10% und -10% betragen, sondern jeweils doppelt so groß sein. Abbildung 13 verdeutlicht dies, wobei wir hier der Deutlichkeit halber statt $\widetilde{\mathrm{CF}}$ besser $\widetilde{\mathrm{CF}}^*$ geschrieben haben.

Die Bewegungen beider Aktien sind vollständig korreliert. Wenn die Zahlung der ersten Aktie eine Aufwärtsbewegung aufweist, dann wird sich auch die Zahlung der zweiten Aktie nach oben bewegen. Wenn sich die Zahlung der ersten Aktie nach unten bewegt, dann wird auch die Zahlung der zweiten Aktie nach unten gehen. Die zweite Aktie bewegt sich nur jeweils mit 20% auf- oder abwärts, während die Bewegungen bei der ersten Aktie nicht so dramatisch ausfallen. Die Kapitalkosten dieser Aktie bezeichnen wir mit k^*. Wieder handelt es sich dabei um Kapitalkosten, die ohne Berücksichtigung der Steuern ermittelt werden.

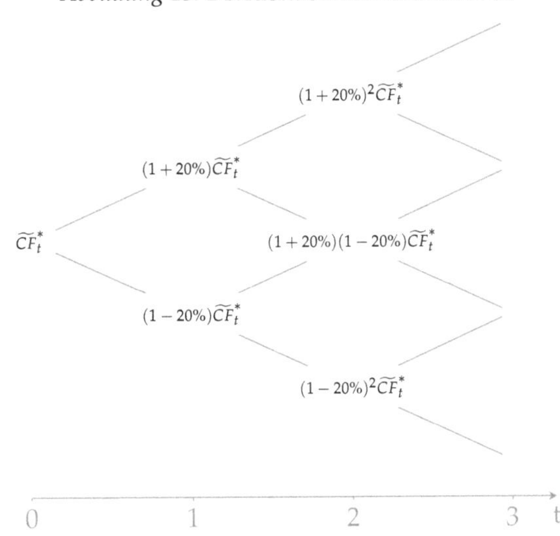

Abbildung 13: Dividenden des dritten Titels

Um den Beweis zu führen, dass $k(1-\tau)$ eine ökonomisch unsinnige Beziehung darstellt, greifen wir zu folgender Idee. Wir versetzen uns in den Zeitpunkt t und nehmen an, dass unser Investor den (aus heutiger Sicht unsicheren) Geldbetrag in Höhe von $\widetilde{V}_t^*$ für eine Anlage am Kapitalmarkt besitzt. Woher dieses Geld stammt, interessiert uns nicht. Das Investment des Investors soll genau eine Periode währen. Unser Investor kann den Geldbetrag auf mehrere verschiedene Weisen anlegen. Zwei Möglichkeiten wollen wir uns genauer anschauen.

Zum einen könnte der Investor den Geldbetrag vollständig in den dritten Titel investieren. Wenn er im Zeitpunkt t gerade $\widetilde{V}_t^*$ anlegt, so erhält er eine Periode später die Dividende aus der Aktie abzüglich der Steuern in Höhe von $\widetilde{\mathrm{CF}}_{t+1}^*(1-\tau)$. Gleichzeitig kann er die Aktie verkaufen und erzielt noch einen Verkaufserlös von $\widetilde{V}^*_{t+1}$:

$$\text{Anlage dritter Titel:} \quad \widetilde{V}^*_t \longrightarrow \widetilde{V}^*_{t+1} + \widetilde{\text{CF}}^*_{t+1}(1-\tau)\,.$$

Andererseits könnte der Investor ebenso ein Portfolio aus der Basisaktie und dem risikolosen Asset bilden und sein Geld auf diese Art und Weise am Kapitalmarkt anlegen. Ein solches Portfolio soll aus m Mengen Aktie und n Mengen risikoloser Anlage bestehen. Beide Zahlen m und n werden wir sofort genauer spezifizieren, für einen Moment wollen wir diese Variablen verwenden. Während der Investor im Zeitpunkt t dann insgesamt $m \cdot \widetilde{V}_t + n \cdot B_t$ bezahlen muss, wird er im Zeitpunkt $t+1$ nun die Dividende aus der Basisaktie abzüglich der Einkommensteuer sowie die entsprechenden Verkaufserlöse erzielen:

$$\text{Anlage Portfolio:} \quad m \cdot \widetilde{V}_t + n \cdot B_t \longrightarrow m \cdot \left(\widetilde{V}_{t+1} + \widetilde{\text{CF}}_{t+1}(1-\tau)\right) + n \cdot B_{t+1}\,.$$

Worin unterscheiden sich beide Anlagestrategien? In einem Fall investiert der Investor in einen einzelnen Titel, im anderen Fall in ein Portfolio aus zwei Titeln. Es könnte sein, dass sich die Auszahlungen beider Strategien voneinander unterscheiden und der Investor somit vor einer komplizierten Investitionsentscheidung steht.

Hier dagegen werden wir eine andere Annahme treffen. Wir werden m und n derart wählen, dass der Investor sowohl im up– als auch im down–Zustand jeweils identische Auszahlungen erzielt. Wie aber kann man m und n wählen, so dass dieses Ziel erreicht werden kann? Die Antwort auf die Frage ist überraschend einfach.

Da wir nur zwei mögliche Zustände in $t+1$ unterscheiden, können wir die Zahlungen an den Investor (in Abhängigkeit von seinem Investment in t) explizit berechnen. Nehmen wir also an, es hat sich nach dem Zeitpunkt t eine up–Situation ergeben. Dann erhält der Investor aus der Anlage im dritten Titel den Betrag:

$$\begin{aligned}
\text{Anlage dritter Titel}_{t+1}(up) &= \widetilde{V}^*_{t+1} + \widetilde{\text{CF}}^*_{t+1}(1-\tau) \\
&= \widetilde{V}^*_{t+1}(1 + k^*(1-\tau)) \\
&= \widetilde{V}^*_t(1 + k^*(1-\tau))(1 + 20\%)\,.
\end{aligned}$$

Im Fall des down–Zustandes erhalten wir analog

$$\text{Anlage dritter Titel}_{t+1}(down) = \widetilde{V}^*_t(1 + k^*(1-\tau))(1 - 20\%)\,.$$

Andererseits können wir ebenso ermitteln, was der Investor aus der Anlage im Portfolio erzielt. Auch hier gibt es nur zwei mögliche Zustände. Stellt sich der up–Zustand ein, dann erhält der Investor aus dem Portfolio

$$\text{Anlage Portfolio}_{t+1}(up) = m \cdot (\widetilde{V}_{t+1} + \widetilde{\text{CF}}_{t+1}(1-\tau)) + n \cdot B_{t+1}$$
$$= m \cdot \widetilde{V}_{t+1}(1 + k(1-\tau)) + n \cdot B_{t+1}$$
$$= m \cdot \widetilde{V}_t(1 + k(1-\tau))(1 + u) + n \cdot B_t$$
$$= m \cdot \widetilde{V}_t(1 + k(1-\tau))(1 + 10\%) + n \cdot B_t.$$

Im Fall des down–Zustandes erhalten wir analog

$$\text{Anlage Portfolio}_{t+1}(down) = m \cdot \widetilde{V}_t(1 + k(1-\tau))(1 - 10\%) + n \cdot B_t.$$

Wie hat man nun m und n zu wählen, damit sich sowohl bei der Anlage im Portfolio als auch bei der Anlage im dritten Titel identische Zahlungen einstellen? Man muss dazu die Lösung folgenden Gleichungssystems ermitteln

$$\overbrace{\widetilde{V}_t^*(1 + k^*(1-\tau))(1 + 20\%)}^{\text{Anlage dritter Titel}} = \overbrace{m \cdot \widetilde{V}_t(1 + k(1-\tau))(1 + 10\%) + n \cdot B_t}^{\text{Anlage Portfolio}} \qquad up$$
$$\widetilde{V}_t^*(1 + k^*(1-\tau))(1 - 20\%) = m \cdot \widetilde{V}_t(1 + k(1-\tau))(1 - 10\%) + n \cdot B_t, \quad down.$$

Natürlich muss sicher gestellt sein, dass es überhaupt eine eindeutige Lösung in den Variablen m und n für dieses Gleichungssystem gibt. Aber ein Blick auf die Determinante des Gleichungssystems offenbart, dass eine solche Lösung immer existiert. Die Determinante ist gleich dem Ausdruck $\widetilde{V}_t B_t(1 + k(1-\tau)) \cdot 20\%$ und diese Zahl ist sicherlich von null verschieden. Wir erhalten im Einzelnen

$$m \cdot \widetilde{V}_t = 2\frac{1 + k^*(1-\tau)}{1 + k(1-\tau)}\widetilde{V}_t^*, \qquad n \cdot B_t = -(1 + k^*(1-\tau))\widetilde{V}_t^*. \tag{36}$$

Wir erkennen, dass sich der Investor für die Nachbildung der Zahlungen des dritten Titels etwas mehr als eine Geldeinheit am Kapitalmarkt borgen muss und dieses geborgte Geld ebenfalls zum Kauf der Basisaktie verwendet. Beachten Sie dabei, dass wir am Kapitalmarkt Geld sowohl zum Zinssatz $r_f = 0\%$ anlegen und borgen konnten – Soll– und Habenzinsen sind in unseren Modellen immer identisch. Die Portfolio–Strategie sichert dem Investor einen ebenso hohen Geldfluss in $t + 1$ wie die Anlage in den dritten Titel.

Bisher wissen wir, dass mit einer geschickt gewählten Strategie ("Anlage Portfolio") eine andere Strategie ("Anlage dritter Titel") nachgestaltet werden kann. Es spielt hinsichtlich der erzielten Zahlungen überhaupt keine Rolle, ob ein Investor in den dritten Titel investiert oder sein Geld in das Portfolio legt.[109] Wenn aber die

---

109. Es könnte dagegen eine Rolle spielen, dass ein Investment in das Portfolio mit höheren Transaktionskosten verbunden ist. Solche Transaktionskosten gibt es aber nicht in unserem Modell.

Zahlungen aus beiden Strategien in beiden denkbaren Umweltzuständen identisch sind, können an arbitragefreien Kapitalmärkten dafür nicht unterschiedliche Preise verlangt werden. Wenn Auszahlungen eines Wertpapiers hinsichtlich der Höhe und des Risikos identisch sind, müssen die Titel auch gleiche Preise haben (man spricht hier auch vom Gesetz des einheitlichen Preises). Demzufolge muss auch die folgende Identität gelten[110]

$$\overbrace{\widetilde{V}_t^*}^{\text{Preis dritter Titel}} = \overbrace{m \cdot \widetilde{V}_t + n \cdot B_t}^{\text{Preis Portfolio}} .$$

Nun setzen wir einfach (36) in diese Gleichung ein und erhalten einen Ausdruck, aus dem sich die Variable $\widetilde{V}_t^*$ kürzt. Es verbleibt

$$1 = 2 \frac{1 + k^*(1-\tau)}{1 + k(1-\tau)} - (1 + k^*(1-\tau)) \quad \Longrightarrow \quad k^* = 2 \frac{k}{1 + k(1-\tau)} .$$

Wir können folgendes wichtiges Ergebnis festhalten. In unserer Welt mit Steuern kann ein dritter Titel, der Wachstumsraten von $\pm 20\%$ aufweist, durch eine geschickte Strategie aus dem riskanten Basistitel und dem risikolosen Asset nachgebaut werden. Da beide Strategien identische Zahlungen wie auch identische Preise aufweisen, können die Kapitalkosten k^* des dritten Titels nicht beliebig sein. Dieser Zusammenhang gilt für alle Steuersätze $\tau \in [0\%, 100\%]$.[111]

Was ist an dabei so überraschend? Keinesfalls kann die oben genannte Gleichung für alle Steuersätze τ gelten! Offensichtlich haben wir hier einen handfesten logischen Widerspruch vor uns. Ein solcher Widerspruch entsteht, wenn wir von einer Voraussetzung ausgehen, die fehlerhaft war. Diese Voraussetzung kann nur der lineare Zusammenhang zwischen Kapitalkosten vor und nach Steuern sein. Uns verbleibt damit die folgende Feststellung.

Feststellung zur modifizierten Gordon–Shapiro–Formel *In einer Welt unter Unsicherheit hängen die Kapitalkosten bei Einbeziehung der Einkommensteuer sicherlich von den Kapitalkosten ohne Einbeziehung der Einkommensteuer ab. Diese Abhängigkeit kann aber* nicht *durch die einfache Relation*

$$k^{\textit{nach Steuer}} = k^{\textit{vor Steuer}} \cdot (1 - \tau)$$

110. Der Leser könnte folgende Frage aufwerfen: Die Duplikationsstrategie konzentrierte sich auf eine Subperiode von t nach $t + 1$. Gelten diese Aussagen auch für den Mehrperiodenfall? Ja, aber die technischen Details sind uns hier etwas zu aufwendig. Sie können sie in der Vorlesung "Derivate und ihre Bewertung" kennen lernen.
111. Das heißt konkret, dass die Variablen m und n in unserer Rechnung (obwohl wir dies nicht deutlich gemacht haben) von τ abhängen. Die Kapitalkosten k und k^* dagegen wurden ausdrücklich als Kapitalkosten *ohne* Steuern definiert.

für alle riskanten Titel modelliert werden, weil diese Annahme schon im einfachen Binomialmodell auf gravierende Widersprüche führt. Insbesondere ist davon auszugehen, dass sich selbst im Fall der ewigen Rente der Einfluss einer Einkommensteuer nicht herauskürzt.

Wie eine widerspruchsfreie Einbeziehung der Einkommensteuer in ein Modell unter Unsicherheit ausgestaltet sein muss, können wir in dieser Vorlesung nicht mehr diskutieren.

3.10 Nationale Steuersysteme: Körperschaft– und Einkommensteuer*

> **Lernziel:** Wir berücksichtigen sowohl die Körperschaft– als auch die Einkommensteuer in unsere Modell.

Im vergangenen Abschnitt haben wir die Körperschaftsteuer in die Bewertung eines verschuldeten Unternehmens einbezogen und erkannt, dass eine höhere Fremdfinanzierung einen höheren Unternehmenswert zur Folge hat. In diesem Abschnitt gehen wir einen Schritt weiter und fragen nach dem Marktwert eines Unternehmens, wenn sowohl die Körperschaft– als auch die Einkommensteuer einbezogen werden.

Die Körperschaftsteuer übernehmen wir aus dem Abschnitt 3.6 ohne Änderung (wir unterstellen damit die Annahmen der APV–Theorie) und gehen hier auf die Modellierung nicht mehr ein. Wir werden jedoch statt des Steuersatzes τ die nahe liegende Bezeichnung τ_K verwenden. Die Einkommensteuer sei wie folgt charakterisiert.

Steuersubjekt (ESt) Steuerpflichtig sind beide Kapitalgeber.

Steuerobjekt (ESt) Rückflüsse in $t > 0$ sind Gegenstand der Besteuerung.

Tarif (ESt) Die Bemessungsgrundlage wird proportional besteuert. Der Steuersatz, bezeichnet mit τ_E, ist unabhängig von der Bemessungsgrundlage.

Es fehlt eine Darstellung der Bemessungsgrundlage der Einkommensteuer. Dazu müssen wir etwas mehr über den Zusammenhang zwischen der Einkommen– und der Körperschaftsteuer aussagen. Welches nationale Steuerrecht wollen wir analysieren und wie weit soll die Darstellung sowohl des Einkommen– als auch der Körperschaftsteuer gehen? An dieser Stelle ist eine nahezu endlose Verfeinerung der Modellierung möglich. Wir setzen daher Prioritäten und betrachten eine Kapitalgesellschaft, die sich in der Hand eines Investors befindet. Dieser Investor erzielt Einkünfte aus Kapitalvermögen[112] und erhält die Dividende der Unternehmung.

---

112. In nahezu allen Industrienationen gibt es im jeweiligen Einkommensteuerrecht eine Unterteilung in Einkunftsarten, die den Einkünften im deutsche Recht entspricht. Es sind jedoch nicht immer alle Einkunftsarten vertreten, beispielsweise fehlen in einigen Länder Sonderregelungen für Einkünfte aus Land– und Forstwirtschaft.

Diese Doppelbesteuerung ist aus Verteilungsgesichtspunkten schwierig zu rechtfertigen: Warum soll jemand, der unternehmerisches Risiko auf sich nimmt, dafür steuerlich doppelt belaste werden? Eine Abschaffung der Körperschaftsteuer kommt für die meisten Industrienationen aber nicht in Betracht, weil sonst Briefkastenfirmen entstehen könnten, die die einheimische Körperschaftsteuer vermeiden und dennoch im Land weder Arbeitsplätze schaffen noch anderweitig von Nutzen sind. Im internationalen Recht finden sich mehrere Varianten, die Bemessungsgrundlage der Einkommensteuer unter Beachtung des Problems der Doppelbesteuerung festzulegen.

Eine Möglichkeit der Vermeidung der Doppelbesteuerung stellt ein Anrechnungsverfahren dar. Dabei handelt es sich um eine Methode, beim Anteilseigner die bereits gezahlte Körperschaftsteuer zu berücksichtigen. Da nicht der Investor, sondern die Unternehmung die Körperschaftsteuer zahlt, erfolgt beim Anrechnungsverfahren durch das Finanzamt eine Rückerstattung der bereits vom Unternehmen abgeführten Körperschaftsteuer. Dies geschieht wie folgt: Der Investor erhält neben der Ausschüttung eine sogenannte "Körperschaftsteuergutschrift": das ist ein Vermerk über die vom Unternehmen abgeführte Körperschaftsteuer. Das Finanzamt erhöht im ersten Schritt sein Einkommen um die in der Gutschrift genannte Zahl, obwohl der Investor dieses Geld nicht erhalten hat. Dann wird das Einkommen und die Einkommensteuerschuld ermittelt. Im zweiten Schritt vermindert das Finanzamt seine Steuerschuld um den Betrag, der in der Gutschrift genannt wurde (also um den Geldbetrag, den die Unternehmung als Körperschaftsteuer zahlte).

Das Anrechnungsverfahren gilt als außerordentlich kompliziert. Diese Einschätzung ist schwer nachzuvollziehen, zumal das Verfahren leicht veranschaulicht werden kann. Wir können uns beispielsweise eines Bildes bedienen, dass der typische Student sicherlich kennt: Bei Wohnungsmietverträgen ist es üblich, dass Vorauszahlungen auf Betriebskosten (BK) geleistet werden. Am Ende des Jahres erfolgt dann eine genaue Abrechnung. Würden wir diese Betriebskostenabrechnung als Bild für ein Anrechnungsverfahren verstehen, dann wären die BK–Vorauszahlungen der Körperschaftsteuer gleichzusetzen, die Einkommensteuer wäre gleichbedeutend der Endabrechnung, die wir vom Vermieter erhalten. Dieses Bild ist grob und vereinfachend, symbolisiert aber tatsächlich die Grundidee des Anrechnungsverfahrens.

Die Abbildung 14 stellt das Anrechnungsverfahren anderen Formen der Doppelbesteuerung tabellarisch gegenüber.

Diese Dividende wird aus dem Gewinn gezahlt. Dabei wird dieser Gewinn zweimal besteuert: Zum einen auf Unternehmensebene durch die Körperschaftsteuer, zum anderen auf Unternehmerebene (bei der Ausschüttung) durch die Einkommensteuer. Wir sprechen auch von einer Doppelbesteuerung der Gewinne der Kapitalgesellschaft:

Abbildung 14: mögliche Bemessungsgrundlage der Einkommensteuer

	Prinzip	Beispiel
"Klassisches System"	Einkommen– und Körperschaftsteuer existieren nebeneinander: Gewinne aus Kapitalgesellschaft doppelt besteuert.	USA, Belgien, Dänemark
"(Teil–)Anrechnung"	Inländischer Investor de facto nicht mit Körperschaftsteuer belastet.[113] (Variationen dahingehend, dass Entlastung nicht gesamte Körperschaftsteuer, sondern nur bestimmten Teil betrifft)	Frankreich, Italien, Japan
"verschiedene Steuersätze"	Dividendeneinkünfte anderen (niedrigeren) Einkommensteuersätzen unterworfen.	Holland, Griechenland

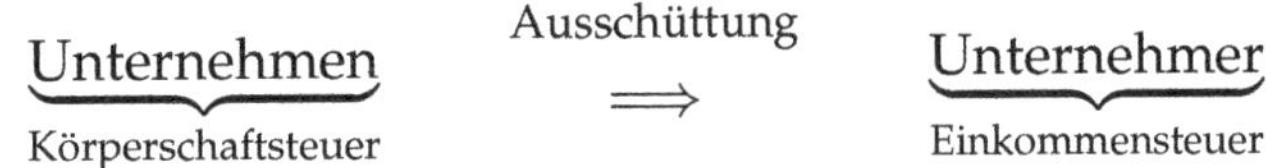

In Deutschland werden Einkünfte aus Kapitalvermögen ab 2009 mit dem Kapitalertragsteuersatz von 25 % besteuert. Dadurch wird auch in Deutschland ein System verschiedener Steuersätze realisiert.

Bemessungsgrundlage (ESt) Bei der Realinvestition unterliege die Hälfte der Ausschüttung der Einkommensteuer. Bei der Kapitalmarktanlage werden die Dividende $r_d \widetilde{V}_t^l$, der Kursgewinn $r_k \widetilde{V}_t^l$ und die Zinseinkünfte mit einem Steuersatz von 25% versteuert. Dies gilt auch für negative Bemessungsgrundlagen ("sofortiger Verlustausgleich").

Wie diese Überlegungen zu einer Bewertungsgleichung eines verschuldeten Unternehmens zusammen geführt werden können, ist Gegenstand aktueller Forschung.

Dieses Kapitel unterstellte die Annahme einer unsicheren Welt. Wir betrachteten eine Unternehmung und suchten eine Gleichung, mit deren Hilfe der Marktwert dieser Unternehmung bestimmt werden konnte. Dabei haben wir wahlweise die Einkommensteuer und die Körperschaftsteuer (unter Berücksichtigung einer Fremdfinanzierung) einbezogen. Bei der Einbeziehung der Einkommensteuer tauchte das Problem auf, dass der Unternehmenswert stark vom Steuersatz abhing. Es zeigte sich, dass eine falsche Modellierung für dieses Problem verantwortlich war. Die Abbildung 15 fasst unsere Ausführungen noch einmal zusammen.

Abbildung 15: Zusammenfassung des Kapitels "Steuern unter Unsicherheit"

		Fremdfinanzierung und Körperschaftsteuer	
		nein	ja
Einkommen–	nein	Gordon–Shapiro (Satz 3.6)	APV–Formel von Modigliani–Miller (Satz 3.9) WACC–Formel von Miles–Ezzell (Satz 3.11)
steuer	ja	??	??

Unterstellen Sie einen ledigen Stpfl., der Gewerbetreibender ist und KiSt zahlt. Die Investitionen werden in 4 Jahren linear abgeschrieben. Unterstellen Sie weiter den ESt–Tarif 2009 (mit Solizuschlag auf die ESt) [114]. Die folgenden Ausgangsgrößen sind gegeben

	0	1	2	3	4ff.
Basisbemessungsgrundlagen					
ESt (andere)		45.000	45.000	43.000	40.000
Steuersätze					
Hebesatz		400%	400%	400%	400%
Kirchensteuertarif		9,0%	9,0%	9,0%	9,0%
Solidaritätszuschlag		5,5%	5,5%	5,5%	5,5%
Zinsen					
Haben		5,0%	5,0%	5,0%	5,0%
Soll		10,0%	10,0%	10,0%	10,0%
Cashflows					
Basiszahlungen	117.000	-50.00	50.000	40.000	50.000
Entnahmen	-20.000	-20.000	-20.000	-20.000	-20.000
Unterlassung	0	0	0	0	0
Investition A	-17.500	6.000	4.000	7.000	6.000
Investition B	-25.000	12.500	10.000	5.000	10.000

In einer detaillierten Rechnung mit dem ESt–Tarif 2009 ergeben sich die folgenden Endvermögenswerte:[115]

Investition	Endvermögen
Unterlassung	194.226
Investition A	199.466
Investition B	**207.703**

Damit sollte das Projekt B durchgeführt werden.

---

114. Ich habe die hier vorgegebenen Rechnungen auch mit allen Tarifen der Jahre 1990 bis 2000 durchgeführt. An der Rangordnung des Ergebnisses hat sich nie etwas geändert.

115. Die Rechnung wurde in Excel durchgeführt, die Datei Veranlagungssimulation.xls befindet sich auf der Webseite der Veranstaltung Unternehmensbewertung.

Übungsaufgaben zur Vorlesung "Unternehmensbewertung und Steuern"

Univ.–Prof. Dr. Dr. Andreas Löffler

17. Februar 2025

Für die Anwendungen der in der Vorlesung vermittelten Theorie ist häufig die Kenntnis weitere wichtiger steuerlicher und rechtlicher Details notwendig. Diese Details werden den übungsaufgaben vorangestellt. Es wird von Ihnen erwartet, dass Sie sich diese Details selbstständig aneignen.

Jeder Aufgabe wird (soweit sinnvoll) ein Lernziel in *italics* vorangestellt.

Einige Aufgaben sind rechenintensiv. Es kann hilfreich sein, wenn Sie beim Lösen der Aufgaben Excel verwenden. Bringen Sie also, wenn möglich, einen Laptop mit.

Bitte beachten Sie weiterhin, dass die Musterlösungen aus Gründen der Verständlichkeit recht ausführlich sind. In unseren Klausuren können Sie Ihren Lösungsweg kürzer dokumentieren, solange dieser nachvollziehbar bleibt. Weitere Hinweise zum optimalen Umfang von Lösungen finden Sie gegebenenfalls in den "Fragen zur Klausur" auf unserer Webseite.

INHALTSVERZEICHNIS

AUFGABENSET 0:   VORBEREITUNGEN / WIEDERHOLUNG (CASHFLOWS)

Diese Aufgaben sollen Ihnen praktische Probleme bei der Berechnung von Cashflows aus Jahresabschlüssen verdeutlichen. Wir werden sie in den übungen nicht ausführlich behandeln.

Aufgabe 1 Warum unterscheidet man Cashflows aus laufender Geschäftstätigkeit, aus Investitions- und aus Finanzierungstätigkeit?

Aufgabe 2 Unter "www.unternehmensregister.de" finden Sie den Jahresabschluss 2022 der Brauerei Anheuser-Busch InBev Germany Holding GmbH. Berechnen Sie die Cashflows nach dem folgenden Berechnungsschema und vergleichen Sie den Brutto-Cashflow mit seinem äquivalent nach der Näherungsformel im Skript:[1]

	Jahresüberschuss / -fehlbetrag
+	Zins-, Diskont- und ähnliche Aufwendungen
+	Abschreibungen auf das Anlagevermögen
+	Δ Rückstellungen
–	Δ Forderungen aus Lieferungen und Leistungen
+	Δ Verbindlichkeiten aus Lieferungen und Leistungen
+	Δ Sonstige Verbindlichkeiten
–	Δ Vorräte
–	Δ aktivische Rechnungsabgrenzungsposten
=	Cashflow aus lfd. Geschäftstätigkeit (Brutto-Cashflow)
	+
–	Δ Anlagevermögen
–	Abschreibungen auf das Anlagevermögen
=	Cashflow aus Investitionstätigkeit
	=
	Freier Cashflow (nach Steuern)

---

1. Delta (Δ) steht dabei jeweils für die Differenz ($\text{Wert}_t - \text{Wert}_{t-1}$). Das Schema geht von positiven Einträgen in der GuV aus, verwenden Sie also die Beträge der realen Werte. Falls Sie einzelne Posten im Jahresabschluss nicht finden können, müssen Sie ggf. improvisieren.

AUFGABENSET 1:   STEUERN IN DEUTSCHLAND UND ANDERSWO

Aufgabe 1 Sie lernen die Unterschiede von Durchschnitts- und Grenzsteuersätzen kennen.

Das amerikanische Einkommensteuersystem (Bundessteuer) des Jahres 2006 sieht folgende Einkommensteuertarife für Alleinstehende vor:[2]

Teilmengen des zu versteuernden Einkommens in $	Steuersatz auf Teilmenge in %
0–7.300	10
7.301–29.700	15
29.701–71.950	25
71.951–150.150	28
150.151–326.450	33
ab 326.451	35

Zeichnen Sie analog zu Abbildung 1.2 im Skript die Durchschnitts– und Grenzsteuersätze des US–Einkommensteuertarifs.

Aufgabe 2 Eine etwas genauere Analyse des Ehegattensplitting: Wir zeigen, dass der daraus resultierende Steuervorteil begrenzt ist. Für die folgende Aufgabe wird keine allgemeine Herleitung verlangt, eine Lösung mit Excel ist empfehlenswert.

Gehen Sie von folgendem vereinfachten Einkommensteuertarif in Deutschland (2002) aus:

$$\text{ESt} = \begin{cases} 0 & \text{zvE} \leq 7.235, \\ (768{,}85y + 1.990)y & 7.236 \leq \text{zvE} \leq 9.251, \\ (278{,}65z + 2.300)z + 432 & 9.252 \leq \text{zvE} \leq 55.007, \\ 0{,}485x - 9.872 & 55.008 \leq \text{zvE}, \end{cases}$$

---

2. Davon unabhängig können Arbeitnehmer den so genannten *earned income tax credit* in Anspruch nehmen: Fällt das Einkommen aus unselbständiger Tätigkeit unter etwa 11.750$ (und werden weitere Annahmen erfüllt), kann man vom Bund bis zu etwa 2.670$ "negative Einkommensteuer" erhalten. Ein ähnliches System existiert in Großbritannien.

wobei y ein Zehntausendstel des 7.235 Euro übersteigenden Teils des zu versteuernden Einkommens, z ein Zehntausendstel des 9.252 Euro übersteigenden Teils des zu versteuernden Einkommens sowie x das zu versteuernde Einkommen darstellen.

F und M (beide in Deutschland steuerpflichtig) überlegen, ob sie aus finanzwirtschaftlichen Erwägungen heiraten sollten. Berechnen Sie (ohne Kenntnis der jeweiligen zu versteuernden Einkommen) den maximal möglichen Vorteil aus dem Ehegattensplitting.

Aufgabe 3 Die Lohnsteuer ist eine besondere Erhebungsform der Einkommensteuer; die Steuer wird direkt bei der Lohnzahlung einbehalten. Dabei gibt es für Verheiratete zwei Möglichkeiten, ihre Lohnsteuer im Verlauf eines Jahres zu wählen: Klasse III-V oder IV-IV (derzeit, 2024, wird diskutiert, die Steuerklassen abzuschaffen). Beide Möglichkeiten unterscheiden sich in der Zuordnung der Freibeträge.[3] Die folgende Aufgabe soll für ein vereinfachtes Steuersystem diese Möglichkeiten illustrieren.

Die Steuerzahlung eines einzeln Veranlagten ermittelt sich aus seinem Einkommen e nach Abzug eines Freibetrages a linear:[4]

$$\text{Steuerschuld, einzeln} = \tau \cdot (e - a)^{+}.$$

Betrachten Sie nun ein Ehepaar mit getrennter Veranlagung, bei dem die Frau ein Einkommen von f und der Mann ein Einkommen von m (mit $f > m$) besitzen. Bei Wahl der Lohnsteuerkombination III-V wird der gesamte Freibetrag des Ehepaares der Frau zugewiesen, der Mann hat keinen Freibetrag. Die Steuerschuld lautet dann

$$\text{Steuerschuld III-V, Ehepaar} = \tau \cdot (f - 2a)^{+} + \tau \cdot m.$$

Bei Wahl der Lohnsteuerkombination IV-IV haben beide Eheleute den Freibetrag a. Die Steuerschuld lautet dann

$$\text{Steuerschuld IV-IV, Ehepaar} = \tau \cdot (f - a)^{+} + \tau \cdot (m - a)^{+}.$$

a) Sie sollen zeigen, dass sich die Kombination III-V unter folgenden zwei Bedingungen lohnt:

- das Einkommen des besser Verdienenden muss hoch sein (genauer $f > 2a$) und

---

3. Allerdings spart man durch die Wahl der Lohnsteuerklassen keine Steuern. Im Laufe eines Jahres zu viel gezahlte Steuer wird am Ende des Jahres erstattet. Es geht bei der Wahl der Lohnsteuerklassen nur darum, den optimalen Zeitpunkt einer Steuerzahlung zu wählen.
4. Für den (Excel-)Befehl x^{+} können Sie direkt $= \text{Max}(x; 0)$ eintragen.

    – das Einkommen des schlechter Verdienenden muss gering sein (genauer $m < a$).

  b) Wählen Sie als Freibetrag $a = 1.000$ und finden Sie mit Hilfe einer Excel-Tabelle heraus, bei welcher Einkommensverteilung (f,m) welche Kombination der Lohnsteuerklassen für die Eheleute von Vorteil ist.

Aufgabe 4 Neben den Lohnsteuerklassen besteht die Aufgabe der Lohnsteuer darin, die Einkommensteuer für das Jahr hinweg abzuschätzen. Dabei kann es zu Überzahlungen kommen, wir illustrieren dies an einem Beispiel.

Wir unterstellen eine quadratische Steuerfunktion (ähnlich der Einkommensteuer in Deutschland), x sei die Bemessungsgrundlage und $T(x)$ die Steuerschuld

$$T(x) := ax^2 + bx + c.$$

Wir vereinfachen und nehmen an, dass nur zwei- und nicht zwölfmal im Jahr Gehälter gezahlt werden und dementsprechend nur an beiden Zahltagen Lohnsteuer anfällt. Die Gehälter sind x_1 und x_2.

Eine Lohnsteuer auf die beiden Gehälter wird wie folgt berechnet. Man dehnt gedanklich das Halbjahres-Gehalt x_1 oder x_2 auf das ganze Jahr aus, berechnet darauf die Einkommensteuer, zahlt aber nur die Hälfte der daraus errechneten Einkommensteuerschuld:

$$\text{Lohnsteuer} = \frac{T(2x_1)}{2} + \frac{T(2x_2)}{2}$$

Würde man keine Lohnsteuer zahlen, sondern zur Einkommensteuer veranlagt, orientiert sich der Fiskus nur an den tatsächlich gezahlten Gehältern im Jahr:

$$\text{veranlagte ESt} = T(x_1 + x_2).$$

  a) Zeigen Sie, dass bei $a = 0$ (also bei einer linearen Steuer) Lohnsteuer und veranlagte Einkommensteuer identisch sind.

  b) Beweisen Sie, dass anderenfalls die Lohnsteuer um den Betrag $a(x_1 - x_2)^2$ höher ausfällt als die veranlagte Steuer.

  *c)** Nehmen Sie jetzt zwölf Monatsgehälter an und unterstellen Sie, dass dabei n Mal das Gehalt x und $12 - n$ Mal das Gehalt y ausgezahlt wird. Zeigen Sie, dass der Unterschied zwischen Lohnsteuer und veranlagter Einkommensteuer nun $a(12 - n)n(x - y)^2$ wird.

Können Sie aus dieser Gleichung den Unterschied im deutschen Steuersystem abschätzen, wenn es im Laufe eines Jahres zu einer Gehaltsänderung von 100€ kommt? Wie viel Steuern zahlen Sie dann zu viel?

5

AUFGABENSET 2:   ARBITRAGE, STANDARDMODELL EINER GEWINNSTEUER UND STEUERPARADOX

Aufgabe 1 Eine Wiederholung der Vorlesung.

Leiten Sie aus der Arbitragegleichung

$$(1 + r_f)V_t = V_{t+1} + CF_{t+1}.$$

für den Fall $T = 3$ die Bewertungsgleichung

$$V_0 = \frac{CF_1}{1 + r_f} + \frac{CF_2}{(1 + r_f)^2} + \frac{CF_3}{(1 + r_f)^3}$$

her.

Aufgabe 2 In der Vorlesung wurden nur Projekte diskutiert, die eine einmalige Investitions-auszahlung I_0 erforderten und anschließend Einzahlungen CF_t generiert haben. In dieser Aufgabe werden wir ein Projekt untersuchen, das auch in späteren Perioden Investitionsauszahlungen I_t erfordert.

Der Investor erhält aus einer Investition I_0 in $t = 0$ frei werdende Mittel $CF_t - I_t$ in Periode t. Zeigen Sie, dass der Kapitalwert eines solchen Projektes sich in einer Welt ohne Steuern wie folgt ergibt:

$$NPV = -I_0 + \frac{CF_1 - I_1}{1 + r_f} + \frac{CF_2 - I_2}{(1 + r_f)^2} + \dots$$

*Aufgabe 3 **Unterstellen Sie in allen folgenden Aufgaben des Sets das Standardmodell einer Gewinnsteuer.** Die folgenden beiden Aufgaben sollen zeigen, dass das Steuerparadox im Wesentlichen nicht durch Abschreibungen entsteht, sondern vor allem auf der Minderung der Zinsen im Nenner durch die Besteuerung der Finanzinvestition beruht, die die Gegenwartspräferenz des Investors vermindert. So liegt in Aufgabe 4 ein Steuerparadox vor, obwohl dort gar keine Abschreibungen anfallen. Den endgültigen Beweis liefert diese Aufgabe – wenn keine Zinsen existieren, gibt es auch kein Steuerparadox mehr.*

Der Zinssatz sei 0%. Die Summe der Abschreibungen sei gleich der Investitionsausgabe. Zeigen Sie, dass für dieses Steuersystem $NPV^\tau = (1 - \tau)NPV$ gilt und also kein Steuerparadox auftreten kann.

Aufgabe 4 Betrachten Sie eine nicht abschreibungsfähige Investition:

Zeitpunkt	0	1	2	3	4
Cashflow	-1	0	0	0	14

Der Zins beträgt 75%. Zeichnen Sie den Verlauf der NPV–Funktion in Abhängigkeit vom Steuersatz. Liegt ein Steuerparadox vor?

AUFGABENSET 3:   STANDARDMODELL EINER GEWINNSTEUER

Aufgabe 1 Betrachten Sie ein Projekt mit einer Laufzeit $T = 1$. Die Investitionsausgabe wird vollständig abgeschrieben. Zeigen Sie, dass für dieses Steuersystem $NPV^\tau = NPV \cdot \frac{(1+r_f)(1-\tau)}{1+r_f(1-\tau)}$ gilt und also kein Steuerparadox auftreten kann.

Aufgabe 2 Nun folgen mehrere Rechenaufgaben, um das Standardmodell zu üben.

Eine Investition generiert die folgenden Auszahlungen:

Zeitpunkt	0	1	2	3	4
Cashflow	-100	0	30	45	50

Die Investitionsausgabe wird linear über die Laufzeit abgeschrieben. Der Kalkulationszins sei 10%. Liegt ein Steuerparadox vor?

Aufgabe 3 Betrachten Sie das Beispiel in Abschnitt 2.3 des Skriptes mit den dort angegebenen Zins- und Steuersätzen.

   a) Wie ändert sich der Kapitalwert des Projektes, wenn Sie nicht linear sondern degressiv abschreiben, d.h. in den Jahren eins bis drei je 50% des aktuellen Buchwertes und im Jahr vier den Restbuchwert?

   b) Wir betrachten wieder den Fall einer linearen Abschreibung. In den Jahren eins und zwei werden Verluste (negative Gewinne) erzielt, die jetzt nicht mehr zu einem sofortigen Verlustausgleich führen.[5] Der Verlust wird auf einem so genannten Verlustvortragskonto gesammelt; ein Gewinn wird dazu genutzt, das Verlustvortragskonto auszugleichen. Nur der Gewinn, der nicht zum Ausgleich des Verlustes benötigt wird, muss versteuert werden. Berechnen Sie den Kapitalwert.

Aufgabe 4 Erweitern Sie das Standardmodell um eine zweite Gewinnsteuer. Die Steuersätze betragen τ_1 und τ_2 und die erste Gewinnsteuer soll die Bemessungsgrundlage der zweiten Gewinnsteuer mindern.

   a) Leiten Sie die NPV–Gleichung her, wenn auch die Verzinsung der Finanzinvestition mit beiden Steuern belegt wird.

---

5.   Im deutschen Steuerrecht kommt es in diesem Falle zu einem steuerrechtlichen Verlustvortrag. Im vorliegenden Beispiel hat dies zur Folge, dass der Verlust im Jahr eins nicht zu einer Steuererstattung im selben Jahr führt. Stattdessen mindert man das zu versteuernde Einkommen im nächsten Gewinnjahr um den Verlust des Jahres eins, der Verlust wird "vorgetragen".

b) Gehen Sie abweichend davon aus, dass die erste Gewinnsteuer nur Realinvestitionen besteuert und leiten Sie auch für diesen Fall die NPV–Gleichung her.

Aufgabe 5 Ein Unternehmen erwirtschafte eine ewige Rente in Höhe von CF, der Zinssatz sei r_f. Das Unternehmen wird im Zeitpunkt $t = 1$ vererbt. Zeigen Sie, dass der Unternehmenswert bei Berücksichtigung der Erbschaftsteuer genau um den Summanden $\frac{\tau(1-a)}{(1-\tau)(1+r_f)}\frac{CF}{r_f}$ vom Wert ohne Erbschaftsteuer $\frac{CF}{r_f}$ abweicht.

Aufgabe 6 Betrachten Sie ein Standardmodell, in dem es sowohl eine Gewinn– als auch eine Substanzsteuer gibt. τ^g sei der Gewinnsteuersatz, τ^s der Substanzsteuersatz. Die Substanzsteuerzahlungen mindern die Bemessungsgrundlage der Gewinnsteuer. Leiten Sie die NPV–Gleichung her.

AUFGABENSET 4:   STEUERPARADOXA IN DER PRAXIS – PENSIONSRÜCKSTELLUNGEN

Will man in einem Unternehmen Arbeitnehmern Pensionszusagen machen, so muss die Unternehmung aus juristischen Gründen finanzielle Vorsorgen treffen. Dabei hat sie die Wahl zwischen dem Kauf einer Renten– oder Lebensversicherung, der Schaffung einer Pensionskasse und der Bildung von Pensionsrückstellungen gemäß § 6a EStG. Wir wollen hier nur die Rückstellungen genauer unter die Lupe nehmen.[6]

Auf den ersten Blick scheint es unsinnig, eine Pensionszusage einzugehen: die Unternehmung wird durch die spätere Rente nur zusätzlich belastet. Wir werden hier die Frage beantworten, wieso es aus ausschließlich finanziellen Gründen trotzdem sinnvoll sein kann, diese Pensionsrückstellungen zu bilden.

Bei einer Pensionszusage existiert eine Anwartschaftsdauer, *die für den Eintritt der Pensionsverpflichtung erfüllt sein muss und eine* Rentendauer, *die die Dauer der Pensionszahlung angibt.*

Entscheidend ist, dass Rückstellungen die Bemessungsgrundlage der Unternehmensteuer mindern werden. Und gerade diese steuerliche Wirkung der Pensionsrückstellung ist es, die den ersten Eindruck einer Unvorteilhaftigkeit der Pensionszusage in sein Gegenteil verkehren kann: es wird nämlich durch die Steuerersparnis in der Anwartschaftsphase die Pensionszahlung in der Rentenphase regelrecht "bezahlt". Wir klären, unter welchen Umständen eine Pensionszusage einen positiven Barwert besitzt.

Dazu müssen wir zuerst fragen, wie die Höhe der Pensionsrückstellungen festgelegt wird. Wir müssen uns anschauen, wie die Zuführungen zu den Rückstellungen gebildet werden und welche Steuerersparnisse sie auslösen. Das Einkommensteuerrecht regelt die Bildung der Pensionsrückstellungen in der Steuerbilanz: Die Pensionsrückstellung wird wie ein fiktiver Ratenkredit mit einem Zinssatz von 6% behandelt.[7]

Wir gehen im folgenden davon aus, dass die zukünftigen Rentenzahlungen sicher sind. Dann ist der Pensionsrückstellung jedes Jahr ein bestimmter sicherer Betrag zuzuführen, der sich aus einem (zeitlich konstanten) Tilgungs– und einem Zinsanteil zusammensetzt. Während der Tilgungsanteil nur in der Anwartschaftsdauer zu zahlen ist, wird der Zinsanteil über

---

6. Mit der Frage, wie diese Form der betrieblichen Altersversorgung zu bewerten ist, hat sich Schwetzler (1992) beschäftigt.

7. Für die Handelsbilanz gibt es weder im HGB noch im HGB–Kommentar eine Grundlage für den dort zu verwendenden Zinssatz. Typischerweise verwendet man hier einen Zinssatz von 3%–6%. Man beachte ebenfalls, dass Pensionsrückstellungen gemäß einem BHF–Urteil aus dem Jahre 1979 keine Hinzurechnungen im Sinne des § 8 bzw. § 12 GewStG bei der Gewerbesteuer auslösen (BFH–Urteil IV R 194/74 vom 18.01.1979).

Anwartschafts– und Rentendauer gezahlt. Tilgungs- und Zinsanteil sind so gewählt, dass der Barwert gleich dem Barwert der Pensionslast wird.

Wir benötigen zur formalen Darstellung die folgenden Variablen

P	: Pensionszahlung,	R_t	: Pensionsrückstellung im Zeitpunkt t,
a	: Anwartschaftsdauer	$T + Z_t$	: gesamte Zuführung zur Rückstellung in t
p	: Rentendauer	Z_t	: Zinsanteil der Zuführung in t,
S_t	: Steuervorteil in t	T	: Tilgungsanteil der Zuführung in t.

Der Pensionsrückstellung werden Beträge zugeführt bzw. entnommen

$$R_t - R_{t-1} = \begin{cases} T + Z_t, & \text{wenn} \quad 1 \leq t \leq a, \\ -P + Z_t, & \text{wenn} \quad a + 1 \leq t \leq a + p. \end{cases} \tag{1}$$

Wir erkennen deutlich den Zins– und den Tilgungsanteil in der Anwartschaftsphase. In der Rentenphase ist nur ein Zinsanteil zuzuführen und die Pension zu entnehmen.

Da die Pensionsrückstellung wie ein Ratenkredit mit gleichbleibender Tilgung behandelt wird, ergibt sich aus der Rentenrechnung der zeitlich konstante Tilgungsanteil (Rechnungszins 6%)

$$T = P \cdot \frac{(1 + 6\%)^p - 1}{(1 + 6\%)^a - 1} \cdot \frac{1}{(1 + 6\%)^p}, \qquad 1 \leq t \leq a. \tag{2}$$

Der Zinsanteil ergibt sich aus der Gleichung

$$Z_t = 6\% \cdot R_{t-1}. \tag{3}$$

Damit sind die Zuführungen zu den Pensionsrückstellungen in jedem Zeitpunkt berechenbar.

Zuführungen zu Pensionsrückstellungen sind keine Zahlungen. Sie mindern nur die Steuerlast im Unternehmen. Liquiditätswirksam sind also zum einen die Pensionszahlungen in der Rentenphase sowie die Steuervorteile aus dem Zins– sowie dem Tilgungsanteil während der Laufzeit. Diese Besonderheit muss berücksichtigt werden, wenn man die Vorteilhaftigkeit von Pensionsrückstellungen bewerten will.[8]

Der Steuervorteil der Pensionsrückstellungen[9] ergibt sich aus der Tatsache, dass

1. *in der Anwartschaftsphase auf die gesamte Zuführung $T + Z_t$ keine Steuer gezahlt wird und*

2. *in der Rentenphase der Zinsanteil der Zuführung Z_t steuerfrei bleibt.[10]*

---

8. Drukarczyk und Richter haben versucht, in ihrer Analyse auf weitere Einzelheiten des deutschen Steuerrechts einzugehen. So kann zum Beispiel aufgrund des § 158 AktG unter bestimmten Voraussetzungen nur der Jahresüberschuss zur Ausschüttung gelangen. Diese fehlende "Erlaubnis" zur Ausschüttung hat Konsequenzen beim berechneten Cashflow, die von Drukarczyk und Richtern genauer diskutiert werden.
9. Nur dieser Steuervorteil ist (neben der Pensionszahlung) zahlungswirksam.
10. Im Einkommensteuergesetz ist festgelegt, dass zwar die Auflösung der Rückstellung den Gewinn erhöht, die Pension aber gleichzeitig eine Betriebsausgabe ist. Mithin bleibt nur der Zinsanteil Steuer

Formal ermittelt sich der Steuervorteil im Zeitpunkt t aus

$$S_t = \begin{cases} \tau \cdot (T + Z_t), & \text{wenn} \quad 1 \leq t \leq a, \\ \tau \cdot Z_t, & \text{wenn} \quad a+1 \leq t \leq a+p. \end{cases} \tag{4}$$

mindernd. Drukarczyk (1990), S.335f., erläutert die Bestimmungen des § 6a EStG und ihre formale Umsetzung ausführlich.

$$S_t = \begin{cases} \tau \cdot (T + Z_t), & \text{wenn} \quad 1 \leq t \leq a, \\ \tau \cdot Z_t, & \text{wenn} \quad a+1 \leq t \leq a+p. \end{cases}$$

Aufgabe 1 Diese Aufgaben sollen zeigen, dass bei hinreichend langen Laufzeiten die übernahme einer Pensionsverpflichtung einen positiven Kapitalwert besitzen kann.

Ein Unternehmen möchte eine Pensionszusage mit einer Anwartschaftsdauer von 4 Jahren und einer Rentendauer von 2 Jahren machen. Die Pension soll jährlich 24 Euro betragen. Es gilt das Standardmodell einer Gewinnsteuer. Der Gewinnsteuersatz beträgt dauerhaft 40%, der Kapitalmarktzins 15%.

Klären Sie, ob eine Pensionszusage finanzwirtschaftlich sinnvoll ist. Lösen Sie dazu folgende Teilschritte:

a) Nutzen Sie Gleichung (2) zur Berechnung des Tilgungsanteils der Pensionszuführung.

b) Stellen Sie einen tabellarischen Plan über die Höhe der Rückstellung in den Jahren 1–6 auf. Die ersten sechs Spalten (lassen Sie Platz für zwei weitere!) lauten: *Jahr, Pensionszahlung, Tilgungsanteil T, Zinsanteil Z_t* sowie *Rückstellung R_t*. Benutzen Sie zur Ermittlung der fehlenden Größen die Gleichungen (1) und (3).

c) Fügen Sie eine weitere Spalte *Steuerersparnis S_t* hinzu und ermitteln Sie die Höhe dieser Ersparnis in jedem Zeitpunkt mittels (4).

d) Diskontieren Sie diese Steuerersparnis und die Pension entsprechend dem Standardmodell einer Gewinnsteuer. Das Ergebnis ist der gesuchte Barwert der Pensionszusage.

e) *(Excel)* Die Berechnung soll realistischer werden. Daher rechnen Sie die Aufgabenteile a) bis d) für eine Anwartschaftsdauer von 30 Jahren und einer Rentendauer von 5 Jahren. Die Rente betrage jährlich 24.000 Euro.

Aufgabe 2 Die Gesellschafter einer GmbH beschließen, einem Angestellten M eine Pension in Höhe von 1.000 Euro jährlich zuzusagen, es sollen zwei Pensionszahlungen erfolgen. M scheidet in drei Jahren aus. Der allgemeine Gewinnsteuersatz beträgt 40 %, der Kalkulationszinssatz liegt bei 10 %.

a) Wie groß ist der Barwert der Pensionszusage?

b) Alternativ könnte die GmbH ihrem Mitarbeiter M auch einen einmaligen Bonus sofort auszahlen, den M dann in einen Pensionsfonds anlegen könnte. Der allgemeine Einkommensteuersatz beträgt 40%. Welchen Betrag muss M in den Pensionsfonds einzahlen, damit er nach Steuern die gleichen Auszahlungen vom Fond wie bei der Betriebspension erhält?

c) Was ist für die GmbH vorteilhafter: Bonus oder Pensionszusage?

Vorbereitung der nächsten übung: *Das übungsset der nächsten Woche enthält eine Aufgabe zum Leasing, in der gezeigt werden soll, dass der Gewinnsteuersatz für die Frage*

"Leasing oder Kauf" weitgehend irrelevant ist. Zu diesem Zweck werden Sie in dieser übung konkrete Zahlen für die im nächsten Set, Aufgabe 2, unterstrichenen Werte wählen. In der kommenden Woche werden Sie dann feststellen, dass sich trotz der von ihnen willkürlich gewählten Zahlen die so genannte kritische Leasingrate sehr wenig mit dem Steuersatz ändert. Da Sie die Zahlen bereits heute wählen, soll das als eine Art "Beweis" dienen.

AUFGABENSET 5:   LEASING

Das Leasing ist eine besondere Vertragsform der Vermietung und Verpachtung. Im wesentlichen gibt es zwei Arten der Gestaltung von Leasingverträgen.

Zum einen existiert das operative Leasing*. Es entspricht den Mietverträgen im Sinne des BGB. Die Kündigung des Vertrages ist unter Einhaltung gewisser Fristen jederzeit möglich und der Leasinggeber trägt Wartungs– und Reparaturkosten.*

Demgegenüber ist beim Finanzierungsleasing *eine feste Grundmietzeit vorgesehen. Nach deren Ablauf wird dem Leasingnehmer in der Regel eine Verlängerungs- oder Kaufoption eingeräumt. Die Wartungs– und Reparaturkosten trägt hier der Leasingnehmer. Das Leasinggut wird beim Leasinggeber nur unter bestimmten Bedingungen bilanziert. Durch mehrere Leasing–Erlasse des Bundesministers für Finanzen (BMF) (der erste aus dem Jahre 1971) sind nachfolgende Voraussetzungen zur steuerlichen Anerkennung an den Leasingvertrag geknüpft:*

- *Die Grundmietzeit beträgt mindestens 40% und höchstens 90% der betriebsgewöhnlichen Nutzungsdauer.*

- *Der vereinbarte Rückkaufpreis entspricht mindestens dem durch lineare Abschreibung ermittelten Buchwert.*

- *Der Vertrag darf kein Spezialleasing enthalten.*

Das Standardmodell einer Gewinnsteuer erlaubt nur die Betrachtung von Investitionen unter Sicherheit. Beim operativen Leasing haben wir es zudem mit einem optimalen Stoppproblem auf Seiten des Leasingnehmers zu tun (wann soll er den Leasing–Vertrag beenden?); für den Leasinggeber ist daher die Vertragslaufzeit unsicher. Im weiteren wird deshalb ausschließlich das Finanzierungsleasing betrachtet.

Interessant ist die Entscheidung, ob ein Investitionsgut durch Leasing oder Kauf beschafft werden soll. Dazu betrachtet man die kritische Leasingrate und ihre Variation mit dem Steuersatz. Die herkömmliche Meinung legt den Schluss nahe, dass sich bei hohen Steuersätzen Leasing lohnt, während bei niedrigen Sätzen der Kauf vorteilhaft ist. Die Intuition für dieses Argument besteht in der nicht von der Hand zu weisenden Aussage, dass Leasingraten steuerlich absetzbar sind. Dennoch darf nicht verkannt werden, dass auch die Abschreibungen (im Falle des Kaufes) steuerlich geltend gemacht werden können und es ist daher auf den ersten Blick alles andere als offensichtlich, ob eine Kauf– oder eine Leasingentscheidung die bessere Alternative darstellt. Um unser Ergebnis vorwegzunehmen: es wird sich zeigen (siehe

Aufgabe 2), dass die Höhe des Steuersatzes einen sehr geringen Einfluss auf die Entscheidung Leasing oder Kauf ausübt.

Unterstellen Sie in allen Aufgaben dieses Sets ein Standardmodell einer Gewinnsteuer.

Aufgabe 1 B betreibt eine Maschinenfabrik, die eine Spezialmaschine verkauft. Diese Maschine kostet 1.000.000 Euro. Die Nutzungsdauer beträgt 4 Jahre. Der Liquidationswert sei der Restbuchwert bei linearer AfA.

Einige Kunden wollen diese Maschine leasen und nicht kaufen. Daher gründet B eine Leasinggesellschaft. Diese Gesellschaft kauft die Maschine von B, und vermietet sie an die Kunden. Die Vertragslaufzeit beträgt 4 Jahre[11], die Leasingrate beträgt 350.000, es gibt keine Sonderzahlungen. Die jährlichen Wartungs- und Reparaturkosten von 35.000 trägt im Falle des Leasings der LG. Der Steuersatz der Gesellschaft beträgt 35%, AfA ist linear und der Zins sei 10%.

a) Lohnt sich für die Leasing–Gesellschaft dieser Vertrag?

b) Die Firma G schätzt, dass sich die Einnahmen der ersten drei Jahre um jeweils 350.000 und im vierten Jahr um 375.000 erhöhen, wenn G die Maschine anschafft. Die Gewinne von G unterliegen einem Steuersatz von 25%, der Kalkulationszins beträgt 12%. Soll G die Maschine kaufen oder leasen?

Aufgabe 2 Sie benötigen unter allen Umständen eine Maschine, die geleast oder gekauft werden kann. Die Konditionen des Leasing– wie auch des Kaufvertrages seien wie folgt: die betriebsgewöhnliche Nutzungsdauer sei vier Jahre, die tatsächliche Nutzungsdauer (Leasingdauer) dagegen nur drei Jahre. Die Leasingrate betrage $L =$ ________, der Kaufpreis $K =$ ________ und der Liquidationserlös im Zeitpunkt $t = 3$ sei $LE =$ ________. Beim Kauf werde linear abgeschrieben. Ein eventueller Veräußerungsgewinn (oder –verlust) ist zu versteuern (oder kann abgesetzt werden). Die Cashflows sind in beiden Fällen gleich. Der Zinssatz beträgt 5%, der Steuersatz sei τ.

a) Wie hoch ist die kritische Leasingrate in Abhängigkeit vom Steuersatz τ, also diejenige Leasingrate, bei der Entscheider indifferent zwischen Kauf und Leasing wäre? Leiten Sie eine Formel her.

b) **(Excel)** Untersuchen Sie, durch Einsetzen verschiedener Steuersätze, ob die Entscheidung "kaufen oder leasen" unabhängig vom Steuersatz τ ist. (Hinweis: verwenden sie die von Ihnen in Aufgabenteil a) hergeleitete Formel der kritischen Leasingrate.)

---

11. Ignorieren Sie die Bestimmungen des Leasingerlasses vom BMF.

Aufgabe 3 Diese Aufgabe legt die aus der vorangegangenen Aufgabe vermutete Erkenntnis nahe, dass für niedrige Zinssätze die kritische Leasingrate L^* in erster Näherung unabhängig vom Steuersatz τ ist.

Ein Investitionsprojekt habe eine Investitionsausgabe von I_0, eine Laufzeit T, Cashflows von CF_t und erziele einen zu versteuernden Liquidationserlös von LE. Der Steuersatz sei τ, der Zinssatz $r_f = 0$. Zeigen Sie, dass dann für die kritische Leasingrate der Zusammenhang $L^* = \frac{I_0 - LE}{T}$ gilt.

Aufgabe 4 Ihr Planungszeitraum beträgt drei Jahre. Sie haben die Möglichkeit, eine Maschine zu leasen, die in den Zeitpunkten $t = 1, 2, 3$ jeweils Cashflows in Höhe von 3.000 Euro generiert. Die Leasingrate beträgt 1.500 Euro. Alternativ könnten Sie die Maschine im Zeitpunkt 0 für 5.000 Euro kaufen und im Zeitpunkt 3 durch den Verkauf der Maschine einen Liquidationserlös von 2.000 Euro erzielen. Der Kalkulationszins beträgt 10%. Wartungskosten fallen keine an.

a) Vernachlässigen Sie zunächst steuerliche Aspekte. Vergleichen Sie Ihre Handlungsalternativen mit der Kapitalwertmethode.

b) Berechnen Sie die kritische Leasingrate ohne Berücksichtigung von Steuern, also diejenige Leasingrate, bei der der Investor indifferent zwischen Kauf und Leasing ist.

c) Berücksichtigen Sie jetzt Steuern bei dem Vergleich Ihrer Handlungsalternativen. Ihr Gewinnsteuersatz liegt bei 60 %. Die betriebsgewöhnliche Nutzungsdauer der Maschine, die Sie linear abschreiben wollen, beträgt fünf Jahre. Ein eventueller Veräußerungsgewinn (oder -verlust) ist zu versteuern (oder kann abgesetzt werden).

AUFGABENSET 6:   INVESTITIONSNEUTRALE STEUERSYSTEME: CASHFLOW–STEUER, ZINSKORREKTUR U.A.

Aufgabe 1 Sie sollen an dieser Aufgabe erkennen, dass die Cashflow–Steuer nur bei einem zeitlich konstanten Steuersatz investitionsneutral ist.

Betrachten Sie folgende Investition:

$t = 0$	$t = 1$	$t = 2$	$t = 3$	$t = 4$
-6	1	2	3	4

Rechnen Sie mit dem Standardmodell einer Cashflow–Steuer. Der Zinssatz betrage 10%.

a) Zeigen Sie, dass sich die Investition vor Steuern lohnt.

b) Wiederholen Sie die Rechnung mit einem Steuersatz von 40%.

c) Gehen Sie jetzt davon aus, dass sich der Steuersatz in $t = 3$ auf 60% erhöht. ändert sich Ihre Investitionsentscheidung, liegt also ein Steuerparadox vor?

Aufgabe 2 Die folgenden Aufgaben dienen einem besseren Verständnis der Ertragswertabschreibung.

Betrachten Sie eine Investition, die die folgende sichere Zahlungsreihe aufweist:

Zeitpunkt	$t = 0$	$t = 1$	$t = 2$	$t = 3$
Cashflow in Euro	−600	300	450	450

a) Berechnen Sie die Ertragswertabschreibungen des Projektes in den Zeitpunkten t=1, 2 und 3, wenn der risikolose Zinssatz 5 % beträgt.

b) Wie hoch ist der NPV des Projektes bei einer Besteuerung des ökonomischen Gewinns mit einem Steuersatz von 0 % und 50 %?

Aufgabe 3 Betrachten Sie eine Investition, die folgende Zahlungsreihe aufweist

$t = 0$	$t = 1$	$t = 2$	$t = 3$
-1.000	500	750	750

Der risikolose Zinssatz beträgt 5%, der Steuersatz wird später festgelegt.

a) Berechnen Sie die Ertragswertabschreibung in den Zeitpunkten $t = 1,2,3$ sowie den Barwert PV_0.

b) Berechnen Sie für Steuersätze von 0% und 60% den Kapitalwert NPV_0 für das Projekt (die Abschreibungen seien gerade gleich den Ertragswertabschreibungen).

c) Betrachten Sie einen Kapitalmarktkredit mit der Höhe PV_0. Dieser Kredit soll schrittweise getilgt werden, die Tilgungsraten seien gerade die in a) berechneten Ertragswertabschreibungen. Ermitteln Sie die dazugehörige Zinsbelastung in den Zeitpunkten $t = 1,2,3$.

d) Berechnen Sie nun die Gesamtbelastung in den Zeitpunkten $t = 1,2,3$. Worin unterscheiden sich die Zahlungsreihen des Kredites von der Zahlungsreihe des ursprünglichen Projektes?

Aufgabe 4 Betrachten Sie noch einmal das Beispiel aus dem Abschnitt 2.3 des Skriptes.

a) Bestimmen Sie die Steuereinnahmen des Staates für die drei investitionsneutralen Steuersysteme, die Sie in der Vorlesung kennen gelernt haben.

b) Ermitteln Sie den Barwert der Steuereinnahmen. Da der Staat offensichtlich keine Steuern zahlt, ist ein Kalkulationszinsfuß ohne Steuern zu verwenden.

AUFGABENSET 7:   BEDINGTE ERWARTUNGSWERTE

Das Rechnen mit bedingten Erwartungswerten wird intensiv geübt.

Aufgabe 1 Die Controllingabteilung eines Unternehmens hat dessen zukünftige Cashflows prognostiziert und in einen Binomialbaum (Abbildung 1) eingetragen, ebenso die Wahrscheinlichkeiten für Aufwärts- (p_u) und Abwärtsbewegungen (p_d). Berechnen Sie die bedingten Erwartungswerte der Cashflows $E[CF_s|\mathcal{F}_t]$ in allen Zeitpunkten.

Aufgabe 2 In den meisten kommenden übungen werden wir - wie in diesem Beispiel - etwas abstraktere Entscheidungsbäume behandeln. Berechnen Sie erneut sämtliche bedingten Erwartungswerte $E[CF_s|\mathcal{F}_t]$.

  a) Die Cashflows sind wie in Abbildung 2 angegeben. Alle Auf– und Abwärtsbewegungen besitzen die gleiche Wahrscheinlichkeit.

  b) Die Cashflows sind wie in Abbildung 3 angegeben. Alle Aufwärtsbewegungen besitzen eine Wahrscheinlichkeit von 30%.

  c) Die Cashflows sind wie in Abbildung 4 angegeben. Alle Auf– und Abwärtsbewegungen besitzen die gleiche Wahrscheinlichkeit.

Aufgabe 3 Betrachten Sie die Abbildung 5. Nehmen Sie an, dass die Cashflows stets der Bedingung $\widetilde{CF}_t = E_t\left[\widetilde{CF}_{t+1}\right]$ genügen.

  (a) Nehmen Sie an, dass die Auf– und Abwärtsbewegungen mit gleicher Wahrscheinlichkeit auftreten. Vervollständigen Sie die Abbildung.

  (b) Nehmen Sie an, dass die Aufwärtsbewegung mit 70% Wahrscheinlichkeit erfolgt. Vervollständigen Sie den Binomialbaum erneut.

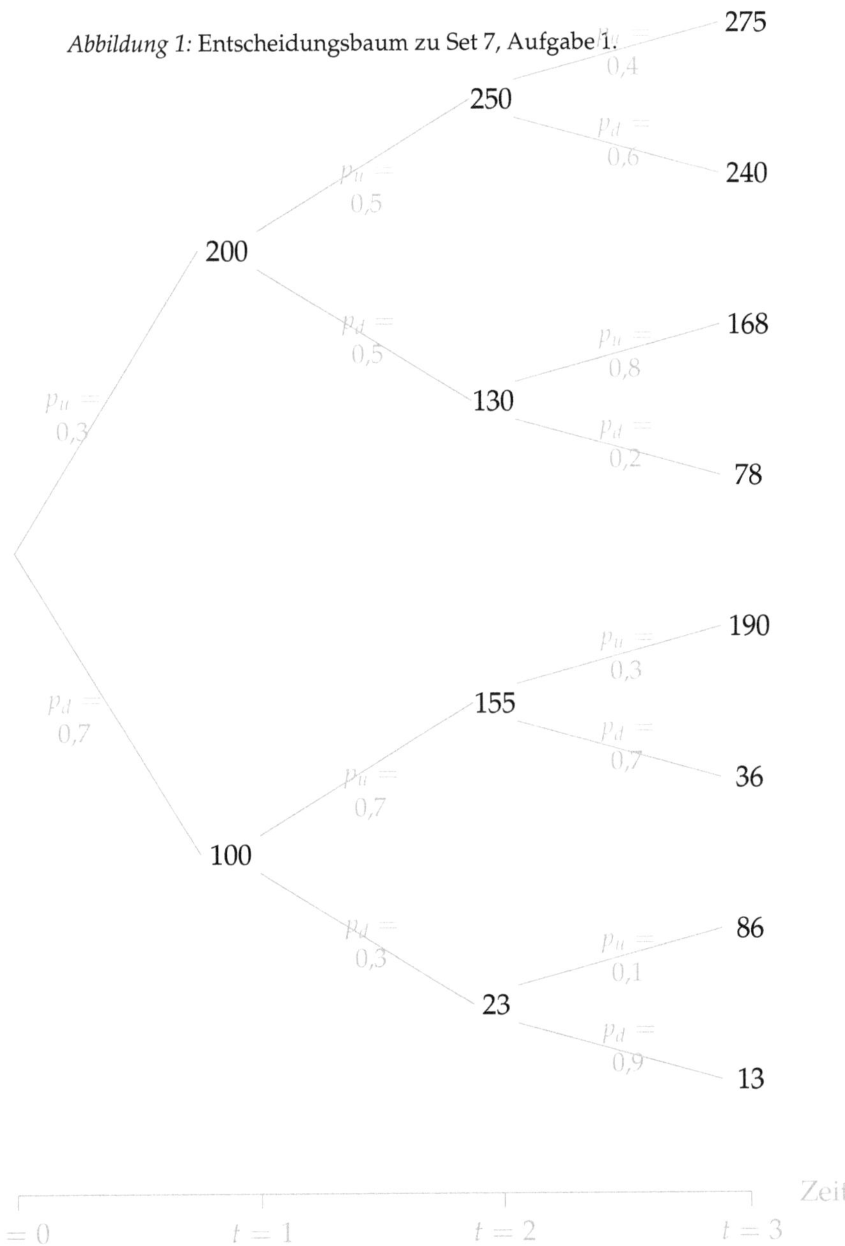

Abbildung 1: Entscheidungsbaum zu Set 7, Aufgabe 1.

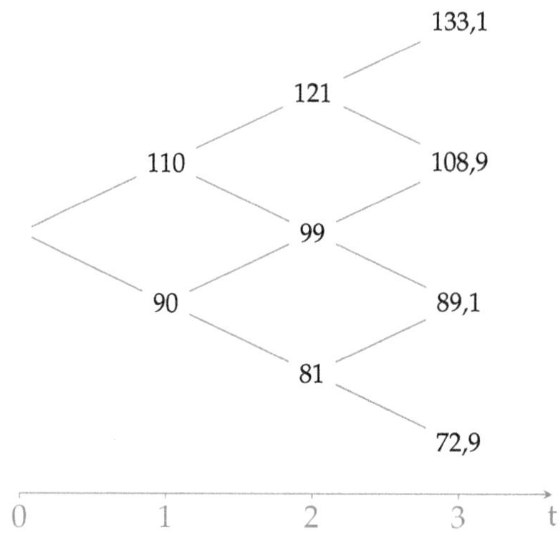

Abbildung 2: Entscheidungsbaum zu Set 7, Aufgabe 2a.

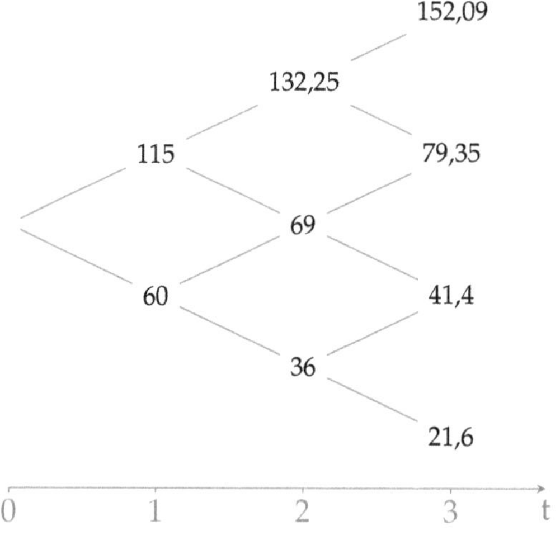

Abbildung 3: Entscheidungsbaum zu Set 7, Aufgabe 2b (zugleich Set 9 Aufgaben 3 und 4).

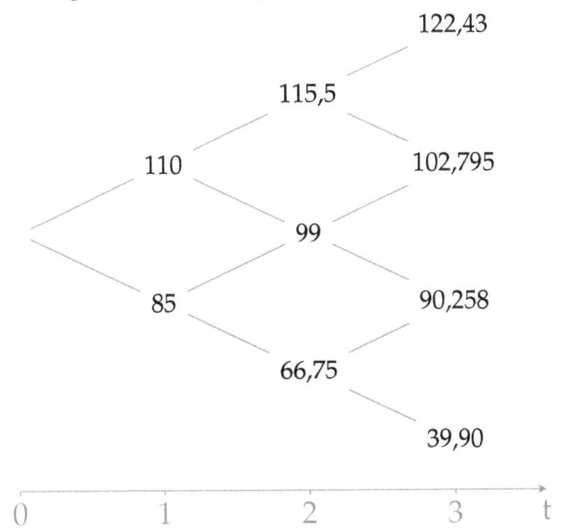

Abbildung 4: Entscheidungsbaum zu Set 7, Aufgabe 2c.

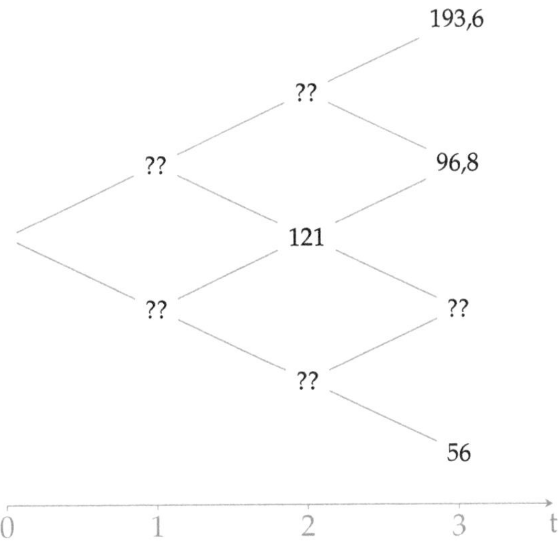

Abbildung 5: Cashflows zu Set 7, Aufgabe 3.

AUFGABENSET 8:   DCF-VERFAHREN DER UNTERNEHMENSBEWERTUNG

Sie berechnen Unternehmenswerte nach dem DCF-Verfahren.

Aufgabe 1 Die Führung des Unternehmens möchte ausgehend von der Cashflowprognose wie in Abbildung 1, den aktuellen Unternehmenswert ermitteln. Weiterhin ist sie an der Wertentwicklung in allen möglichen Zukunftsszenarien interessiert. Unterstellen Sie der Einfachheit halber, dass das Unternehmen in $t = 3$ die Produktion einstellen wird, anschließend fallen keine weiteren Cashflows mehr an. Nehmen Sie an, dass die Kapitalkosten des Unternehmens in jedem Zeitpunkt 25% betragen. Berechnen Sie alle Unternehmenswerte $\widetilde{V}_t$ für $t \geq 0$.

Aufgabe 2 Gehen Sie von den Cashflows der Abbildung 2 aus. Die Wahrscheinlichkeit für eine Aufwärtsbewegung beträgt stets $p_u = 50\%$, die Kapitalkosten liegen bei $k = 20\%$.

   a) Berechnen Sie alle Unternehmenswerte $\widetilde{V}_t$ für $t \geq 0$.

   b) Das Kurs-Gewinn-Verhältnis (KGV) ist definiert als der Quotient aus dem aktuellen Unternehmenswert und dem aktuellen Gewinn. In unserem Modell setzen wir vereinfachend den Gewinn mit dem gesamten Cashflow gleich ("Vollausschüttung"). Berechnen Sie in allen Knoten das Gewinn-Kurs-Verhältnis ($\frac{1}{\text{KGV}}$).

Aufgabe 3 Gehen Sie von den Cashflows der Abbildung 3 (S. 22) aus. Die Wahrscheinlichkeit für eine Aufwärtsbewegung beträgt stets $p_u = 30\%$, die Kapitalkosten liegen bei $k = 15\%$.

   a) Berechnen Sie alle Unternehmenswerte $\widetilde{V}_t$ für $t \geq 0$.

   b) Berechnen Sie in jedem Zeitpunkt und jedem Knoten das KGV.

AUFGABENSET 9: DCF-VERFAHREN DER UNTERNEHMENSBEWERTUNG

Sie nutzen verschiedene Aussagen zu den DCF-Verfahren, um Unternehmenswerte zu bestimmen.

Aufgabe 1 Betrachten Sie ein Unternehmen mit ewiger Rente. Die Wachstumsrate sei g, der Kapitalkostensatz k. Zeigen Sie, dass für die erwartete Dividendenrendite gilt:

$$\frac{\mathrm{E}[\widetilde{CF}_{t+1} \mid \mathcal{F}_t]}{\widetilde{V}_t} = k - g.$$

Aufgabe 2 Verwenden Sie die Definition des KGV aus Set 8, Aufgabe 2. Zeigen Sie, dass bei einer Wachstumsrate g und einem Kalkulationszinssatz von k gilt:

$$KGV = \frac{1+g}{k-g}$$

Aufgabe 3 Gehen Sie erneut von den Cashflows der Abbildung 3 (S. 22) und Kapitalkosten k=0,15 aus und nehmen Sie an, dass die Buchwerte in jedem Zeitpunkt genau den Marktwerten entsprechen.

    a) Berechnen Sie in jedem Knoten die Abschreibungen. Ist in $t = 2$ die Abschreibung AfA(ud) genau so hoch wie die Abschreibung AfA(du)?

    b) Ermitteln Sie in jedem Knoten den economic value added.

    c) Berechnen Sie den Unternehmenswert nach dem zweiten Preinreich–Theorem.

Aufgabe 4 Gehen Sie wiederum von den Cashflows der Abbildung 3 (S. 22) und Kapitalkosten in Höhe von k=0,15 aus. Die Buchwerte können Sie der Abbildung 6 (S. 26) entnehmen.

    a) Berechnen Sie die Abschreibungen in jedem Zeitpunkt und Zustand.

    b) Ermitteln Sie den Economic Value Added$^{©}$ in jedem Zeitpunkt und Zustand.

    c) Berechnen Sie die Unternehmenswerte V_0, $\widetilde{V}_1$ und $\widetilde{V}_2$ nach dem zweiten Preinreich–Theorem.

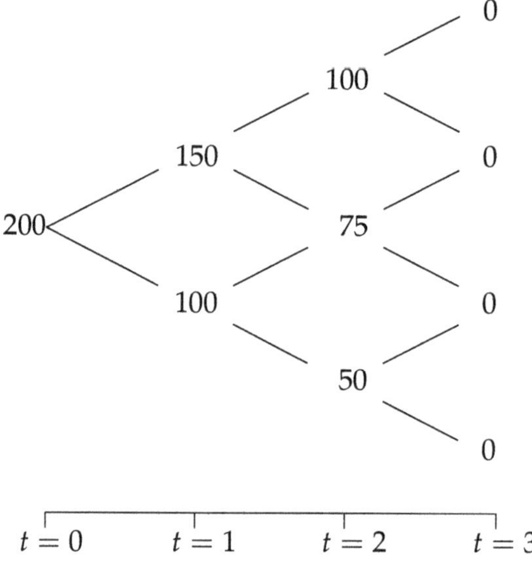

Abbildung 6: Set 9, Aufgabe 4, Buchwerte.

AUFGABENSET 10:   APV, WACC

Aufgabe 1 Sie erkennen an der folgenden Aufgabe, dass bei autonomer Finanzierung die Fremdkapitalquoten Zufallsvariablen werden. Das gilt dann auch für die durchschnittlichen Kapitalkosten. Umgekehrt gilt: Bei wertorientierter Finanzierung ist der Fremdkapitalbestand unsicher!

Betrachten Sie einen unendlichen Cashflow-Verlauf eines unverschuldeten Unternehmens, der bei $CF_0 = 1$ beginnt und in jedem Knoten mit gleicher Wahrscheinlichkeit mit 10% wachsen oder fallen kann. Die Kapitalkosten betragen 10%, der risikolose Zins ist 5%. Der Steuersatz ist $\tau = 30\%$.

a) Stellen Sie den Verlauf des unverschuldeten Unternehmenswertes dar (Binomialbaum bis $t = 3$ oder Gleichung).

b) Nehmen Sie jetzt an, dass sich das Unternehmen mit einem konstanten Fremdkapitalbestand $F = 5$ verschuldet (autonome Finanzierung). Berechnen Sie die Fremdkapitalquote l_t für die ersten Zeitpunkte $t = 0, 1, 2$.

Berechnen Sie weiter die durchschnittlichen Kapitalkosten des Unternehmens.

c) Nehmen Sie nun an, dass sich das Unternehmen mit einer konstanten Fremdkapitalquote $l = 50\%$ verschuldet (marktwertorientierte Finanzierung). Berechnen Sie den Fremdkapitalbestand F_t für die ersten Zeitpunkte $t = 0, 1, 2$.

Berechnen Sie weiter die durchschnittlichen Kapitalkosten des Unternehmens für $t = 0, 1, 2$.

Aufgabe 2 Beweisen Sie, dass im Fall der autonomen Finanzierung und ewiger Rente (mit $g = 0$) die Fremdkapitalquote l unsicher sein muss:

1. Die Cashflows $\widetilde{CF}_t^u$ und Unternehmenswerte $\widetilde{V}_t^u$ des unverschuldeten Unternehmens sind unsicher. In welcher Relation stehen sie zueinander?

2. Wie ermitteln sich daraus die Unternehmenswerte $\widetilde{V}_t^l$ des verschuldeten Unternehmens, wenn die Höhe des Fremdkapitals $F_t = F$ beträgt?

3. Errechnen Sie daraus nun die Fremdkapitalquote. Wieso ist das eine Zufallsvariable?

Aufgabe 3 Betrachten Sie ein unverschuldetes Unternehmen, dass ewig erwartete Cashflows in Höhe von CF und Kapitalkosten von k aufweist. Da das Unternehmen $\frac{CF}{k}$ Wert ist, stellt dies auf den ersten Blick die maximale Höhe von Fremdkapital dar, die (wenn dieses Fremdkapital das Eigenkapital verdrängt) das Unternehmen in der Zukunft bedienen könnte. Diese Rechnung berücksichtigt aber noch nicht, dass ein verschuldetes Unternehmen zusätzliche Steuervorteile aufweist. Diese Vorteile sollen jetzt einbezogen werden.

Ein Unternehmen weise im Erwartungswert jährlich Cashflows von 100 und Kapitalkosten von 10% auf. Der Steuersatz sei 50%, der risikolose Zinssatz 5%.

a) Unterstellen Sie eine autonome Finanzierung. Wie groß ist der absolute Höchstbetrag, mit dem das Unternehmen fremdfinanziert werden kann?

b) Unterstellen Sie eine marktwertorientierte Finanzierung. Wie groß ist der heutige absolute Höchstbetrag, mit dem das Unternehmen fremdfinanziert werden kann?

LÖSUNGSSKIZZE ZUM AUFGABENSET 0

Aufgabe 1 Als Cashflow wird immer eine Differenz von Einzahlungen und Auszahlungen bezeichnet. Der einfachste Cashflow (im Folgenden "Basiscashflow" genannt) ergibt sich als Veränderung des Kassenbestands eines Unternehmens zwischen zwei Zeitpunkten. Diese Differenz gibt Auskunft, wie viele Zahlungsmittel einem Unternehmens in der entsprechenden Periode im Saldo zugeflossen sind (negativer Cashflow ⇒ Zahlungsmittelabfluss).

Wird der Basiscashflow indes nicht weiter aufgeschlüsselt, so bleiben die Ursachen der Zahlungsmittelbewegung unklar. Beruht ein Zahlungsmittelzufluss beispielsweise vorwiegend auf dem Verkauf von Produkten oder dem Verkauf von Produktionsanlagen? Oder liegt der Grund für einen Zahlungsmittelabfluss eher in der Rückzahlung von Krediten oder in der Durchführung von umfangreichen Investionen? Um solche Fragen zu beantworten, wird der Basiscashflow weiter unterteilt:

	Cashflow aus laufender Geschäftstätigkeit (Brutto-Cashflow)
+	Cashflow aus Investitionstätigkeit
=	**Freier Cashflow**
+	Cashflow aus Finanzierungstätigkeit
=	**Basiscashflow** (Differenz des Kassenbestands)

Tabelle 1: Cashflowdefinitionen

Es ist allerdings zumeist nicht möglich, diese einzelnen Cashflows exakt aus Jahresabschlüssen zu berechnen. Das Problem ist, dass eine Bilanz eine Vermögensaufstellung darstellt, viele Vermögensänderungen aber nicht mit einer Zahlung einhergehen. Zahlungsunwirksame Vermögensänderungen verschiedener Bereiche werden in der Bilanz oder Gewinn- und Verlustrechnung (GuV) zwar erfasst, sie lassen sich als Korrekturposten aber meist nicht eindeutig einem Bereich (Investition, Finanzierung, lfd. Geschäft) zuordnen. Ein Beispiel sind Abschreibungen (=zahlungsunwirksame Vermögensabgänge), die als Sammelposten in der Gewinn- und Verlustrechnung häufig Vorgänge der laufenden Geschäftstätigkeit und der Investitionstätigkeit umfassen. ähnliches gilt für vermögensunwirksame Zahlungen. Die verwendeten Rechenschemata sind meist sehr kompliziert, im Folgenden soll daher nur die Idee hinter den Verfahren skizziert werden.

In der GuV ergibt die Summe sämtlicher Aufwendungen und Erträge den Jahresüberschuss. Weiterhin entspricht in der Bilanz die Summe der Aktiva stets der Summe der Passiva. In zwei aufeinander folgenden Jahren muss die Veränderung aller Aktiva daher auch der Veränderung aller Passiva entsprechen. Somit gilt:

	Jahresüberschuss
+	Aufwendungen
–	Erträge
=	0
+	Δ Passiva
–	Δ Aktiva ohne Kassenbestand
=	Basiscashflow

Alle einzelnen Posten der Bilanzen (Aktiva, Passiva) und der GuV (Erträge, Aufwendungen) werden anschließend jeweils einem Cashflow zugeordnet. Alle drei Cashflows lassen sich anschließend direkt aus den entsprechenden Posten berechnen oder aber indirekt, indem die anderen beiden Cashflows direkt berechnet und vom Basiscashflow subtrahiert werden.

Aufgabe 2 Nach dem angegebenen indirekten Verfahren ergeben sich die folgenden Cashflows:

	Jahresüberschuss / -fehlbetrag	25,344790.81
+	Zins-, Diskont- und ähnliche Aufwendungen	–12,204,908.62
+	Abschreibungen auf das Anlagevermögen	261,158,000
	Abschreibungen auf Sachanlagen	
	Abschreibungen auf Finanzanlagen	
+	Δ Rückstellungen	–618,197.28
+	Δ Sonderposten mit Rücklageanteil	
–	Δ Forderungen (ohne sonst. VG)	-73,922,961.47
+	Δ Verbindl. aus Lieferungen und Leistungen	-412,871.71
+	Δ Sonstige Verbindlichkeiten	-6,220,542.70
–	Δ Vorräte	12,057,000 (S. 20 WPbericht)
–	Δ aktivische Rechnungsabgrenzungsposten	-1,897.11
+	Δ passivische Rechnungsabgrenzungsposten	n.a.
–	Δ Andere aktivierte Eigenleistungen (aus GuV)	5,440,205.17
	= Cashflow aus lfd. Gesch. (=Brutto-Cashflow)	210,730,617.39
–	Δ Anlagevermögen	0
–	Abschreibungen auf das Anlagevermögen	261.158
+	**Cashflow aus Investitionstätigkeit**	– 65,349,000 (S. 25 WPbericht)
=	**Freier Cashflow (nach Steuern)**	145,381,617.39

Das Schema im Skript führt zu folgendem Brutto-Cashflow:

	Jahresüberschuss	25.344.790,81
+	Abschreibungen	-158.477
–	Veränderung der Betriebsmittel	
	+ Δ Umlaufvermögen	61.522.234,31
	– Δ Rückstellungen	–7.535.443,00
	– Δ Verbindl. a.L.L.	19.828.023,77
=	**Brutto-Cashflow**	137.484.346,00

Sie sehen, dass die Faustformel dem präziser berechneten Cashflow bereits recht nahe kommt. Auch letzterer stellt allerdings keine exakte Erfassung von Zahlungsströmen dar, sondern beruht auf zahlreichen Annahmen, die durchaus kritisch gesehen werden können. Im Falle der Brauerei Beck&Co ist beispielsweise die Berücksichtigung von Beteiligungen wesentlich; in unserer Rechnung haben wir die Veränderung von Verbindlichkeiten gegenüber verbundenen Unternehmen der Finanzierungstätigkeit zugeordnet, die Veränderung von Forderungen gegenüber verbundenen Unternehmen hingegen der laufenden Geschäftstätigkeit. Weiterhin hätte bspw. der Investitionscashflow durch Einbeziehung des

Anlagespiegels (Berücksichtigung von Zuschreibungen,...) ggf. präziser berechnet werden können.

Für die Praxis sollten Sie mitnehmen, dass Sie bei Cashflowangaben immer hinterfragen sollten, wie diese berechnet wurden.

LÖSUNGSSKIZZE ZUM AUFGABENSET 1

Aufgabe 1 Die Grenzsteuersätze ($\frac{d\,T}{d\,zvE}$) sind in der Aufgabe angegeben. Den Durchschnitts-
steuersatz= $\frac{T}{zvE}$ berechnen wir anhand der folgenden Tabelle:

Teilmenge zvE	$\frac{d\,T}{d\,zvE}$	Steuer T	$\frac{T}{zvE}$	T_{max}
0-7.300	0,1	0,1·zvE	0,1	730
7.301-29.700	0,15	730+0,15(zvE–7.300)= –365+0,15·zvE	$-\frac{365}{zvE}+0{,}15$	4.090
29.701-71.950	0,25	4.090+0,25(zvE–29.700)= –3.335+0,25·zvE	$-\frac{3.335}{zvE}+0{,}25$	14.652,50
71.951-150.150	0,28	14.652,50+0,28(zvE–71.950)= –5.493,50+0,28·zvE	$-\frac{5.493{,}50}{zvE}+0{,}28$	36.548,50
150.151-326.450	0,33	36.548,50+0,33(zvE–150.150)= –13.001+0,33·zvE	$-\frac{13.001}{zvE}+0{,}33$	94.727,50
ab 326.451	0,35	94.727,50+0,35(zvE–326.450)= –19.530+0,35·zvE	$-\frac{19.530}{zvE}+0{,}35$	$+\infty$

Abbildung 7: Durchschnitts– und Grenzsteuersätze des Einkommensteuertarifs USA (Bundessteuer) 2006.

Aufgabe 2 Ehegattensplitting bedeutet, dass die Einkünfte beider Ehepartner gemeinsam versteuert werden:

$$T_{\text{ohne Splitting}} = T(\text{zvE}_M) + T(\text{zvE}_F)$$
$$T_{\text{mit Splitting}} = 2 \cdot T\left(\frac{\text{zvE}_M + \text{zvE}_F}{2}\right).$$

Beide Ehepartner besitzen beim Ehegattensplitting somit den gleichen Durchschnittssteuersatz:

$$T_{\text{ohne Splitting}} = \text{zvE}_M \cdot \tau(\text{zvE}_M) + \text{zvE}_F \cdot \tau(\text{zvE}_F)$$
$$T_{\text{mit Splitting}} = 2 \cdot \left(\frac{\text{zvE}_M + \text{zvE}_F}{2}\right) \cdot \tau\left(\frac{\text{zvE}_M + \text{zvE}_F}{2}\right)$$
$$= (\text{zvE}_M + \text{zvE}_F) \cdot \tau\left(\frac{\text{zvE}_M + \text{zvE}_F}{2}\right)$$
$$= \text{zvE}_M \cdot \tau\left(\frac{\text{zvE}_M + \text{zvE}_F}{2}\right) + \text{zvE}_\Gamma \cdot \tau\left(\frac{\text{zvE}_M + \text{zvE}_F}{2}\right)$$

Wir vermuten, dass aufgrund des progressiven Steuertarifs die Steuerersparnis am größten ist, wenn auch die Einkommensunterschiede möglichst groß sind. D.h. ein Ehepartner auch mit der Hälfte seines Einkommens noch in die höchste Progressionszone kommt (der Grenzsteuersatz der Hälfte des Einkommens entspricht dem Spitzensteuersatz) und der andere Ehepartner überhaupt kein zu versteuerndes Einkommen besitzt. Die Ersparnis ergibt sich dann zu:

$$\text{Ersparnis} = \underbrace{T(\text{zvE}_M) + T(\text{zvE}_F)}_{\text{ESt beider Partner ohne Splitting}} - \underbrace{2 \cdot T\left(\frac{\text{zvE}_M + \text{zvE}_F}{2}\right)}_{\text{ESt beider Partner mit Splitting}}$$
$$= 0 + T(\text{zvE}_F) - 2 \cdot T\left(\frac{0 + \text{zvE}_F}{2}\right)$$
$$= 0{,}485x - 9.872 - 2 \cdot \left(0{,}485 \cdot \frac{x}{2} - 9.872\right)$$
$$= 0{,}485x - 9.872 - 0{,}485x + 2 \cdot 9.872$$
$$= 9.872$$

Ob dies tatsächlich die maximale Ersparnis ist, muss erst überprüft werden, indem diese für alle Steuertarife analog berechnet wird.

Nächste Seite: Excel-Tabelle mit den Ergebnissen

zvE	Steuer(zvE)-2Steuer($\frac{zvE}{2}$)	zvE	$\cdots$	zvE	$\cdots$
10.000	614,03	45.000	4.272,34		
11.000	851,19	46.000	4.399,13		
12.000	1.093,92	47.000	4.528,70		
13.000	1.342,22	48.000	4.661,06		
14.000	1.596,09	49.000	4.796,20	80.000	8.622,08
15.000	1.734,76	50.000	4.934,13	81.000	8.704,13
16.000	1.792,32	51.000	5.074,85	82.000	8.783,39
17.000	1.847,77	52.000	5.218,36	83.000	8.859,86
18.000	1.901,10	53.000	5.364,65	84.000	8.933,55
19.000	1.953,97	54.000	5.513,73	85.000	9.004,45
20.000	2.008,31	55.000	5.665,59	86.000	9.072,57
21.000	2.065,43	56.000	5.816,99	87.000	9.137,90
22.000	2.125,34	57.000	5.965,91	88.000	9.200,44
23.000	2.188,04	58.000	6.112,05	89.000	9.260,19
24.000	2.253,52	59.000	6.255,40	90.000	9.317,16
25.000	2.321,79	60.000	6.395,97	91.000	9.371,35
26.000	2.392,85	61.000	6.533,74	92.000	9.422,74
27.000	2.466,69	62.000	6.668,73	93.000	9.471,35
28.000	2.543,32	63.000	6.800,94	94.000	9.517,17
29.000	2.622,73	64.000	6.930,36	95.000	9.560,21
30.000	2.704,93	65.000	7.056,99	96.000	9.600,46
31.000	2.789,92	66.000	7.180,83	97.000	9.637,92
32.000	2.877,70	67.000	7.301,89	98.000	9.672,60
33.000	2.968,26	68.000	7.420,16	99.000	9.704,49
34.000	3.061,61	69.000	7.535,65	105.000	9.837,32
35.000	3.157,74	70.000	7.648,35	106.000	9.849,70
36.000	3.256,66	71.000	7.758,26	107.000	9.859,30
37.000	3.358,37	72.000	7.865,39	108.000	9.866,11
38.000	3.462,86	73.000	7.969,73	109.000	9.870,14
39.000	3.570,14	74.000	8.071,28	110.000	9.871,38
40.000	3.680,21	75.000	8.170,05	111.000	9.872,00
41.000	3.793,06	76.000	8.266,03		
42.000	3.908,70	77.000	8.359,22		
43.000	4.027,13	78.000	8.449,63		
44.000	4.148,34	79.000	8.537,25		

Nächste Seite: Genereller Beweis

Vorteil Ehegattensplitting

Die Steuerschuld T ist differenzierbar und monoton (d.h., T' ist monoton fallend oder $T'' < 0$).

Sei y das Gesamteinkommen und x die Differenz zwischen den Einkommen der Partner.

Wir maximieren den Ausdruck

$$\text{Max}\left\{2\left(\frac{y}{2} - T\left(\frac{y}{2}\right)\right) - \left(x - T(x) + (y - x) - T(y - x)\right)\right\}$$

unter den Bedingungen $x \geq 0$ und $x \leq y$.

Die Lagrange-Funktion $\mathcal{L}$ ist gegeben durch

$$\mathcal{L} = 2\left(\frac{y}{2} - T\left(\frac{y}{2}\right)\right) - \left(x - T(x) + (y - x) - T(y - x)\right),$$

und die Ableitung nach x ist

$$0 = T'(x) - T'(y - x) + \lambda_1 x + \lambda_2 (y - x),$$

mit den Nebenbedingungen $\lambda_1 x = 0$ und $\lambda_2 (y - x) = 0$.

Jetzt zeigen wir, dass $x \neq 0$ und $x \neq y$ keine Lösung ist. Wenn $x \neq 0$ und $x \neq y$, dann folgt $\lambda_1 = \lambda_2 = 0$ und somit

$$T'(x) - T'(y - x) = 0 \quad \text{und} \quad x = \frac{y}{2}.$$

Die zweite Ableitung der Zielfunktion liefert

$$T''(x) + T''(y - x) = 2T''\left(\frac{y}{2}\right) < 0,$$

was zeigt, dass $x = \frac{y}{2}$ ein Minimum ist, kein Maximum.

Daraus folgt die Lösung: $x = 0$ oder $x = y$.

Aufgabe 3 a) Laut Voraussetzung gilt $f > 2a$. Wir nehmen nun eine weitere Fallunterscheidung vor:

1. Fall ($m < a$): Das Einkommen des Mannes m liegt unter dem Freibetrag a. Damit können wir die Steuerzahlungen miteinander vergleichen. In Steuerklasse III-V beträgt die Steuerschuld

$$\tau(f - 2a)^+ + \tau m = \tau(f + m - 2a).$$

In Steuerklasse IV-IV beträgt die Steuerschuld

$$\tau(f - a)^+ + \tau(m - a)^+ = \tau(f - a)$$

Nun gilt aber $m < a$, und damit folgt

$$m < a$$
$$\tau(m - a) < 0$$
$$\underbrace{\tau(f - a + m - a)}_{\text{III-V}} < \underbrace{\tau(f - a)}_{\text{IV-IV}}$$

III-V besser (weniger) als IV-IV

und das war zu zeigen.

2. Fall ($m \geq a$): Das Einkommen m übersteigt den Freibetrag a. Analog zu obiger entspricht dann die Steuerschuld der Klasse III-V

$$\tau(f + m - 2a).$$

In Steuerklasse IV-IV beträgt die Steuerschuld allerdings

$$\begin{aligned}
\tau(f - a)^+ + \tau(m - a)^+ &= \tau(f - a) + \tau(m - a) \\
&= \tau(f + m - 2a).
\end{aligned}$$

In diesem Fall stimmt die Steuerschuld der Klasse IV-IV mit der Steuerschuld der Klasse III-V überein.

Unabhängig vom Einkommen des Mannes haben wir gezeigt, dass durch Wahl der Steuerklasse III-V das Ehepaar steuerlich nicht schlechter dargestellt ist, sofern das Gehalt der Ehefrau das Doppelte des Freibetrages übersteigt. Echt lohnend, im Sinne von echt positiven Steuerersparnissen, ist die Wahl allerdings nur, sofern das Einkommen des Mannes unterhalb des Freibetrages liegt liegt.

b) Hier soll sogar eine allgemeine Lösung vorgestellt werden, wenngleich in der Aufgabenstellung nur Excel gefordert und $a = 1.000$ festgelegt war. Da wir nicht wissen, welche Kombination eine höhere Steuerzahlung erzielt, müssen wir äquivalent umformen. Zu diesem Zweck muss man eine Fallunterscheidung durchführen. Es gibt insgesamt drei Fälle, wobei der dritte Fall noch einmal unterteilt wird.

Fall 1 (a > f, beide verdienen wenig) Hier ist IV-IV immer besser, denn[12]

$$\text{IV-IV besser III-V}$$
$$\tau(f - a)^+ + \tau(m - a)^+ < \tau(f - 2a)^+ + \tau m$$
$$0 + 0 < 0 + \tau m$$

was immer erfüllt ist.

Fall 2 (f > 2a, einer verdient viel) Jetzt

$$\text{IV-IV schlechter III-V}$$
$$\tau(f - a)^+ + \tau(m - a)^+ > \tau(f - 2a)^+ + \tau m$$
$$f - a + (m - a)^+ > f - 2a + m$$
$$(m - a)^+ > m - a$$

was immer erfüllt ist. Wir sehen auch, dass für $m > a$ beide Lohnsteuer-Kombinationen zu identischen Steuerzahlungen führen.

Fall 3 (2a > f > a) Hier kommt es jetzt darauf an, wie hoch das Einkommen des Mannes ist.

Nehmen wir zuerst an, dass $a > m$ gilt. Dann

$$\text{IV-IV ? III-V}$$
$$\tau(f - a)^+ + \tau(m - a)^+ \ ? \ \tau(f - 2a)^+ + \tau m$$
$$f - a + 0 \ ? \ 0 + m$$

Die Kombination III-V lohnt sich genau dann, wenn $f - a > m$ ist.

---

12. Hier wie im Folgenden wird ausschließlich äquivalent umgeformt.

Oder aber es gilt $m > a$. Dann folgt

$$\text{IV-IV} < \text{III-V}$$
$$\tau(f-a)^+ + \tau(m-a)^+ < \tau(f-2a)^+ + \tau m$$
$$f - a + m - a < 0 + m$$
$$f < 2a$$

was immer gilt und damit ist hier IV-IV besser.

Grafik 8 fasst unsere überlegungen graphisch zusammen. Ein solches Bild sollten Sie auch mit Excel erhalten haben.

Abbildung 8: optimale Wahl der Lohnsteuerklassen

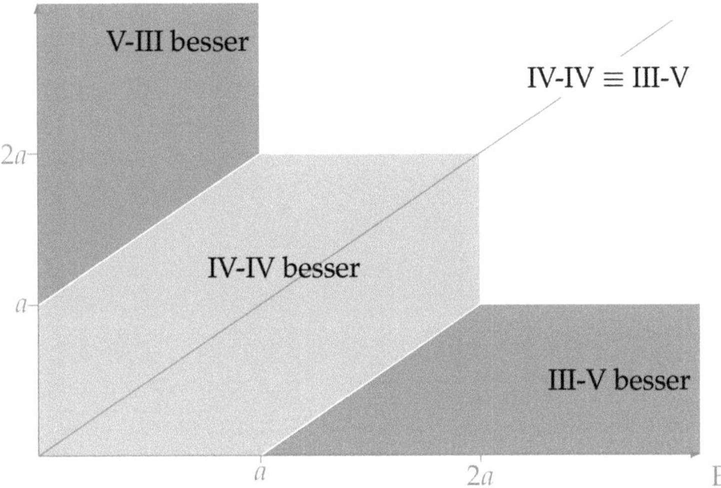

Aufgabe 4 Wir lösen die Teilaufgaben a) und b) mit einer Rechnung. Es gilt

$$\text{Lohnsteuer} - \text{veranlagte ESt} =$$
$$= \frac{T(2x_1)}{2} + \frac{T(2x_2)}{2} - T(x_1 + x_2)$$
$$= \frac{a4x_1^2 + 2bx_1 + c}{2} + \frac{a4x_2^2 + 2bx_2 + c}{2} - \left(a(x_1 + x_2)^2 + b(x_1 + x_2) + c\right)$$
$$= a\left(2x_1^2 + 2x_2^2 - x_1^2 - x_2^2 - 2x_1x_2\right) = a(x_1 - x_2)^2$$

Teilaufgabe c) führt darauf hinaus, den folgenden Term zu bestimmen:[13]

$$\text{Lohnst.} - \text{ver. ESt} = n\frac{a(12x)^2}{12} + (12 - n)\frac{a(12x)^2}{12} - a\big(nx + (12 - n)y\big)$$

13. Wir lassen die linearen Terme $bx + c$ weg, weil sie sich ohnehin kürzen.

Mit wenigen Umformungen zeigt man, dass dies das gleiche ist wie

$$= a(12 - n)n(x - y)^2.$$

Was das deutsche System angeht, muss man sich die einzelnen Parameter anschauen. Der Faktor $(12 - n)n$ ist für $n = 6$ am höchsten und ergibt 36. Der Faktor a muss dem aktuellen §32a Absatz 1 Nummer 2 des EStG entnommen werden (dort ist der Faktor a am höchsten), 2023 beispielsweise war das

$$a = \left(\frac{922{,}98}{10.000}\right)^2$$

Damit ergibt sich eine Größenordnung von

$$a(12 - n)n(x - y)^2 = \frac{922{,}98}{10.000^2} \cdot 36 \cdot 100^2 \approx 3{,}32€$$

Die Lohnsteuer erhöht die Abgabenlast höchstens um einen Differenzsteuersatz von 3,3%.

LÖSUNGSSKIZZE ZUM AUFGABENSET 2

Aufgabe 1 Es gilt

$$V_2 = \frac{CF_3}{1 + r_f}.$$

Dies in die Arbitragegleichung für V_1 eingesetzt ergibt

$$V_1 = \frac{CF_2 + V_3}{1 + r_f} = \frac{CF_2}{1 + r_f} + \frac{CF_3}{(1 + r_f)^2}.$$

Setzen wir dies in die Arbitragegleichung für V_0 ein, so ergibt sich das Ergebnis.

Aufgabe 2 Die Arbitrage-Gleichung lautet:

$$V_t(1 + r_f) = V_{t+1} + CF_{t+1} - I_{t+1}$$
$$V_t = \frac{V_{t+1} + CF_{t+1} - I_{t+1}}{1 + r_f}$$

$$V_{t+1}(1 + r_f) = V_{t+2} + CF_{t+2} - I_{t+2}$$
$$V_{t+1} = \frac{V_{t+2} + CF_{t+2} - I_{t+2}}{1 + r_f}$$

$$V_t = \frac{V_{t+2} + CF_{t+2} - I_{t+2}}{(1 + r_f)} \frac{1}{(1 + r_f)} + \frac{CF_{t+1} - I_{t+1}}{(1 + r_f)}$$
$$= \frac{CF_{t+1} - I_{t+1}}{(1 + r_f)} + \frac{V_{t+2} + CF_{t+2} - I_{t+2}}{(1 + r_f)^2}$$
$$\vdots$$

und damit ergibt sich die Behauptung durch wiederholtes Einsetzen.

Aufgabe 3 Ein Steuerparadox liegt vor, wenn eine Variation des Steuersatzes (mit $0 \leq \tau \leq 1$) zu einem Vorzeichenwechsel beim Kapitalwert führt.

$$NPV^\tau = -I_0 + \sum_{t=1}^{T} \frac{CF_t(1-\tau) + \tau\mathrm{AfA}_t}{(1+i(1-\tau))^t}$$

$$= -I_0 + \sum_{t=1}^{T} (CF_t(1-\tau) + \tau\mathrm{AfA}_t)$$

$$= -I_0 + (1-\tau)\sum_{t=1}^{T} CF_t + \tau\underbrace{\sum_{t=1}^{T} AfA_t}_{=I_0}$$

$$= -I_0 + (1-\tau)\sum_{t=1}^{T} CF_t + \tau I_0$$

$$= (1-\tau)\sum_{t=1}^{T} CF_t - (1-\tau)I_0$$

$$= (1-\tau)\underbrace{\left[-I_0 + \sum_{t=1}^{T} CF_t\right]}_{NPV}$$

$$= (1-\tau)NPV$$

Der Kapitalwert verändert im angegebenen Wertebereich das Vorzeichen somit nicht. Bei einem Zinssatz von null Prozent kann demnach kein Steuerparadox auftreten.

Aufgabe 4 Der Verlauf der NPV–Funktion bei $r_f = 75\%$ ergibt sich aus der Gleichung

$$NPV^\tau := -I_0 + \frac{CF_1(1-\tau) + \tau AfA_1}{(1+r_f(1-\tau))} + \ldots + \frac{CF_T(1-\tau) + \tau AfA_T}{(1+r_f(1-\tau))^T}$$

$$:= -I_0 + \frac{CF_1(1-\tau)}{(1+r_f(1-\tau))} + \ldots + \frac{CF_T(1-\tau)}{(1+r_f(1-\tau))^T}$$

$$:= -I_0 + \frac{CF_1(1-\tau)}{(1+0{,}75(1-\tau))} + \ldots + \frac{CF_T(1-\tau)}{(1+0{,}75(1-\tau))^T}$$

Es lassen sich folgende Kapitalwerte ermitteln:

τ	10%	20%	30%	40%	50%	60%	70%	80%	90%	95%
NPV^τ	0,6	0,71	0,812	0,9	0,96	0,961	0,865	0,6	0,048	−0,3958

Das Projekt weist somit ein Steuerparadox auf.

LÖSUNGSSKIZZE ZUM AUFGABENSET 3

Aufgabe 1 Standardmodell einer Gewinnsteuer

$$NPV = -I_0 + \frac{CF_1}{1+r_f}$$

$$NPV^\tau = -I_0 + \frac{CF_1(1-\tau) + \tau\,\text{AfA}_1}{1+r_f(1-\tau)}$$

$$= -I_0 + \frac{CF_1(1-\tau) + \tau I_0}{1+r_f(1-\tau)}$$

$$= \frac{CF_1(1-\tau) - I_0(1+r_f(1-\tau) - \tau)}{1+r_f(1-\tau)} \qquad \text{ausmultiplizieren}$$

$$= \frac{CF_1(1-\tau) - I_0(1-\tau)(1+r_f)}{1+r_f(1-\tau)} \qquad \text{ausklammern}$$

$$= (1-\tau)\frac{CF_1 - I_0(1+r_f)}{1+r_f(1-\tau)} \qquad \text{Definition NPV}$$

$$= (1-\tau)\frac{(1+r_f)NPV}{1+r_f(1-\tau)}$$

Das war zu zeigen.

Aufgabe 2 Bei $\tau = 10\%$ ergibt sich ein Kapitalwert von -6,02:

Zeitpunkt		0	1	2	3	4
Realinvestition		-100	0	30	45	50
Steuerzahlung	$\tau(\widetilde{CF} - \text{AfA})$		-2,5	0,5	2	2,5
Netto	$\widetilde{CF}(1-\tau) + \tau\text{AfA}_t$	-100	2,5	29,5	43	47,5
Diskontfaktor		1	0,9174	0,8416	0,7722	0,7084

Der Kapitalwert bei anderen Steuersätzen beträgt:

τ	0%	10%	20%	30%	40%	50%	60%	70%	80%
NPV	-7,25	-6,01	-4,88	-3,84	-2,90	-2,07	-1,36	-0,79	-0,36

Es liegt somit kein Steuerparadox vor.

Aufgabe 3 Teilaufgabe a)

Zeitpunkt		0	1	2	3	4
Realinvestition	I_0, CF	-5.000	0	0	3.000	4.000
Steuerzahlung	$\tau(CF - \text{AfA})$		-500	-250	475	675
Netto	$\widetilde{CF}(1-\tau) + \tau\text{AfA}$	-5.000	500	250	2.525	3.325
Diskontfaktor			1	0,926	0,857	0,794	0,735

$NPV^\tau = 125{,}699$ Dieser Kapitalwert ist größer, da die höheren Abschreibungen zum Laufzeitbeginn zu höheren Steuererstattungen führen.

Teilaufgabe b)

Zeitpunkt	0	1	2	3	4
Realinvestition	-5.000	0	0	3.000	4.000
Gewinn/Verlust		-1.250	-1.250	1.750	2.750
Verlustvortragskonto		1.250	2.500	750	0
BMG		0	0	0	2.000
Steuern		0	0	0	400
Netto	-5.000	0	0	3.000	3.600
Diskontfaktor	1	0,926	0,857	0,794	0,735

Der Kapitalwert $NPV^\tau = 27{,}60$ ist deutlich niedriger, weil Verluste erst später ausgeglichen werden können.

Aufgabe 4 (Zweite Gewinnsteuer)   (a) Wir gehen von der Grundgleichung der Arbitragetheorie aus und fügen beide Steuern ein.

$$(1 + r_f)V_{t-1} - \tau_1 r_f V_{t-1} - \tau_2(V_{t-1}r_f - \tau_1 r_f V_{t-1})$$
$$= V_t + CF_t - \tau_1(CF_t - \text{AfA}_t) - \tau_2(CF_t - \text{AfA}_t - \tau_1(CF_t - \text{AfA}_t))$$
$$V_{t-1}(1 + r_f - \tau_1 r_f - \tau_2(1 - \tau_1)r_f)$$
$$= V_t + CF_t - \tau_1(CF_t - \text{AfA}_t) - \tau_2(1 - \tau_1)(CF_t - \text{AfA}_t)$$
$$V_{t-1} = \frac{V_t + CF_t - \tau_1(CF_t - \text{AfA}_t) - \tau_2(1 - \tau_1)(CF_t - \text{AfA}_t)}{(1 + r_f - \tau_1 r_f - \tau_2(1 - \tau_1)r_f)}$$

Durch wiederholtes Einsetzen ergibt sich:

$$NPV^\tau = -I_0 + \sum_{t=1}^{T} \frac{CF_t - \tau_1(CF_t - \text{AfA}_t) - \tau_2(1 - \tau_1)(CF_t - \text{AfA}_t)}{(1 + r_f - \tau_1 r_f - \tau_2(1 - \tau_1)r_f)^t}$$

(b) Wir gehen erneut von der Grundgleichung der Arbitragetheorie aus und
fügen beide Steuern ein.

$$(1+r_f)V_{t-1} - \tau_2 r_f V_{t-1} = V_t + CF_t - \tau_1(CF_t - \mathrm{AfA}_t) - \tau_2(1-\tau_1)(CF_t - \mathrm{AfA}_t)$$

$$V_{t-1} = \frac{V_t + CF_t - \tau_1(CF_t - \mathrm{AfA}_t) - \tau_2(1-\tau_1)(CF_t - \mathrm{AfA}_t)}{1 + r_f(1-\tau_2)}$$

Durch wiederholtes Einsetzen ergibt sich:

$$NPV^\tau = -I_0 + \sum_{t=1}^{T} \frac{CF_t - \tau_1(CF_t - \mathrm{AfA}_t) - \tau_2(1-\tau_1)(CF_t - \mathrm{AfA}_t)}{(1 + r_f(1-\tau_2))^t}$$

Aufgabe 5 (Erbschaftsteuer) Wir nutzen die Ausgangsgleichung aus dem Skript:

$$V_{t'-1} = \frac{CF_{t'} + \frac{1-a\tau}{1-\tau}V_{t'}}{1+r_f}$$

Der Investor wird im Zeitpunkt $t' = 1$ erbschaftsteuerpflichtig. Eingesetzt erhalten wir:

$$V_0 = \frac{CF_1 + \frac{1-a\tau}{1-\tau}V_1}{1+r_f}$$

Nun gilt ja (weil keine Erbschaftsteuer anfällt und die zukünftigen Cashflows konstant sind)

$$V_1 = \frac{CF}{r_f}$$

und wir erhalten so

$$V_0 = \frac{CF + \frac{1-a\tau}{1-\tau}\frac{CF}{r_f}}{1+r_f} = \frac{CF}{r_f}\left(1 + \frac{\tau(1-a)}{(1-\tau)(1+r_f)}\right)$$

Aufgabe 6 (Gewinn- und Substanzsteuer) Wiederum gehen wir von der Grundgleichung der Arbitragetheorie aus und fügen beide Steuern ein.

$$(1+r_f)V_t - \tau^s V_t - \tau^g(r_f V_t - \tau^s V_t) = V_{t+1} + CF_{t+1}$$
$$- \tau^s \mathrm{BW}_t - \tau^g(CF_{t+1} - \mathrm{AfA}_{t+1} - \tau^s \mathrm{BW}_t)$$

Daraus ergibt sich die Rekursionsbeziehung

$$V_t = \frac{V_{t+1} + CF_{t+1} - \tau^s(1 - \tau^g)BW_t - \tau^g(CF_{t+1} - AfA_{t+1})}{1 + (r_f - \tau^s)(1 - \tau^g)}$$

und damit die NPV–Gleichung

$$NPV = -I_0 + \sum_{t=1}^{T} \frac{CF_t - \tau^g(CF_t - AfA_t) - \tau^s(1 - \tau^g)BW_{t-1}}{(1 + (r_f - \tau^s)(1 - \tau^g))^t}.$$

LÖSUNGSSKIZZE ZUM AUFGABENSET 4

Aufgabe 1 (a)-(d) Der Tilgungsanteil der Pensionszuführung ergibt sich aus (2) zu $T = 10{,}06$. Die anderen Variablen sind $1 + r_f(1 - \tau) = (1 + 0{,}15(1 - 0{,}4) = 1{,}09$ und $P = 24$.

Jahr	P	Tilg. T	Zinsant. Z_t	Rückst. R_t	Steuerersp. S_t	Disk.f.	Barwert
1	0	10,06	0	10,06	4,02	0,9174	3,69
2	0	10,06	0,60	20,72	4,26	0,8417	3,59
3	0	10,06	1,24	32,02	4,52	0,7722	3,49
4	0	10,06	1,92	44,00	4,79	0,7084	3,39
5	-24	0	2,64	22,64	1,06	0,6499	-14,91
6	-24	0	1,36	0	0,54	0,5963	-13,99
						Barwert =	-14,73

(e) Der Tilgungsanteil der Pensionszuführung ergibt sich aus (2) zu

T=1.278,76 Euro.

Dieser Betrag wird also in den Jahren 1 bis 30 den Pensionsrückstellungen zugeführt. Der Zinsanteil der Zuführungen zu den Rückstellungen beträgt 6% der Rückstellungen des letzten Jahres. In den ersten fünf Jahren ergeben sich somit die folgenden Zuführungen sowie Zahlungen.

Jahr	P P	Tilgung T	Zins Z_t	Rückstellung R_t	Steuerersp. S_t
1		1.278,76	0	1.278,76	511,51
2		1.278,76	76,73	2.634,25	542,20
3		1.278,76	158,06	4.071,07	574,73
4		1.278,76	244,26	5.594,10	609,21
5		1.278,76	335,65	7.208,51	645,76
⋮		⋮	⋮	⋮	⋮
30		1.278,76	5.650,07	101.096,73	2771,53
31	-24.000	0	6.065,80	83.162,54	2426,32
32	-24.000	0	4.989,75	64.152,29	1995,90
33	-24.000	0	3.849,14	44.001,42	1539,65
34	-24.000	0	2.640,09	22.641,51	1056,03
35	-24.000	0	1.358,49	0,00	543,40

Bildet ein Unternehmen Pensionsrückstellungen, so entstehen also in den ersten 35 Jahren Einzahlungen aus Steuervorteilen in der angegebenen Höhe. Des weiteren entstehen Auszahlungen in den letzten fünf Jahren durch die Pensionszahlungen (an denen sich allerdings der Fiskus mit 40% beteiligt – die Pensionen sind verändern ja die Höhe der Rückstellungen).

Die resultierenden Zahlungen sind nun mit dem versteuerten Zinssatz von 9% zu diskontieren. Es ergibt sich ein Kapitalwert der Rentenzusage von 3.100,26 Euro. Die Pensionszusage ist allein aus finanzwirtschaftlichen Gründen sinnvoll.

Aufgabe 2 (a) Der Tigungsanteil ergibt sich zu 575,89 Euro. Dieser Betrag wird in den Jahren 1, 2 und 3 angespart. Es ergeben die folgenden Zahlungen:

Jahr	Pension P	Tilgung T	Zins Z_t	Rückstellung R_t	Steuerersparnis S_t
1		575,89	0	575,89	230,35
2		575,89	34,55	1.186,33	244,18
3		575,89	71,18	1.833,39	258,83
4	-1.000		110,00	943,40	44,00
5	-1.000		56,60	0,00	22,64

Für die GmbH ergibt sich ein Barwert von -835,63 Euro.

(b) M muss den Bonus so anlegen, dass er in den Jahren 4 und 5 jeweils eine Auszahlung (nach Steuern) von 600 erhält. Der Barwert hiervon ist bei einem allgemeinen Gewinnsteuersatz von 40%:

$$\frac{600}{(1+10\%(1-40\%))^4} + \frac{600}{(1+10\%(1-40\%))^5} \approx 923,61$$

Damit M diesen Betrag an einen Pensionsfonds zahlen kann, muss er vor Steuern vom Unternehmen 1.539,35 Euro $=\frac{923,611}{1-40\%}$ erhalten.

Das Unternehmen wiederum kann diesen Betrag aber steuerlich geltend machen und muss also wiederum per Saldo insgesamt nur die genannten 923,61 Euro aufbringen.

(c) Die Pensionsrückstellung ist offensichtlich günstiger (da 835,63 Euro < 923,61 Euro). Die Ursache liegt in der Beteiligung des Fiskus an der Finanzierung der Pensionszusage durch die skizzierte Steuerminderung.

LÖSUNGSSKIZZE ZUM AUFGABENSET 5

Aufgabe 1 Teil (a): Soll die Firma die Maschine zum Leasen anbieten? Es gilt: Zinssatz $r_f = 0{,}1$ und Steuersatz $\tau = 0{,}35$.

	$t=1$	$t=2$	$t=3$	$t=4$	
Leasingrate	350.000	350.000	350.000	350.000	
AfA	-250.000	-250.000	-250.000	-250.000	$\text{AfA} = \frac{1}{4}\text{Kaufpreis}$
Wartung	-35.000	-35.000	-35.000	-35.000	
Steuern	-22.750	-22.750	-22.750	-22.750	$\tau(\widetilde{CF} - \text{AfA} - \text{Wartung})$
Diskontfaktor	0,93897	0,8817	0,8278	0,7773	$\frac{1}{(1+r_f(1-\tau))^t}$
Barwerte	274.414	257.677	241.925	227.166	
				NPV=1.182	

Die Summe der Barwerte beträgt 1.001.182, der Kapitalwert somit 1.182. Der Leasingvertrag lohnt sich somit für die Firma B.

Teil (b) Soll G die Maschine leasen oder kaufen? Es gilt: Zinssatz $r_f = 12\%$, Steuersatz $\tau = 0{,}25$.

Kauf der Maschine:

	$t=1$	$t=2$	$t=3$	$t=4$
CF	350.000	350.000	350.000	375.000
AfA	-250.000	-250.000	-250.000	-250.000
Wartung	-35.000	-35.000	-35.000	-35.000
Steuern	-16.250	-16.250	-16.250	-22.500
Diskontfaktor	0,9174	0,8417	0,7722	0,7084
Barwerte	274.073	251.458	230.695	224.917

Die Summe der Barwerte beträgt 981.143, der Kapitalwert somit -18.857. Ein Kauf der Maschine ist für A also absolut unvorteilhaft.

Leasing der Maschine:

	$t=1$	$t=2$	$t=3$	$t=4$	
CF	350.000	350.000	350.000	375.000	
Leasingrate	-350.000	-350.000	-350.000	-350.000	
Steuern	0	0	0	-6.250	$\tau(CF-LR)$
Diskontfaktor				0,7084	
Barwerte	0	0	0	13.280	

Das Leasing der Maschine führt zu einem Kapitalwert von 13.280. Es ist somit absolut und relativ vorteilhaft für A, die Maschine zu leasen.

Aufgabe 2 Teil (a) Laut Aufgabenstellung sollen die Cashflows identisch sein, unabhängig davon, ob die Maschine gekauft oder geleast wird. Wir nehmen an, dass gilt: $CF = 0$. Es lässt sich einfach zeigen, dass die Ergebnisse bei beliebig gewählten anderen Cashflows unverändert bleiben.

Kauf:

$$\text{NPV}^{\text{Kauf}} = -K + \frac{\frac{K}{4}\tau}{(1+5\%(1-\tau))} + \frac{\frac{K}{4}\tau}{(1+5\%(1-\tau))^2} + \frac{\overbrace{\frac{K}{4}\tau}^{\tau\text{AfA}} + LE - \tau(LE - \overbrace{\frac{K}{4}}^{RBW})}{(1+5\%(1-\tau))^3}$$

Leasing:

$$\text{NPV}^{\text{Leasing}} = \frac{-L(1-\tau)}{(1+5\%(1-\tau))} + \frac{-L(1-\tau)}{(1+5\%(1-\tau))^2} + \frac{-L(1-\tau)}{(1+5\%(1-\tau))^3}$$

Bei der kritischen Leasingrate L^* ist der der Leasingnehmer gerade indifferent zwischen Kauf und Leasing. Allgemein formuliert und gleichgesetzt:

$$-K + \sum_{t=1}^{T} \frac{\text{AfA}\tau}{(1+r_f(1-\tau))^t} + \frac{LE - \tau(LE - RBW)}{(1+r_f(1-\tau))^T} = \sum_{t=1}^{T} \frac{-L(1-\tau)}{(1+r_f(1-\tau))^t}$$

Auflösen nach L ergibt die kritische Leasingrate:

$$L^* = \frac{K - \sum_{t=1}^{T} \frac{\tau\text{AfA}_t}{(1+r_f(1-\tau))^t} - \frac{LE-\tau(LE-RBW)}{(1+r_f(1-\tau))^T}}{(1-\tau)\sum_{t=1}^{T}\frac{1}{(1+r_f(1-\tau))^t}}$$

Teil (b) Die Lösung wird als Excel-Tabelle auf das Netz gelegt.

Aufgabe 3 Die Gleichung für L^* lautet

$$-L^*(1-\tau)\cdot\sum_{t=1}^{T}\frac{1}{(1+r_f(1-\tau))^t} = -I_0 + \tau\cdot\sum_{t=1}^{T}\frac{\text{AfA}_t}{(1+r_f(1-\tau))^t} + \frac{LE(1-\tau)+\tau\,\text{BW}_T}{(1+r_f(1-\tau))^T}$$

Für einen Zinssatz $r_f = 0$ ergibt sich

$$-L^*(1-\tau)T = -I_0 + \tau\cdot\sum_{t=1}^{T}\text{AfA}_t + LE(1-\tau) + \tau\text{BW}_T.$$

Weiter ist die Summe der Abschreibungen gleich der Differenz aus Anschaffungsausgabe und Buchwert. Somit erhalten wir

$$-L^*(1-\tau)T = -I_0 + \tau\,\overbrace{(I_0 - \text{BW}_T)}^{=\sum_{t=1}^{T}\text{AfA}_t} + LE(1-\tau) + \tau\text{BW}_T = (LE - I_0)(1-\tau).$$

Kürzt man auf beiden Seiten $-(1-\tau)$, so ergibt sich die Behauptung.

Aufgabe 4 Teil (a)

$$NPV^{Kauf} = -5.000 + \frac{3.000}{1{,}1} + \frac{3.000}{1{,}1^2} + \frac{3.000 + 2.000}{1{,}1^3} \qquad \approx 3.963{,}2$$

$$NPV^{Leasing} = \frac{(3.000 - 1.500)}{1{,}1} + \frac{(3.000 - 1.500)}{1{,}1^2} + \frac{(3.000 - 1.500)}{1{,}1^3} \qquad \approx 3.730{,}3$$

Ein Kauf der Maschine ist also vorzuziehen.

Teil (b)

$$NPV^{\text{Kauf}} = NPV^{\text{Leasen}}$$

$$3.963{,}2 \approx (3.000 - L^*)\left(\frac{1}{1{,}1} + \frac{1}{1{,}1^2} + \frac{1}{1{,}1^3}\right)$$

$$3.963{,}2 \approx 7.460{,}6 - 2{,}487\,L^*$$

$$-3.497{,}37 \approx -2{,}487\,L^*$$

$$L^* \approx 1.406{,}32$$

Teil (c) Man nutzt die folgenden Werte: $\text{AfA}_t = \frac{5.000}{5} = 1.000$, $\tau = 0{,}6$, Diskontfaktor $= (1 + 0{,}1(1 - 0{,}6))^{-t} = 1{,}04^{-t}$ und Liquidationserlös=Restbuchwert=2.000. Einsetzen ergibt:

$$\text{Kauf: } NPV^\tau = -5.000 + \frac{3.000 \cdot 0{,}4 + 0{,}6 \cdot 1.000}{1{,}04} + \frac{3.000 \cdot 0{,}4 + 0{,}6 \cdot 1.000}{1{,}04^2}$$
$$+ \frac{3.000 \cdot 0{,}4 + 0{,}6 \cdot 1.000}{1{,}04^3} + \frac{2.000}{1{,}04^3} \approx 1.773{,}16$$

$$\text{Leasen: } NPV^\tau = \frac{(3.000 - 1.500) \cdot 0{,}4}{1{,}04} + \frac{1.500 \cdot 0{,}4}{1{,}04^2} + \frac{1.500 \cdot 0{,}4}{1{,}04^3} \approx 1.665{,}06$$

Es ist weiterhin vorteilhaft, die Maschine zu kaufen.

LÖSUNGSSKIZZE ZUM AUFGABENSET 6

Wiederholung:

Steuer	Ökonomischer Gewinn	CF-Steuer	Zinskorrektur
Quelle	Preinreich (1951), Samuelson (1964)	Brown (1984)	Boadway/Bruc (1979), Wenger (1983)
Implementierbarkeit	Nein	Nein	Ja
Bes. Merkmale	$EwAfA_t = V_{t-1} - V_t$ (faire UN-Werte vor Steuern)	I_0 abzugsfähig	verzinste Buchwe aus der Vorperio abzugsfähig
Kapitalwert	$NPV^\tau = NPV$	$NPV^\tau = (1 - \tau)\, NPV$	$NPV^\tau = (1 - \tau)\, NPV$
Übungsaufgabe	2;3;4	1;4	4

Aufgabe 1 Teil (a) Kapitalwert vor Steuern:

$$NPV = -6 + \frac{1}{1{,}1} + \frac{2}{1{,}1^2} + \frac{3}{1{,}1^3} + \frac{4}{1{,}1^4}$$
$$= 1{,}548$$

Teil (b) Kapitalwert unter einer CF-Steuer mit $\tau = 0{,}4$:

$$NPV^\tau = (1 - \tau)NPV$$
$$= (1 - 0{,}4) \cdot 1{,}548 = 0{,}9288$$

Teil (c) Kapitalwert unter einer CF-Steuer mit einem wechselnden Steuersatz $\tau_{1,2} = 0{,}4$ und $\tau_{3,4} = 0{,}6$:

$$NPV^\tau = -6(1 - 0{,}4) + \frac{1(1 - 0{,}4)}{1{,}1} + \frac{2(1 - 0{,}4)}{1{,}1^2} + \frac{3(1 - 0{,}6)}{1{,}1^3} + \frac{4(1 - 0{,}6)}{1{,}1^4} = -0{,}0684$$

Das Vorzeichen ändert sich, es liegt ein Steuerparadox vor.

$$
\begin{array}{c|cccc}
\textit{Aufgabe 2 (a)} & \text{Zeitpunkt} & 0 & 1 & 2 & 3 \\
\hline
& \text{Barwert} & 1082{,}6045 & 836{,}7347 & 428{,}57 & 0
\end{array}
$$

$$\mathrm{EwAfA}_1 = 1082{,}6045 - 836{,}7347 = 245{,}869$$

$$\mathrm{EwAfA}_2 = 408{,}177$$

$$\mathrm{EwAfA}_3 = 428{,}57$$

(b) Es gilt: $NPV^\tau = NPV = -I_0 + PV_0 = -600 + 1.082{,}6045 = 482{,}605$.

Aufgabe 3 Es ergibt sich nacheinander für die Barwerte (=Present Value) PV_t

$$
(a) \quad
\begin{array}{cccc}
t=0 & t=1 & t=2 & t=3 \\
\hline
1.804{,}3 & 1.394{,}6 & 714{,}29 & 0
\end{array}
$$

Wir erhalten folgende **Ertragswertabschreibungen** als Differenz der Barwerte:

$$
\begin{array}{cccc}
t=0 & t=1 & t=2 & t=3 \\
\hline
& 409{,}78 & 680{,}27 & 714{,}29
\end{array}
$$

(b) Ohne Steuern hat das Projekt einen Kapitalwert von 804,34. Da sich dieser durch die Besteuerung des ökonomischen Gewinns nicht ändert, liegt er bei einem Steuersatz von 60% unverändert bei 804,34.

(c) Wird ein Kredit mit dem Nominalbetrag von 1804,34 ausgegeben werden, so ergeben sich exakt die Tilgungsraten aus der letzten Tabelle. Damit ergibt sich die **Restschuld**

$$
\begin{array}{cccc}
t=0 & t=1 & t=2 & t=3 \\
\hline
1.804{,}4 & 1.394{,}6 & 714{,}29 & 0
\end{array}
$$

Daraus erhalten wir die **Zinsbelastung** von

$$
\begin{array}{cccc}
t=0 & t=1 & t=2 & t=3 \\
\hline
& 90{,}217 & 69{,}728 & 35{,}714
\end{array}
$$

(d) Aus diesen Werten ergibt sich eine **Gesamtbelastung** von

$$
\begin{array}{cccc}
t=0 & t=1 & t=2 & t=3 \\
\hline
& 500 & 750 & 750
\end{array}
$$

Beide Zahlungsreihen unterscheiden sich ausschließlich im Punkte $t=0$ voneinander. Beim Kredit wird 1.804,3408 ausgezahlt, beim Projekt 1.000.

Aufgabe 4 (a) Für die Ertragswertabschreibungen ergeben sich die folgenden Werte:

Zeitpunkt	0	1	2	3	4
Cashflow	-5.000	0	0	3.000	4.000
Kapitalwert	4.986	5.485	6.033	3.636	0
Ertragswertabschreibung		-499	-548	2.397	3.636
Steuern		100	110	121	73

und damit ergibt sich ein Barwert der Steuereinnahmen von 322.

Für die Cashflow–Steuer ergibt sich

	$t=0$	$t=1$	$t=2$	$t=3$	$t=4$
Cashflow	-5.000	0	0	3.000	4.000
Steuern	-1.000	0	0	600	800

und ein Barwert der Steuereinnahmen von -2,8.

Schließlich ergibt sich für die zinskorrigierte Gewinnsteuer

	$t=0$	$t=1$	$t=2$	$t=3$	$t=4$
Cashflow	-5.000	0	0	3.000	4.000
Buchwert	5.000	3.750	2.500	1.250	
Steuern		-350	-325	300	525

und ein Barwert der Steuereinnahmen von -2,8.

LÖSUNGSSKIZZE ZUM AUFGABENSET 7

Aufgabe 1a) Diese Aufgabe zeigt, dass das Rechnen mit bedingten Erwartungswerten einen bedeutenden Vorteil besitzt: wir können einzelne zukünftige Szenarien präziser untersuchen. Die Rechnung mit unbedingten Erwartungswerten liefert uns im Beispiel zwar einen heutigen Unternehmenswert, wir können aber keine Aussagen über dessen zukünftige Entwicklung treffen.

Hinweis: Die Notationen $E[\cdot|\mathcal{F}_t]$ und $E_t[\cdot]$ sind äquivalent. Ein (u) in Klammern hinter einem Ausdruck bezeichnet eine Aufwärtsbewegung, ein (d) in Klammern eine Abwärtsbewegung. In Abbildung 1 gilt also beispielsweise $\widetilde{CF}_3(uuu) = 275$.

Wir beginnen mit dem auf den Zeitpunkt $t = 2$ bedingten Erwartungswert. Dieser besitzt in jedem Knoten (uu, ud, du, dd) einen anderen Wert und stellt somit selbst eine Zufallsvariable dar. Die Berechnung erfolgt analog zur Berechnung von unbedingten Erwartungswerten. Sie müssen sich dazu gedanklich in jede im Zeitpunkt $t = 2$ mögliche Situation versetzen; anschließend berechnen Sie den (hypothetischen) unbedingten Erwartungswert unter der Annahme, dass diese Situation eingetreten ist.

Im obersten Zustand in Abbildung 1 ($CF_2(uu) = 250$) sind beispielsweise in der Folgeperiode nur zwei Cashflows $\widetilde{CF}_3$ möglich, 275 mit einer Wahrscheinlichkeit von 0,4 und 240 mit einer Wahrscheinlichkeit von 0,6. Falls in $t = 2$ die Situation (uu) eintritt, würde der unbedingte Erwartungswert des folgenden Cashflows also $E_2[\widetilde{CF}_3](uu) = 0,4 \cdot 275 + 0,6 \cdot 240 = 254$ betragen. Spielt man alle Möglichkeiten in $t = 2$ auf diese Weise durch, so ergibt sich:

$$E[\widetilde{CF}_3|\,\mathcal{F}_2] = \begin{cases} 254 & \text{wenn} & \widetilde{CF}_2 = 250 \\ 150 & \text{wenn} & \widetilde{CF}_2 = 130 \\ 82{,}2 & \text{wenn} & \widetilde{CF}_2 = 155 \\ 20{,}3 & \text{wenn} & \widetilde{CF}_2 = 23 \end{cases}$$

Der angegebene oberste Wert ist – wie beschrieben – zu interpretieren als: "Wenn in zwei Jahren das oberste Szenario (uu) eingetreten sein sollte und der Cashflow des Unternehmens somit 250 beträgt, dann beträgt der (unbedingte) Erwartungswert des Cashflows im Folgejahr 254."

Die auf den Zeitpunkt $t = 1$ bedingten Erwartungswerte des Cashflows in der dritten Periode $E[\widetilde{CF}_3|\, \mathcal{F}_1]$ lassen sich analog berechnen, indem alle möglichen Cashflows mit dem Produkt ihrer Wahrscheinlichkeiten multipliziert werden. Es ist aber bedeutend schneller, die bereits berechneten, auf den Zeitpunkt $t = 2$ bedingten Erwartungswerte $E[\widetilde{CF}_3|\, \mathcal{F}_2]$ zu nutzen. Ein Beispiel für beide Alternativen:

$$\begin{aligned}
E[\widetilde{CF}_3|\, \mathcal{F}_1](u) &= \widetilde{CF}_3(uuu) \cdot 0{,}4 \cdot 0{,}5 + \widetilde{CF}_3(uud) \cdot 0{,}6 \cdot 0{,}5 \\
&\quad + \widetilde{CF}_3(udu) \cdot 0{,}8 \cdot 0{,}5 + \widetilde{CF}_3(udd) \cdot 0{,}2 \cdot 0{,}5 \\
&= E[\widetilde{CF}_3|\, \mathcal{F}_2](uu) \cdot 0{,}5 + E[\widetilde{CF}_3|\, \mathcal{F}_2](ud) \cdot 0{,}5.
\end{aligned}$$

Beide Rechenwege führen zu folgenden Werten:

$$E[\widetilde{CF}_3|\, \mathcal{F}_1] = \begin{cases} 202{,}00 & \text{wenn} \quad \widetilde{CF}_1 = 200 \\ 63{,}63 & \text{wenn} \quad \widetilde{CF}_1 = 100 \end{cases}$$

und

$$E[\widetilde{CF}_2|\, \mathcal{F}_1] = \begin{cases} 190{,}00 & \text{wenn} \quad \widetilde{CF}_1 = 200 \\ 115{,}40 & \text{wenn} \quad \widetilde{CF}_1 = 100 \end{cases}$$

Die (unbedingten) Erwartungswerte im Zeitpunkt $t = 0$ lassen sich analog ermitteln:

$$\begin{aligned}
E[\widetilde{CF}_3] &\approx 105{,}14 \\
E[\widetilde{CF}_2] &= 137{,}78 \\
E[\widetilde{CF}_1] &= 130{,}00.
\end{aligned}$$

Aufgabe 2a Bei Bedingung im Zeitpunkt $t = 0$ (unbedingte Erwartungswerte) gilt:

$$E[\widetilde{CF}_1|\, \mathcal{F}_0] = E[\widetilde{CF}_2|\, \mathcal{F}_0] = E[\widetilde{CF}_3|\, \mathcal{F}_0] = 100.$$

Dieses deutet darauf hin, dass $g = 0$ gilt.

Bei Bedingung im Zeitpunkt $t = 1$ (bedingte Erwartungswerte) gilt:

$$E[\widetilde{CF}_2|\,\mathcal{F}_1] = \begin{cases} 110 & \text{wenn} \quad \widetilde{CF}_1 = 110 \\ 90 & \text{wenn} \quad \widetilde{CF}_1 = 90 \end{cases}$$

und ebenso

$$E[\widetilde{CF}_3|\,\mathcal{F}_1] = \begin{cases} 110 & \text{wenn} \quad \widetilde{CF}_1 = 110 \\ 90 & \text{wenn} \quad \widetilde{CF}_1 = 90 \end{cases}$$

$$E[\widetilde{CF}_3|\,\mathcal{F}_1] = E[\widetilde{CF}_2|\,\mathcal{F}_1] = \widetilde{CF}_1$$

Damit sind sogar die beiden Zufallsvariablen **identisch**. Wir haben somit verifiziert, dass die Wachstumsrate $g = 0$ vorliegt.

Bei Bedingung im Zeitpunkt $t = 2$ (bedingte Erwartungswerte)

$$E[\widetilde{CF}_3|\,\mathcal{F}_2] = \begin{cases} 121 & \text{wenn} \quad \widetilde{CF}_2 = 121 \\ 99 & \text{wenn} \quad \widetilde{CF}_2 = 99 \\ 81 & \text{wenn} \quad \widetilde{CF}_2 = 81 \end{cases}$$

und wieder

$$E[\widetilde{CF}_3|\,\mathcal{F}_2] = \widetilde{CF}_2.$$

Anmerkung zur Konstruktion des Binomialbaums: die Cashflows verändern sich in jedem Knoten bei einer Aufwärtsbewegung um +10% und bei einer Abwärtsbewegung um -10%.

Aufgabe 2b Bei Bedingung im Zeitpunkt $t = 0$ (unbedingte Erwartungswerte)

$$E[\widetilde{CF}_1|\,\mathcal{F}_0] = 76,5$$
$$E[\widetilde{CF}_2|\,\mathcal{F}_0] = 58,52$$
$$E[\widetilde{CF}_3|\,\mathcal{F}_0] = 44,77.$$

Dies deutet darauf hin, dass für die Wachstumsrate $g = \frac{58{,}52}{76{,}5} - 1 = \frac{44{,}77}{58{,}52} - 1 = -23{,}5\%$ gilt.

Bei Bedingung im Zeitpunkt $t = 1$ (bedingte Erwartungswerte)

$$E[\widetilde{CF}_2|\,\mathcal{F}_1] = \begin{cases} 87{,}975 & \text{wenn} \quad \widetilde{CF}_1 = 115 \\ 45{,}9 & \text{wenn} \quad \widetilde{CF}_1 = 60 \end{cases}$$

und ebenso

$$E[\widetilde{CF}_3|\,\mathcal{F}_1] = \begin{cases} 67{,}3 & \text{wenn} \quad \widetilde{CF}_1 = 115 \\ 35{,}11 & \text{wenn} \quad \widetilde{CF}_1 = 60 \end{cases}$$

Hier gilt folgendes

$$E[\widetilde{CF}_2|\,\mathcal{F}_1] = (1 - 23{,}5\%)\widetilde{CF}_1 \quad \text{und} \quad E[\widetilde{CF}_3|\,\mathcal{F}_1] = (1 - 23{,}5\%)^2 \cdot \widetilde{CF}_1$$

Bei Bedingung im Zeitpunkt $t = 2$ (bedingte Erwartungswerte)

$$E[\widetilde{CF}_3|\,\mathcal{F}_2] = \begin{cases} 101{,}17 & \text{wenn} \quad \widetilde{CF}_2 = 132{,}25 \\ 52{,}785 & \text{wenn} \quad \widetilde{CF}_2 = 69 \\ 27{,}54 & \text{wenn} \quad \widetilde{CF}_2 = 36 \end{cases}$$

und wieder

$$E[\widetilde{CF}_3|\,\mathcal{F}_2] = (1 - 23{,}5\%)\widetilde{CF}_2.$$

Anmerkung zur Konstruktion des Binomialbaums: In jedem Knoten wachsen die Cashflows bei Aufwärtsbewegung mit 15% und bei Abwärtsbewegung mit -40%.

Aufgabe 2c Bei Bedingung im Zeitpunkt $t = 0$ (unbedingte Erwartungswerte)

$$E[\widetilde{CF}_1|\,\mathcal{F}_0] = 97{,}5$$
$$E[\widetilde{CF}_2|\,\mathcal{F}_0] = 95{,}06$$
$$E[\widetilde{CF}_3|\,\mathcal{F}_0] = 92{,}69.$$

Dies deutet darauf hin, dass für die Wachstumsrate $g = \frac{95{,}06}{97{,}5} - 1 = \frac{92{,}69}{95{,}06} - 1 = -2{,}5\%$ gilt.

Bei Bedingung im Zeitpunkt $t = 1$ (bedingte Erwartungswerte)

$$E[\widetilde{CF}_2|\,\mathcal{F}_1] = \begin{cases} 107{,}25 & \text{wenn} \quad \widetilde{CF}_1 = 110 \\ 82{,}875 & \text{wenn} \quad \widetilde{CF}_1 = 85 \end{cases}$$

und ebenso

$$E[\widetilde{CF}_3|\,\mathcal{F}_1] = \begin{cases} 104{,}57 & \text{wenn} \quad \widetilde{CF}_1 = 110 \\ 80{,}80 & \text{wenn} \quad \widetilde{CF}_1 = 85 \end{cases}$$

Hier gilt folgendes

$$E[\widetilde{CF}_2|\,\mathcal{F}_1] = (1 - 2{,}5\%)\widetilde{CF}_1 \quad \text{und} \quad E[\widetilde{CF}_3|\,\mathcal{F}_1] = (1 - 2{,}5\%)^2\widetilde{CF}_1$$

Bei Bedingung im Zeitpunkt $t = 2$ (bedingte Erwartungswerte)

$$E[\widetilde{CF}_3 | \mathcal{F}_2] = \begin{cases} 112{,}61 & \text{wenn} & \widetilde{CF}_2 = 115{,}5 \\ 96{,}525 & \text{wenn} & \widetilde{CF}_2 = 99 \\ 65{,}08 & \text{wenn} & \widetilde{CF}_2 = 66{,}75 \end{cases}$$

und wieder

$$E[\widetilde{CF}_3 | \mathcal{F}_2] = (1 - 2{,}5\%)\widetilde{CF}_2.$$

Aufgabe 3 Zuerst bestimmen wir die Wachstumsrate g.

Es gilt

$$\begin{aligned} CF_t &= E_t[CF_{t+1}] && \text{laut Aufgabenstellung} \\ &= (1 + g)CF_t && \text{laut Definition Wachstumsrate} \\ \Longrightarrow g &= 0 \end{aligned}$$

Wir gehen schrittweise vor. Zuerst folgt

$$\begin{aligned} \underset{2}{E}[\widetilde{CF}_3] &= \widetilde{CF}_2 && \text{lt. Aufgabe} \\ \underset{2}{E}[\widetilde{CF}_3](uu) &= \widetilde{CF}_2(uu) && \text{im Zustand } uu \\ \tfrac{1}{2}193{,}6 + \tfrac{1}{2}96{,}8 &= \widetilde{CF}_2(uu) && \text{bed. Erwartungswert} \\ 145{,}2 &= \widetilde{CF}_2(uu) && \text{ausrechnen} \end{aligned}$$

Und so geht es weiter

$$\begin{aligned} \underset{1}{E}[\widetilde{CF}_2] &= \widetilde{CF}_1 && \text{lt. Aufgabe} \\ \underset{1}{E}[\widetilde{CF}_2](u) &= \widetilde{CF}_1(u) && \text{im Zustand } u \\ \tfrac{1}{2}145{,}2 + \tfrac{1}{2}121 &= \widetilde{CF}_1(u) && \text{bed. Erwartungswert} \\ 133{,}1 &= \widetilde{CF}_1(u) && \text{ausrechnen} \end{aligned}$$

Ebenso

$$\underset{2}{\text{E}}[\widetilde{\text{CF}}_3] = \widetilde{\text{CF}}_2 \qquad \text{lt. Aufgabe}$$

$$\underset{2}{\text{E}}[\widetilde{\text{CF}}_3](ud) = \widetilde{\text{CF}}_2(ud) \qquad \text{im Zustand } ud$$

$$\frac{1}{2}96{,}8 + \frac{1}{2}\widetilde{\text{CF}}_3(udu) = 121 \qquad \text{bed. Erwartungswert}$$

$$145{,}2 = \widetilde{\text{CF}}_3(udu) \qquad \text{ausrechnen}$$

usw.

Insgesamt erhalten wir dann die Cashflows aus Abbildung 9.

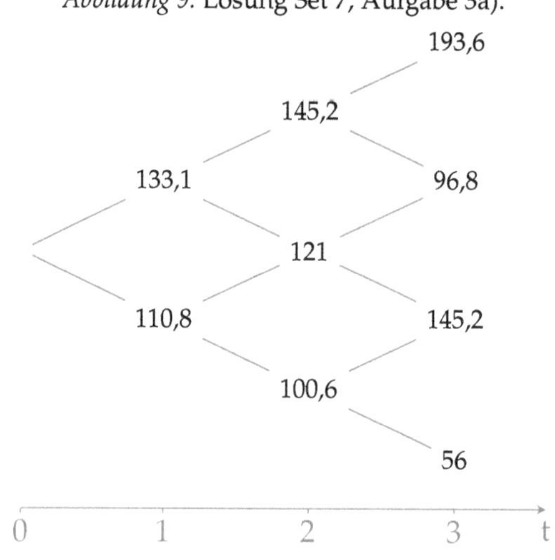

Abbildung 9: Lösung Set 7, Aufgabe 3a).

Aufgabe 3b) Die Lösung erfolgt analog, siehe Abbildung 10.

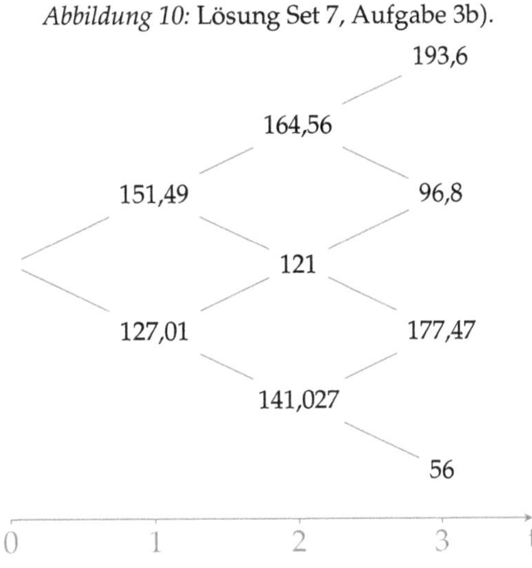

Abbildung 10: Lösung Set 7, Aufgabe 3b).

LÖSUNGSSKIZZE ZUM AUFGABENSET 8

Aufgabe 1 Am besten beginnt man die Rechnung im letzten Zeitpunkt. In allen Zuständen gilt

$$\widetilde{V}_3 = 0,$$

da in späteren Zeitpunkten keine Cashflows mehr anfallen.

In $t = 2$ müssen wir die einzelnen Zustände unterscheiden. Wir beginnen im obersten Ast und verwenden die berechneten bedingten Erwartungswerte $E_2[\widetilde{CF}_3]$ aus Set 8, Aufgabe 1:

$$\widetilde{V}_2(uu) = \frac{E[\widetilde{CF}_3 \mid \mathcal{F}_2](uu)}{1+k} = \frac{254}{1+25\%} = 203{,}20$$

$$\widetilde{V}_2(ud) = \frac{E[\widetilde{CF}_3 \mid \mathcal{F}_2](ud)}{1+k} = \frac{150}{1+25\%} = 120{,}00$$

$$\widetilde{V}_2(du) = \frac{E[\widetilde{CF}_3 \mid \mathcal{F}_2](du)}{1+k} = \frac{82{,}2}{1+25\%} = 65{,}76$$

$$\widetilde{V}_2(dd) = \frac{E[\widetilde{CF}_3 \mid \mathcal{F}_2](dd)}{1+k} = \frac{20{,}3}{1+25\%} = 16{,}24$$

In $t = 1$ wird es etwas schwieriger, weil wir summieren müssen. Wir verwenden die berechneten bedingten Erwartungswerte $E_1[\widetilde{CF}_2]$ und $E_1[\widetilde{CF}_3]$ aus Set 8, Aufgabe 1:

$$\widetilde{V}_1(u) = \frac{E[\widetilde{CF}_2 \mid \mathcal{F}_1](u)}{1+k} + \frac{E[\widetilde{CF}_3 \mid \mathcal{F}_1](u)}{(1+k)^2} = \frac{190}{1+25\%} + \frac{202}{(1+25\%)^2} = 281{,}28$$

$$\widetilde{V}_1(d) = \frac{E[\widetilde{CF}_2 \mid \mathcal{F}_1](d)}{1+k} + \frac{E[\widetilde{CF}_3 \mid \mathcal{F}_1](d)}{(1+k)^2} = \frac{115{,}40}{1+25\%} + \frac{63{,}63}{(1+25\%)^2} \approx 133{,}04$$

Hätten wir die bedingten Erwartungswerte der Cashflows zum Zeitpunkt $t = 1$ nicht bereits in der vorigen Aufgabe berechnet, so könnten wir an dieser Stelle auch die Gleichung

$$\widetilde{V}_t = \frac{E[\widetilde{V}_{t+1} + \widetilde{CF}_{t+1} \mid \mathcal{F}_t]}{1+k}.$$

verwenden. Im obersten Knoten ergäbe sich so beispielsweise die Rechnung

$$\tilde{V}_1(u) = \frac{\mathrm{E}_1[\tilde{V}_2 + \widetilde{\mathrm{CF}}_2](u)}{1+k}$$
$$= \frac{0{,}5 \cdot [203{,}20 + 250{,}00] + 0{,}5 \cdot [130{,}00 + 120{,}00]}{1 + 25\%}$$
$$= 281{,}28,$$

die ebenfalls zum bereits bekannten Ergebnis kommt.

Der letzte Unternehmenswert ist am einfachsten zu berechnen:

$$V_0 = \frac{\mathrm{E}[\widetilde{\mathrm{CF}}_1]}{1+k} + \frac{\mathrm{E}[\widetilde{\mathrm{CF}}_2]}{(1+k)^2} + \frac{\mathrm{E}[\widetilde{\mathrm{CF}}_3]}{(1+k)^3}$$
$$= \frac{130{,}00}{1+25\%} + \frac{137{,}78}{(1+25\%)^2} + \frac{105{,}14}{(1+25\%)^3}$$
$$\approx 246{,}01.$$

Auch hier hätten wir den alternativen Rechenweg verwenden können.

Aufgabe 2 **Teil a** Wir gehen analog zu Aufgabe 1 vor und erhalten folgende Ergebnisse:

In $t = 3$: $\tilde{V}_3 = 0$

In $t = 2$ erhalten wir einen Fall weniger, da gilt $\tilde{V}_2(ud) = \tilde{V}_2(du)$:

$$\tilde{V}_2(uu) = \frac{\mathrm{E}[\widetilde{\mathrm{CF}}_3 \mid \mathcal{F}_2]}{1+k} = \frac{121}{1+20\%} \approx 100{,}83$$
$$\tilde{V}_2(ud) = \frac{\mathrm{E}[\widetilde{\mathrm{CF}}_3 \mid \mathcal{F}_2]}{1+k} = \frac{99}{1+20\%} \approx 82{,}5$$
$$\tilde{V}_2(dd) = \frac{\mathrm{E}[\widetilde{\mathrm{CF}}_3 \mid \mathcal{F}_2]}{1+k} = \frac{81}{1+20\%} \approx 67{,}5$$

In $t = 1$:

$$\tilde{V}_1(u) = \frac{\mathrm{E}[\widetilde{\mathrm{CF}}_2 \mid \mathcal{F}_1]}{1+k} + \frac{\mathrm{E}[\widetilde{\mathrm{CF}}_3 \mid \mathcal{F}_1]}{(1+20\%)^2} = \frac{110}{1+20\%} + \frac{110}{(1+k)^2} \approx 168{,}06$$
$$\tilde{V}_1(d) = \frac{\mathrm{E}[\widetilde{\mathrm{CF}}_2 \mid \mathcal{F}_1]}{1+k} + \frac{\mathrm{E}[\widetilde{\mathrm{CF}}_3 \mid \mathcal{F}_1]}{(1+20\%)^2} = \frac{90}{1+20\%} + \frac{90}{(1+k)^2} \approx 137{,}5$$

In $t = 0$:

$$V_0 = \frac{\mathrm{E}[\widetilde{CF}_1]}{1+k} + \frac{\mathrm{E}[\widetilde{CF}_2]}{(1+k)^2} + \frac{\mathrm{E}[\widetilde{CF}_3]}{(1+k)^3}$$
$$= \frac{100}{1+20\%} + \frac{100}{(1+20\%)^2} + \frac{100}{(1+20\%)^3}$$
$$\approx 210{,}65.$$

Teil b Das Gewinn-Kurs-Verhältnis (1/KGV) beträgt im Zeitpunkt $t = 2$ etwa 1,2 und im Zeitpunkt $t = 1$ etwa 0,654. Es hängt somit in keinem Zeitpunkt vom konkreten Knoten ab. Im den Zeitpunkten $t = 0$ und $t = 3$ lässt es nicht berechnen, weil wir im ersten Zeitpunkt CF_0 nicht kennen und im letzten das KGV null beträgt und somit (1/KGV) nicht definiert ist.

Aufgabe 3 **Teil a** Die Lösung steht in Abbildung 11.

Neben der allgemeinen Lösung kann man natürlich auch die Annahme autoregressiver Cashflows nutzen und erhält dann einen viel leichteren Zugang. So gilt beispielsweise

$$\widetilde{V}_2 = \frac{\mathrm{E}[\widetilde{CF}_3 \mid \mathcal{F}_2]}{1+k} = \frac{(1+g)\widetilde{CF}_2}{1+k}$$

und daraus ergibt sich ein etwas schnellerer Lösungsweg.

Abbildung 11: Lösung Set 8, Aufgabe 3.

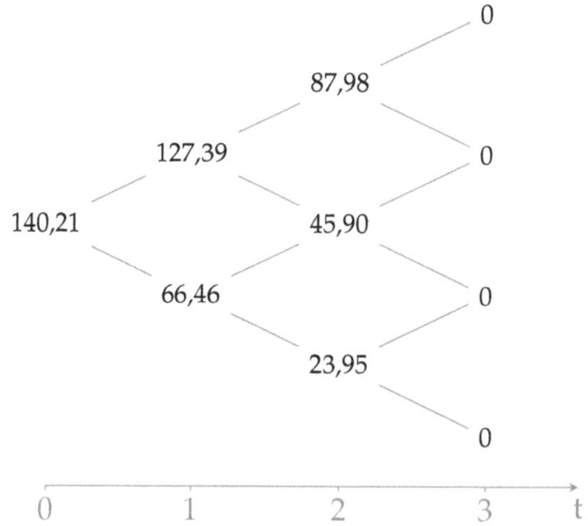

Teil b Das Gewinn-Kurs-Verhältnis (1/KGV) beträgt im Zeitpunkt $t = 2$ etwa 1,5 und im Zeitpunkt $t = 1$ etwa 0,9. Es hängt somit in keinem Zeitpunkt vom konkreten Knoten ab. Im den Zeitpunkten $t = 0$ und $t = 3$ lässt es nicht berechnen, weil wir im ersten Zeitpunkt CF_0 nicht kennen und im letzten das KGV null beträgt und somit (1/KGV) nicht definiert ist.

LÖSUNGSSKIZZE ZUM AUFGABENSET 9

Aufgabe 1 Nach der Gordon–Shapiro–Gleichung gilt

$$\widetilde{V}_t = \frac{1+g}{k-g}\widetilde{\mathrm{CF}}_t$$

Für die erwartete Dividendenrendite folgt damit:

$$
\begin{aligned}
\text{Dividendenrendite} &= \frac{\mathrm{E}_t[\widetilde{\mathrm{CF}}_{t+1}]}{\widetilde{V}_t} \\[2mm]
&= \frac{\mathrm{E}_t[\widetilde{\mathrm{CF}}_{t+1}]}{\widetilde{\mathrm{CF}}_t}\frac{1}{\frac{1+g}{k-g}} \\[2mm]
&= \frac{(1+g)\widetilde{\mathrm{CF}}_t}{\widetilde{\mathrm{CF}}_t}\frac{1}{\frac{1+g}{k-g}} \\[2mm]
&= k-g
\end{aligned}
$$

Da die erwartete Kursgewinnrendite (siehe Skript) gerade g ist, erhalten wir so das sinnvolle Ergebnis

$$\underbrace{k}_{\text{Kapitalkosten}} = \underbrace{k-g}_{\text{Dividendenrendite}} + \underbrace{g}_{\text{Kursgewinnrendite}}$$

Aufgabe 2

$$\widetilde{V}_t = \frac{(1+g)\widetilde{\mathrm{CF}}_t}{k-g} \qquad \Longrightarrow \qquad KGV = \frac{\widetilde{V}_t}{\widetilde{\mathrm{CF}}_t} = \frac{1+g}{k-g}$$

Aufgabe 3 **Teil a** Die Buchwerte lassen sich Abbildung 11 direkt entnehmen. Aus den jeweiligen Differenzen ergeben sich die Abschreibungen in Abbildung 12. *Anmerkung: Für die Abschreibungen gilt **nicht** AfA(ud) = AfA(du). Dort haben wir also keinen "echten" Binomialbaum!*

Die sich aus den Abschreibungsbeträgen ergebenden Economic Value Added$^{©}$ finden Sie in Abbildung 13.

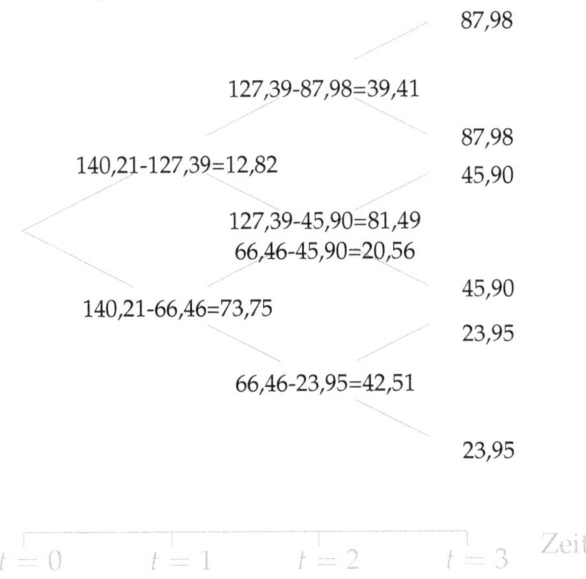

Aus diesen EVAs erhalten wir folgende Erwartungswerte

$$E[EVA_1] = 0, \quad E[EVA_2] = 0, E[EVA_3] = 0.$$

Amerkung: Dieses Ergebnis folgt, weil Buchwerte = Marktwerte gilt. Wenn Sie die Aufgabe mit willkürlich gewählten Buchwerte erneut rechnen, werden Sie abweichende Werte erhalten.

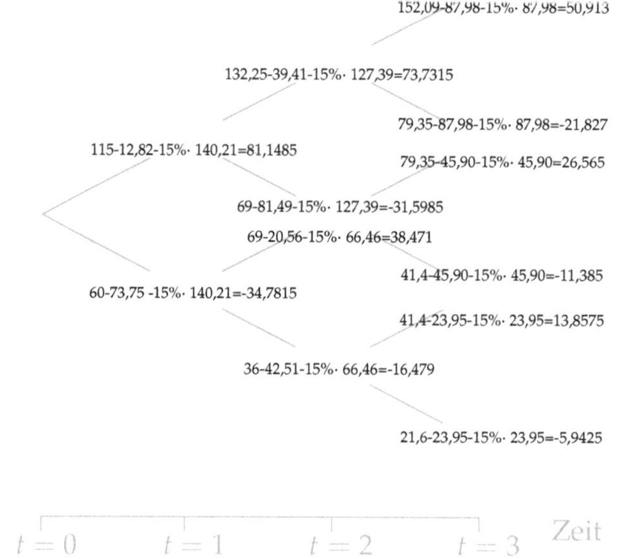

Abbildung 13: Lösung Set 9, Aufgabe 3, EVA.

Aufgabe 4 Aus den Buchwerten aus Abbildung 6 der Aufgabenstellung ergeben sich die Abschreibungen in Abbildung 14.

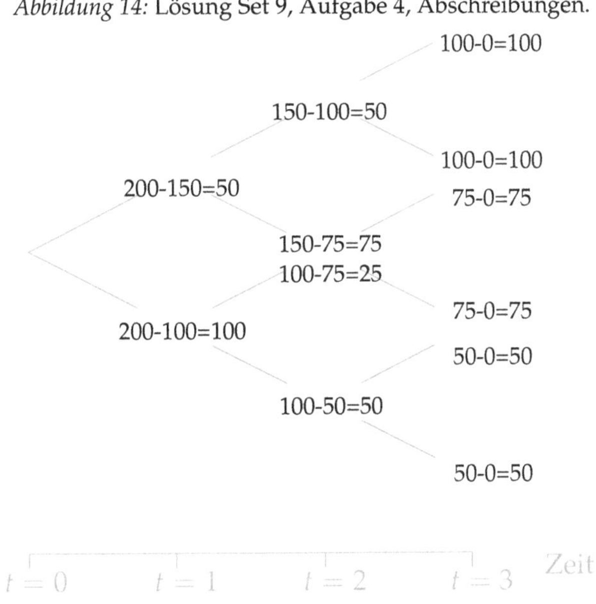

Abbildung 14: Lösung Set 9, Aufgabe 4, Abschreibungen.

Aus diesen Abschreibungen können Sie die Economic Value Added$^©$ in jedem Zeitpunkt und Zustand berechnen. Die Ergebnisse finden Sie in Abbildung 15.

Aus den Werten der Tabelle lassen sich die folgenden bedingten Erwartungswerte berechnen:

$$\mathrm{E}[\widetilde{EVA_3}|\,\mathcal{F}_2] = \begin{cases} -13{,}828 & \text{wenn} & \widetilde{CF}_2 = 132{,}25 \\ -33{,}465 & \text{wenn} & \widetilde{CF}_2 = 69 \\ -29{,}96 & \text{wenn} & \widetilde{CF}_2 = 36 \end{cases}$$

$$\mathrm{E}[\widetilde{EVA_3}|\,\mathcal{F}_1] = \begin{cases} -27{,}57 & \text{wenn} & \widetilde{CF}_1 = 115 \\ -31{,}01 & \text{wenn} & \widetilde{CF}_1 = 60 \end{cases}$$

$$\mathrm{E}[\widetilde{EVA_2}|\,\mathcal{F}_1] = \begin{cases} -2{,}025 & \text{wenn} & \widetilde{CF}_1 = 115 \\ -11{,}6 & \text{wenn} & \widetilde{CF}_1 = 60 \end{cases}$$

Abbildung 15: Lösung Set 9, Aufgabe 4, EVA.

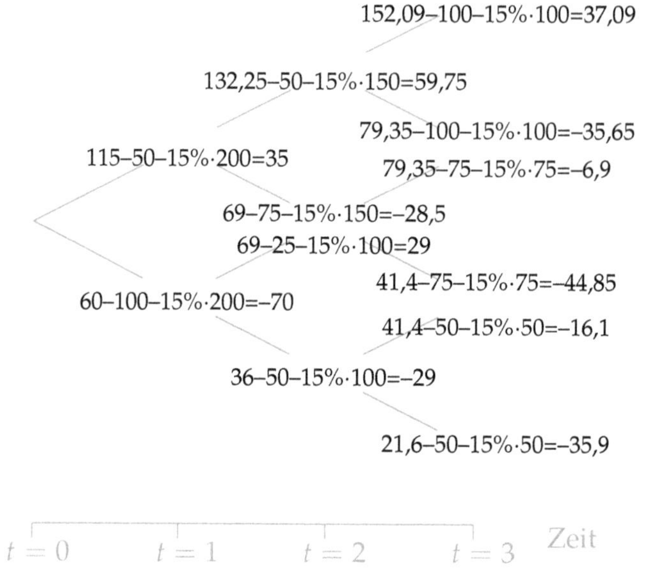

$$152{,}09{-}100{-}15\%{\cdot}100{=}37{,}09$$

$$132{,}25{-}50{-}15\%{\cdot}150{=}59{,}75$$

$$79{,}35{-}100{-}15\%{\cdot}100{=}{-}35{,}65$$
$$79{,}35{-}75{-}15\%{\cdot}75{=}{-}6{,}9$$

$$115{-}50{-}15\%{\cdot}200{=}35$$

$$69{-}75{-}15\%{\cdot}150{=}{-}28{,}5$$
$$69{-}25{-}15\%{\cdot}100{=}29$$

$$41{,}4{-}75{-}15\%{\cdot}75{=}{-}44{,}85$$
$$41{,}4{-}50{-}15\%{\cdot}50{=}{-}16{,}1$$

$$60{-}100{-}15\%{\cdot}200{=}{-}70$$

$$36{-}50{-}15\%{\cdot}100{=}{-}29$$

$$21{,}6{-}50{-}15\%{\cdot}50{=}{-}35{,}9$$

$t=0 \qquad t=1 \qquad t=2 \qquad t=3 \qquad$ Zeit

$$\mathrm{E}[\widetilde{EVA}_3] = -29{,}98$$
$$\mathrm{E}[\widetilde{EVA}_2] = -8{,}73$$
$$\mathrm{E}[\widetilde{EVA}_1] = -38{,}5.$$

Diese führen uns zu dem folgenden Unternehmenswert $\widetilde{V}_2$:

$$\widetilde{V}_2(uu) = \mathrm{BW}_2(uu) + \frac{\mathrm{E}[\widetilde{EVA}_3 \mid \mathcal{F}_2](uu)}{1+k}$$
$$= 100 + \frac{-13{,}828}{1 + 15\%}$$
$$= 87{,}976$$

$$\tilde{V}_2(ud) = \mathrm{BW}_2(ud),(du) + \frac{\mathrm{E}[\widehat{EVA_3}|\,\mathcal{F}_2](ud),(du)}{1+k}$$
$$= 75 + \frac{-33{,}465}{1+15\%}$$
$$= 45{,}9$$

$$\tilde{V}_2(dd) = \mathrm{BW}_2(dd) + \frac{\mathrm{E}[\widehat{EVA_3}|\,\mathcal{F}_2](dd)}{1+k}$$
$$= 50 + \frac{-29{,}96}{1+15\%}$$
$$= 23{,}95$$

In $t = 1$ müssen wir zwei diskontierte bedingte Erwartungswerte des EVA$^{©}$ zum jeweiligen Buchwert in jedem Zustand addieren:

$$\tilde{V}_1(u) = \mathrm{BW}_1(u) + \frac{\mathrm{E}[\widehat{EVA_2}|\,\mathcal{F}_1](u)}{1+k} + \frac{\mathrm{E}[\widehat{EVA_3}|\,\mathcal{F}_1](u)}{(1+k)^2}$$
$$= 150 + \frac{-2{,}025}{1+15\%} + \frac{-27{,}57}{(1+15\%)^2} = 127{,}39$$

$$\tilde{V}_1(d) = \mathrm{BW}_1(d) + \frac{\mathrm{E}[\widehat{EVA_2}|\,\mathcal{F}_1](d)}{1+k} + \frac{\mathrm{E}[\widehat{EVA_3}|\,\mathcal{F}_1](d)}{(1+k)^2}$$
$$= 100 + \frac{-11{,}6}{1+15\%} + \frac{-31{,}01}{(1+15\%)^2} = 66{,}465$$

Der Unternehmenswert in t=0 ergibt sich entsprechend durch Addition der diskontierten unbedingten Erwartungswerte des EVA$^{©}$ zum anfänglichen Buchwert:

$$V_0 = \mathrm{BW}_0 + \frac{\mathrm{E}[\widehat{EVA_1}]}{1+k} + \frac{\mathrm{E}[\widehat{EVA_2}]}{(1+k)^2} + \frac{\mathrm{E}[\widehat{EVA_3}]}{(1+k)^3}$$
$$= 200 + \frac{-38{,}5}{1+15\%} + \frac{-8{,}73}{(1+15\%)^2} + \frac{-29{,}98}{(1+15\%)^3}$$
$$= 140{,}21$$

Die so ermittelten Unternehmenswerte entsprechen den Ergebnissen des vorigen Sets aus Aufgabe 3.

LÖSUNGSSKIZZE ZUM AUFGABENSET 10

Aufgabe 1 *a)* Der Binomialbaum der Cashflows bis $t = 3$ sieht aus wie in Abbildung 16.

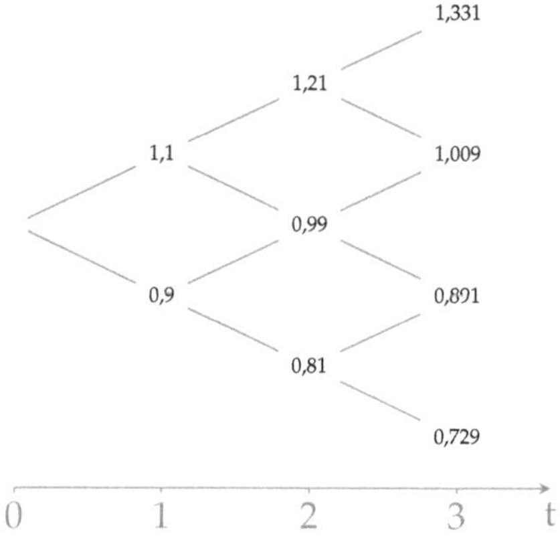

Abbildung 16: Binomialbaum der Cashflows, Aufgabenset 10, Aufgabe 1.

Der Unternehmenswert im unverschuldeten Fall ermittelt sich aus der Gordon-Shapiro-Gleichung mit $g = 0$ und $k = 0{,}1$. Daher gilt

$$\widetilde{V}_t^u = \frac{1+g}{k-g} \cdot \widetilde{CF}_t^u = 10 \cdot \widetilde{CF}_t^u.$$

Daher ergibt sich für die Unternehmenswerte ein Binomialbaum entsprechend Abbildung 17.

b) Der verschuldete Unternehmenswert ist dann nach Modigliani-Miller

$$\widetilde{V}_t^l = \widetilde{V}_t^u + \tau F = 10 \cdot \widetilde{CF}_t^u + 1{,}5.$$

Die Fremdkapitalquote ist demnach

$$\widetilde{l}_t = \frac{F}{\widetilde{V}_t^l} = \frac{5}{10 \cdot \widetilde{CF}_t^u + 1{,}5}.$$

Das Ergebnis sieht man in Abbildung 18 (dort sind zusätzlich noch die Werte für $t = 3$ angegeben).

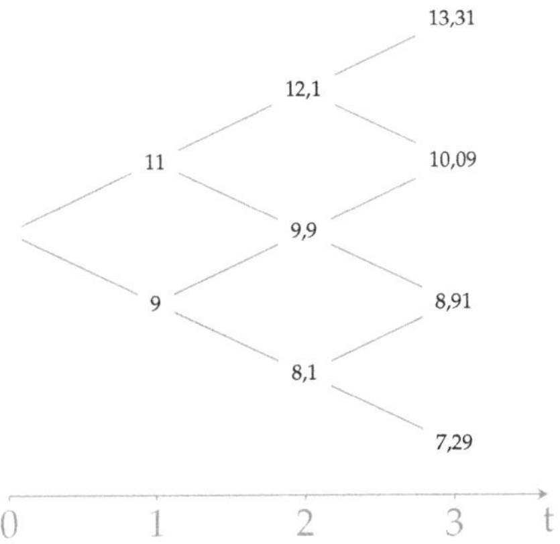

Abbildung 17: Binomialbaum der Unternehmenswerte (unverschuldeter Fall), Aufgabenset 10, Aufgabe 1a.

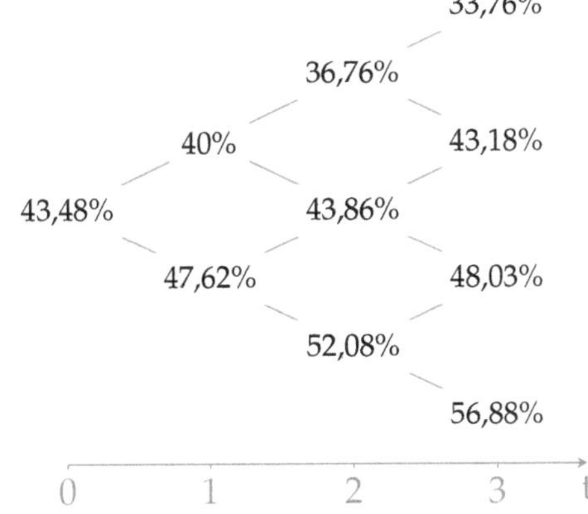

Abbildung 18: Binomialbaum der Fremdkapitalquoten, Aufgabenset 10, Aufgabe 1.

Die durchschnittlichen Kapitalkosten (WACC) lassen sich wie folgt berechnen

$$WACC = k^u - \frac{r_f}{1+r_f}\tau l(1+k^u)$$

$$= 0{,}1 - \frac{0{,}05}{1{,}05} \cdot 0{,}3 \cdot l \cdot 1{,}1.$$

Das Ergebnis sieht man in Abbildung 19 (dort sind zusätzlich noch die Werte für $t = 3$ angegeben).

c) Bei einer marktwertorientierten Finanzierung gilt die Miles-Ezzell-Anpassung, also

$$\tilde{V}_t^l = \tilde{V}_t^u \frac{1}{1 - \frac{1+k^u}{1+r_f}\frac{r_f}{k^u}\tau l}.$$

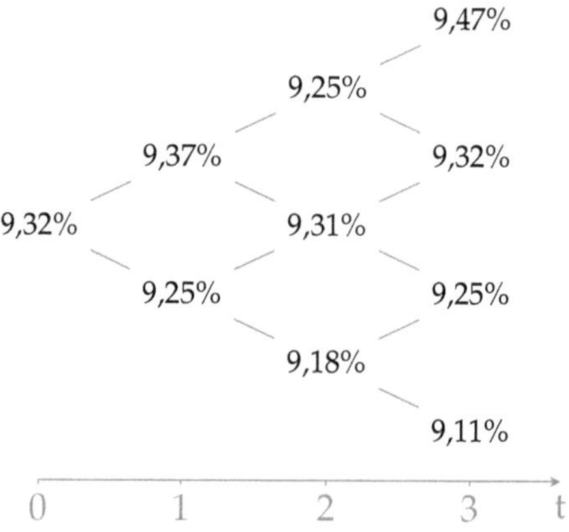

Abbildung 19: Binomialbaum der durchschnittlichen Kapitalkosten, Aufgabenset 10, Aufgabe 1.

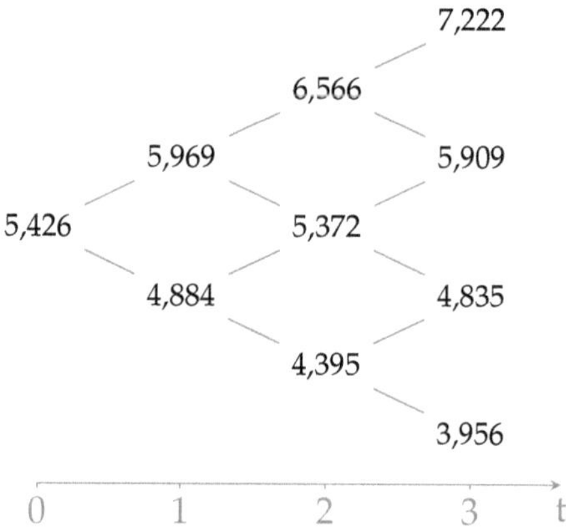

Abbildung 20: Binomialbaum der Fremdkapitalmengen, Aufgabenset 10, Aufgabe 1.

Folglich kann man die Höhe des Fremdkapitals wie folgt ermitteln

$$\widetilde{F}_t = l \cdot \widetilde{V}_t^l = 0{,}5 \cdot \frac{10 \cdot \widetilde{CF}_t}{1 - \frac{1+10\%}{1+5\%} \frac{5\%}{10\%} 30\% 50\%}$$

$$\approx 5{,}426 \, \widetilde{CF}_t$$

Abbildung 20 enthält die Zahlenwerte.

Die durchschnittlichen Kapitalkosten sind konstant und ergeben sich durch

$$WACC = 0{,}1 - \frac{0{,}05}{1{,}05} \cdot 0{,}3 \cdot 0{,}5 \cdot 1{,}1$$

$$\approx 9{,}21\%.$$

Aufgabe 2   1. Wegen Gordon-Shapiro gilt

$$\widetilde{V}_t^u = \frac{\widetilde{\mathrm{CF}}_t^u}{k^u}.$$

2. Wegen autonomer Finanzierung haben wir (APV-Verfahren)

$$\widetilde{V}_t^l = \frac{\widetilde{\mathrm{CF}}_t^u}{k^u} + \tau F.$$

3. Die Fremdkapitalquote ist dann

$$l = \frac{F}{\widetilde{V}_t^l} = \frac{F}{\frac{\widetilde{\mathrm{CF}}_t^u}{k^u} + \tau F}.$$

Da die Funktion $f(x) := \frac{F}{\frac{x}{k^u} + \tau F}$ eine strikt monotone Funktion in x ist, schwankt mit den Cashflows auch die Fremdkapitalquote.

Aufgabe 3 Der unverschuldete Unternehmenswert ist $V^u = \frac{100}{10\%} = 1.000$.

a) Im Fall der autonomen Finanzierung gilt nach APV

$$F \le V^l = V^u + \tau F \quad \Longrightarrow \quad F \le \frac{V^u}{1 - \tau} = 2.000$$

b) Im Fall der marktwertorientierten Finanzierung gilt nach WACC

$$V^l = V^u \frac{1}{1 - \frac{1+k^u}{1+r_f} \frac{r_f}{k^u} \tau l}.$$

Der höchste Wert für das Fremdkapital wird sicher bei $l \to 100\%$ eintreten.[14] Setzt man ihn ein, so erhalten wir

$$V^l \to 1.000 \frac{1}{1 - \frac{1,1}{1,05} \frac{0,05}{0,1} 0,5} \approx 1.354{,}8.$$

---

14. Wir schreiben hier nicht $l = 100\%$, weil es dann kein Eigenkapital gäbe und dieser Fall ökonomisch unsinnig ist: Man kann ein Unternehmen nicht vollständig fremdfinanzieren.